W9-ADO-620

Analyse linguistique de la langue française

Analyse linguistique / de la langue française

Theresa A. Antes
University of Florida

Yale University Press
New Haven and London

Publisher: Mary Jane Peluso
Development Editor: Brie Kluytenaar
Manuscript Editor: Karen Gangel
Production Editor: Ann-Marie Imbornoni
Production Controller: Karen Stickler
Marketing Manager: Timothy Shea
Set in Minion type by Tseng Information Systems, Inc.
Printed in the United States of America.

Library of Congress Cataloging-in-Publication Data
Antes, Theresa A.
    Analyse linguistique de la langue française / Theresa A. Antes.
       p.   cm.
    French, with preface in English.
    Includes bibliographical references and index.
    ISBN-10: *978-0-300-10944-3 (pbk. : alk. paper)
    ISBN-10: 0-300-10944-X (pbk. : alk. paper)
    1. French language.   I. Title.
PC2073.A58 2006
440 — dc22

                                    2005057907

A catalogue record for this book is available from the British Library.

∞ The paper in this book meets the guidelines for permanence
and durability of the Committee on Production Guidelines for
Book Longevity of the Council on Library Resources.

10 9 8 7 6 5 4 3 2 1

To my parents,
for your love and support
through all of life's hurricanes

Table des matières

Preface   xiii
Acknowledgments   xv
Introduction   1

Chapitre 1. La Transcription phonétique   7

1.1 L'Alphabet phonétique international   7
  1.1.1 Les Consonnes   8
  1.1.2 Les Voyelles   8
  1.1.3 Les Semi-voyelles   9
1.2 L'Importance de la transcription phonétique   10
1.3 Les Paires minimales   10
1.4 La Syllabation   11
  1.4.1 Les Syllabes ouvertes et fermées   12

Chapitre 2. La Phonétique   15

2.1 La Phonétique articulatoire   15
  2.1.1 Les Systèmes phonatoire et articulatoire   15
  2.1.2 La Catégorisation des sons   17
  2.1.3 Le Répertoire des sons   18
2.2 L'Articulation des voyelles   19
  2.2.1 L'Axe vertical   20
  2.2.2 L'Axe horizontal   20
  2.2.3 L'Arrondissement des lèvres   20
  2.2.4 Les Voyelles nasales   21
  2.2.5 Le Cas des voyelles diphtongues   22
  2.2.6 L'Articulation de l'e-caduc   22
    2.2.6.1 E-caduc final   23
    2.2.6.2 E-caduc non-final   24
    2.2.6.3 E-caduc et les voyelles moyennes   24
    2.2.6.4 Les Mots monosyllabiques   25
    2.2.6.5 La Prononciation obligatoire de l'e-caduc   26

2.3 L'Articulation des semi-voyelles 28

2.4 L'Articulation des consonnes 30

   2.4.1 Le Mode d'articulation 30

   2.4.2 Le Lieu d'articulation 32

   2.4.3 Les Consonnes géminées 33

2.5 La Phonétique acoustique 34

   2.5.1 Les Formants 35

2.6 La Transcription phonétique vs. la transcription phonémique 37

Chapitre 3. La Phonologie 39

3.1 La Phonologie segmentale 39

   3.1.1 Les Traits distinctifs et les phonèmes 39

   3.1.2 Les Allophones: Variantes libres ou variantes combinatoires 43

   3.1.3 L'Assimilation 45

      3.1.3.1 Les Assimilations régressives vs. progressives 47

   3.1.4 La Syllabation 48

      3.1.4.1 L'Effet de la syllabation sur les voyelles moyennes 50

   3.1.5 L'Élision 52

   3.1.6 L'Enchaînement 53

   3.1.7 La Liaison 54

      3.1.7.1 Les Structures profonde et de surface 55

      3.1.7.2 Les Consonnes de liaison 57

      3.1.7.3 La Liaison obligatoire, facultative, et interdite 58

      3.1.7.4 Le Cas spécial des nombres 61

3.2 La Phonologie suprasegmentale 64

   3.2.1 L'Accent 65

      3.2.1.1 L'Accent grammatical et sémantique 65

      3.2.1.2 L'Accent d'insistance 69

         3.2.1.2.1 L'Accent émotionnel 69

         3.2.1.2.2 L'Accent expressif 70

   3.2.2 L'Intonation 72

      3.2.2.1 L'Intonation tombante ou montante 73

      3.2.2.2 L'Intonation dans une question absolue 75

      3.2.2.3 L'Intonation dans une question partielle 75

      3.2.2.4 L'Intonation dans une phrase exclamative ou impérative 76

Chapitre 4. La Morphologie 77

4.1 Le Concept *mot* 77

4.2 Le Morphème 78

4.2.1 Les Morphèmes libres et liés 80

4.2.2 L'Allomorphe 81

4.3 La Morphologie dérivationnelle et flexionnelle 83

   4.3.1 La Dérivation 83

      4.3.1.1 L'Affixation 84

         4.3.1.1.1 Les Préfixes 84

         4.3.1.1.2 Les Infixes 86

         4.3.1.1.3 Les Suffixes 87

         4.3.1.1.4 Le Suffixe adverbial 88

      4.3.1.2 La Dérivation sans affixation 88

      4.3.1.3 La Composition 90

4.4 La Flexion 94

   4.4.1 La Flexion nominale 94

      4.4.1.1 Le Genre grammatical 94

         4.4.1.1.1 Le Genre dans la structure profonde 97

         4.4.1.1.2 Les Déterminants 98

      4.4.1.2 Le Nombre 100

         4.4.1.2.1 Le Nombre dans la structure profonde 102

         4.4.1.2.2 Les Noms avec pluriels irréguliers 103

   4.4.2 La Flexion adjectivale 103

   4.4.3 La Flexion verbale 106

      4.4.3.1 La Personne / Le nombre 107

         4.4.3.1.1 La Personne et le nombre en français parlé vs. en français écrit 107

      4.4.3.2 La Voix 109

      4.4.3.3 Le Mode 112

         4.4.3.3.1 L'Infinitif 113

         4.4.3.3.2 Le Participe présent et le gérondif 113

         4.4.3.3.3 Le Participe passé 115

         4.4.3.3.4 L'Indicatif 116

         4.4.3.3.5 Le Subjonctif 117

         4.4.3.3.6 L'Impératif 118

      4.4.3.4 Le Temps 120

      4.4.3.5 L'Aspect 121

      4.4.3.6 Les Formes analytiques vs. les formes synthétiques 124

      4.4.3.7 La Question du conditionnel 125

      4.4.3.8 Morphèmes de personne / nombre / temps / aspect / mode 128

4.5 La Dérivation et la flexion: résumé 130

4.6 Les Mots grammaticaux 132

Chapitre 5. La Syntaxe   135

5.1 Le Syntagme   135
5.2 La Grammaire générative   137
  5.2.1 Le Syntagme nominal   137
  5.2.2 Le Syntagme verbal   138
  5.2.3 Le Syntagme adjectival   142
  5.2.4 Le Syntagme adverbial   142
  5.2.5 Le Syntagme prépositionnel   143
  5.2.6 Le Syntagme temporel   144
5.3 La Phrase simple   145
  5.3.1 Les Éléments obligatoires   145
  5.3.2 Les Éléments facultatifs   145
  5.3.3 D'Autres Constituants obligatoires   146
    5.3.3.1 La Modalité   146
    5.3.3.2 La Voix   147
    5.3.3.3 La Polarité   148
    5.3.3.4 L'Emphase   148
  5.3.4 Résumé   149
  5.3.5 Les Axes syntagmatique et paradigmatique   150
  5.3.6 Avis au lecteur   151
5.4 Les Arbres structurels   152
5.5 La Phrase complexe   158
  5.5.1 La Coordination   161
  5.5.2 La Subordination   163
    5.5.2.1 La Subordination non-conjonctive   163
    5.5.2.2 La Subordination conjonctive   164
    5.5.2.3 La Subordination relative   164
    5.5.2.4 La Subordination interrogative   165
  5.5.3 Les Fonctions de la subordination   166
    5.5.3.1 La Subordination complétive   166
    5.5.3.2 La Subordination circonstantielle   167
    5.5.3.3 La Fonction des propositions relatives   170

Chapitre 6. La Sémantique   175

6.1 Le Sens et la sémantique lexicale   175
  6.1.1 Le Signe linguistique   175
  6.1.2 La Dénotation et la connotation   178
  6.1.3 La Synonymie, l'antonymie, et l'homonymie   179
  6.1.4 Les Traits sémantiques distinctifs   182

6.1.5   Les Champs sémantiques   184

6.1.6   Les Prototypes   184

6.2   Le Sens littéral et non-littéral   186

6.2.1   La Sémantique compositionnelle   187

6.2.2   Les Expressions idiomatiques   187

6.2.3   Les Expressions figuratives   188

6.2.3.1   La Métaphore   188

6.2.3.2   La Métonymie   191

6.3   La Sémantique verbale   195

6.3.1   La Personne et le nombre   195

6.3.1.1   La Première Personne   196

6.3.1.2   La Deuxième Personne   196

6.3.1.3   La Troisième Personne   197

6.3.2   Le Mode   200

6.3.2.1   Les Modes impersonnels   200

6.3.2.2   Les Modes personnels   201

6.3.2.2.1   L'Indicatif   201

6.3.2.2.2   Le Subjonctif   201

6.3.2.2.3   L'Impératif   203

6.3.3   Le Temps   204

Appendice A: Préfixes dérivationnels   211

Appendice B: Suffixes dérivationnels   215

Liste des abréviations   219

Notes   221

Glossaire   226

Bibliographie   234

Index   237

Preface

This book is the product of many years of hard work and a firm belief that a text that aims to explain the basic structure of a language must be complete enough to be of use yet general enough to be comprehensible to an audience who speaks the language but may not have had previous linguistic training. After several drafts, I believe I have accomplished the goals that I set out to achieve: the book examines many aspects of the French language, explaining them in clear yet technically correct terms, and, most important, is written in French, making it appropriate for a classroom setting. Many aspects of the language are not examined here, which was my intention from the outset: one must start at the beginning, learning *how* to analyze and learning the terminology of linguistic analysis, before one can move on to an exhaustive examination of the details of a language and to a comprehension of the debates that rage within these analyses. For this reason, I restrict my analysis to the basic aspects that make French French, and although I sometimes make reference to debates that have divided French linguists, I generally do not examine them in detail. I leave this exploration to the individual scholar of the language, hoping that after reading this book, he or she will be equipped to read the journal articles and books that are published on these topics and to draw conclusions. This is, after all, the essence of linguistic analysis — to examine the language on one's own, to scrutinize the analyses that have been applied to it previously, and to determine for oneself if the model fits.

Organization of the Text

This book is divided into chapters that reflect the subfields of linguistics, moving from the most discrete forms to the largest. Chapter 1 provides a brief review of phonetic transcription, with chapter 2 addressing the issue of phonetics, both articulatory and acoustic, explaining how individual sounds are pronounced and perceived in the French language. Chapter 3 then looks at the combination of these sounds and the rules that govern their usage, presenting the basic tenets and terminology of phonology. Chapter 4 moves to a morphological examination of French, followed by syntax in chapter 5 and semantics in chapter 6. Standard French is chosen as our model for examination in most cases, with a discussion, in the first chapter, of the issues raised by using a "standard" form of the language. There is no chapter on language variation in this text for one reason: chapters of this type are either long and unwieldy or simplify (out of necessity) a very complex situation, presenting a variety of details to students, but out of context or in no logical order. Instead, I have attempted to present areas of variation as they occur, in the discussion of the subfield to which they belong. Abbreviations that appear in the text conform to the conventions of French linguistics. A complete list of these abbreviations follows Appendix B.

To the teacher who wishes to use this book as a text, I urge you to decide for yourself the order of study; in most cases, the chapters can be used out of order, and perhaps should be. The chapter on morphology, for example, examines how various tenses and aspects are formed in French but does not examine why or when one chooses which tense or aspect. This information is located in the section on verbal semantics, but in a classroom setting would perhaps be most logically combined with the information on morphology. As with any book, I consider it the responsibility of the teacher to determine whether, when, and how to use the material presented therein, and how to verify that students have understood what they have read. To this end, I have included classroom-tested exercises with a dual purpose: first, to allow students and teacher both to verify that the material has been understood and, second, to apply this learning to real language. For this reason, I use authentic materials as often as possible, in an attempt to show students that language comprehension and even literary analysis often overlap with linguistic analysis — one cannot understand authentic texts without understanding the choices the speaker or author has made, nor can one understand language in a vacuum. It is the combination of form and function that is of interest, and this is what I attempt to concentrate on here.

This book is neither a grammar nor a historical analysis but, rather, an overview of the French language as it is currently used, with reference made, at times, to how it has evolved. Likewise, it is not a complete reference for each of the subfields discussed; there are many very good texts already published that examine each of the subfields much more completely than does this one, and I invite you to consult them when curiosity pushes you to explore an area further. My one goal in writing this text is to provide a good basic introduction to the field of French linguistics, one that can serve beginning scholars and students alike. If I have accomplished this, I will be satisfied.

Acknowledgments

Just as language cannot exist in a vacuum, neither can books. Words are touched and shaped by those who touch and shape our lives, and I wish to acknowledge those people here. First and foremost, I wish to thank my family, who have stood beside me for years, never telling me that a young girl from a farming community in Pennsylvania couldn't or shouldn't major in French, but instead encouraging me to follow my dreams, and asking just often enough: "How's that book coming?" A special thank you, too, to the teachers who first instilled within me the desire to learn French: Stephanie Olver, Jacqueline Long, and Byron Dettwiler, and to those who continued to feed the fire throughout my graduate school years: Jack Rea, Abby Cohn, and especially Linda Waugh. Without their encouragement, I would never have discovered the amazing world that was awaiting me and would never have pursued this dream.

Since those early days, my life has been touched by the colleagues with whom I've interacted and from whom I've received continued support. Special thanks to my chairs, past and present, who have supported this project: Andrea DiTommaso, Louis Kibler, Charles Stivale, Geraldine Nichols, and David Pharies. Colleagues at Wayne State University and the University of Florida, both in linguistics and in romance languages and literatures, have helped me in more ways than I can say, and I thank them all. Special thanks, too, to the Office of Research and Sponsored Programs at Wayne State for providing financial assistance and a much needed research leave so that I might begin work on this book: your support of junior faculty is unparalleled and much appreciated. To the mentors who have touched my life along the way: Donald Spinelli, Jean Casagrande and Diana Boxer, I say thank you for your guidance and support. Other colleagues who have particularly enriched my life with their friendship and dialogue include Michael Giordano, Louise Jefferson, Cathy Baumann, Cathy Barrette, Joaquim Camps, and Gillian Lord. Thanks for letting me bounce ideas off you—and for sometimes bouncing them back to be reworked!

I would be remiss not to thank the students and colleagues who have also been crucially involved in this book. Students in various French linguistics classes at both Wayne State University and the University of Florida have tested chapters on many occasions; their patience and frank feedback are reflected throughout each chapter. This book is for you and about you, and I hope that you can take pride in knowing that you have contributed to it. A special debt of gratitude also goes to Hélène Blondeau and Bernadette César-Lee for their willingness to test the phonetics and phonology chapters and for providing crucial feedback from the teacher's point of view. In the same way, I thank Margaret Mahler, Framingham State College, Maureen Gillespie, University of Kansas, Kirsten Fudeman, Ithaca College, and Joel Walz, University of Georgia, for their feedback at crucial stages in the writing process. Without your help this book would not have come to fruition. Thank you, too, to Annie Tregouet and Patrice Lecomte, for their superb proofreading of the last draft; if errors remain, in either analysis or expression, they are entirely my own.

Life would be nothing without good friends, and it is here that I thank Lezlie and Carole, my ya-yas; Cathy, Cathy, and Cathy (you know who you are!) and Bonnie and Joaquim, lunch partners and so much more, for always reminding me who I am and what's important to me. Thanks, too, to Mike, Teresa and Ilan for giving me a place to write for a while, along with a nice dose of pet therapy, and to Jim Korner and two choirs at Trinity UMC, for providing me with a little bit of music therapy every week. A special thank you to Veronique Anover for your patience when this project has kept me from another very important one, and for always seeming to know what I'm going to say, even before I say it. To all my family and friends I say this: You keep me grounded, and for that I thank you!

Finally, my last and perhaps most important acknowledgment goes to the editorial staff at Yale University Press, whose professionalism is unparalleled: Mary Jane Peluso, Brie Kluytenaar, Annie Imbornoni, and especially Karen Gangel; it has been a true pleasure to work with you each step of the way. Thank you for taking a chance on a book written in French when other publishers were not willing to do so.

Introduction

Chaque langue repose sur un système linguistique qui en gouverne tous les aspects. La langue fonctionne selon des règles qui déterminent la prononciation, la formation de nouveaux mots, la formation des phrases, et le sens en général. Le but d'une analyse linguistique est d'expliquer ce système, de démontrer comment la langue est construite, et de rendre explicites les règles auxquelles elle obéit (et aussi les exceptions à ces règles générales).

Quand on acquiert sa langue maternelle, on apprend de façon subconsciente ce système linguistique; on n'utilise jamais de langue sans être guidé par ses lois. Ce système peut varier selon le dialecte, et aussi d'individu en individu, mais il est suffisamment régulier pour que tous les locuteurs d'une même langue puissent se comprendre avec plus ou moins de succès. Les domaines que l'on identifie normalement par une analyse linguistique sont la *phonétique,* la *phonologie,* la *morphologie,* la *syntaxe,* et la *sémantique,* qui, ensemble, représentent tous les différents systèmes gouvernant une langue.

Dans ce livre, j'ai comme but de traiter le caractère systématique de la langue française, sous toutes ses formes. Nous examinerons les systèmes suivants: la phonétique, la phonologie, la morphologie, la syntaxe et la sémantique, en essayant de comprendre comment la langue française s'est formée. Il faut dire d'emblée que j'ai adopté une approche *descriptive* plutôt que *prescriptive;* c'est-à-dire que je tâche de décrire la façon dont la langue française se forme et se parle réellement, et non pas la façon dont les grammairiens estiment qu'elle devrait se former ou se parler. Je n'essaierai donc pas d'enseigner la grammaire (conjugaisons des verbes, concordance des temps, etc.), sauf pour comprendre la morphologie et la syntaxe. De même, je ne traiterai pas de linguistique *diachronique* (changements historiques, étymologie, philologie, etc.); je me limite à la linguistique *synchronique,* en parlant de la langue telle qu'elle se pratique au début du vingt-et-unième siècle.

Le Français standard

J'ai choisi comme point de départ le français standard, non pas parce qu'il est meilleur que les autres, mais parce que c'est la forme enseignée dans la plupart des écoles et universités en Europe et aux États-Unis et comprise dans plusieurs pays. Par contre, ce choix nous oblige à préciser quelque peu le mythe du français standard. De même que plusieurs formes acceptées comme *standard* des différentes langues du monde, le français standard représente une forme de la langue qui est parlée en France, mais qui serait difficile de localiser avec précision. On dit souvent que cette variété se retrouve dans la région parisienne, mais en vérité on ne parle entièrement le français standard nulle part. On trouvera toujours de petites variations, surtout phonétiques, mais aussi morphologiques, syntaxiques, et sémantiques. Ces variations peuvent être régionales, sociales, ou économiques, et plus ou moins marquées, mais elles existent sûrement. En fait, chaque personne a son *idiolecte,* c'est-à-dire, sa façon individuelle de parler. Au sein d'une même famille on trouvera des différences individuelles, certainement dans la prononciation, mais aussi dans la grammaire de la langue. Il faut donc conclure que le français standard n'existe pas comme langue naturelle mais représente une variété de la langue française que l'on a choisie, surtout pour des raisons politiques, comme la norme. On lui donne ainsi une sorte de prestige qu'il ne mérite pas en lui-même. D'un point de vue descriptif, le français standard est dès lors un système semblable à tous les autres et n'est ni plus ni moins correct que les autres variétés attestées dans le monde francophone.

Il faut noter que le but de ce livre n'est pas d'explorer en détail les domaines linguistiques mentionnés ci-dessus (phonologie, morphologie, etc.); on pourrait écrire des tomes entiers sur chacun de ces sujets. Je veux plutôt présenter les grandes lignes d'une analyse linguistique afin de donner au lecteur les capacités de poursuivre ensuite des recherches personnelles. Les paragraphes qui suivent visent à définir et à introduire les domaines généraux qui constitueront le sujet de notre analyse linguistique de la langue française.

La Phonétique

Le terme *phonétique* décrit l'étude de la production des sons dans une langue humaine. En étudiant la phonétique, on caractérise la production exacte des différents sons utilisés dans la création des mots d'une langue. Ces sons ne représentent qu'une partie de tous les sons que la voix humaine est capable de produire; certains sons que l'on trouve dans une langue spécifique n'existent pas nécessairement dans une autre, et ceci indépendamment de l'orthographe. Considérez, par exemple, le phonème [y] en français. Ce symbole phonétique représente la voyelle dans le mot français *tu,* voyelle qui n'existe pas en anglais. Elle pose beaucoup de difficultés pour les anglophones, qui ont du mal à la produire et même à la percevoir. En effet, tout en ayant les mêmes mécanismes articulatoires et de perception que les francophones, ils n'arrivent pas à la distinguer de la voyelle [u] (comme dans *tout*), car ce premier phonème n'est pas compris dans leur répertoire. La phonétique étudie donc l'articulation des différents sons d'une langue, de même que l'anatomie humaine qui permet leur prononciation.

Avec la phonétique on étudie souvent aussi la *transcription phonétique,* c'est-à-dire, la représentation de la prononciation d'un mot en symboles phonétiques. Dans une transcription phonétique, chaque son correspond à un seul symbole; il y a donc une correspondance exacte entre un son et sa prononciation, ce qui ne se trouve nulle part dans l'orthographe. L'orthographe est beaucoup plus irrégulière, représentant souvent l'étymologie d'un mot plutôt que sa prononciation actuelle. À titre d'exemple, nous n'avons qu'à examiner le mot *moi,* qui, à un certain moment dans l'histoire, était prononcé [moi]. Son orthographe, qui est restée fixe depuis le onzième siècle, ne représente plus en rien la prononciation actuelle de [mwa], ce qui cause de grands problèmes pour les enfants et les étrangers qui essaient d'apprendre à lire le français. Dans une transcription phonétique, cependant, on représente les sons exacts d'un mot ou d'une phrase et n'y inclut que ceux qui sont produits.

Les symboles phonétiques les plus communs appartiennent à l'*alphabet phonétique international* (voir la liste des symboles français dans le premier chapitre), qui est utilisé par les linguistes partout dans le monde. Grâce à ces symboles internationaux, on peut voir la transcription d'un mot étranger et savoir le prononcer presque immédiatement, quelle que soit la langue.

La Phonologie

La science de la *phonologie* s'occupe de la relation entre les différents sons à l'intérieur d'une langue. Plutôt que d'essayer de représenter la prononciation exacte d'un son ou d'un mot (ce qui est le but de la phonétique), la phonologie essaie de démontrer comment ces sons peuvent se combiner pour créer des mots et du sens. La phonologie cherche donc à expliquer les règles qui gouvernent le comportement des sons dans la langue. Ces règles expliquent, par exemple, pourquoi certaines combinaisons de sons sont permises au début d'une syllabe, tandis que d'autres sont interdites. En français, on ne trouve la combinaison [sl] comme initiale de syllabe que dans quelques mots empruntés (*slave, slip, slogan*), tandis qu'en anglais cette combinaison est facilement acceptée. En étudiant la phonologie, on examine aussi la syllabation, l'intonation, et le rythme accentuel de la langue, qui sont tous dépendants des règles phonologiques.

La Morphologie

La *morphologie* examine la *formation des mots* dans une langue et les *variations* qu'ils subissent dans une phrase (par exemple, des *flexions* de genre et de nombre données à un adjectif pendant son usage). Tout comme il y a des règles pour déterminer le comportement des sons d'une langue (la phonologie), il y a aussi des lois qui gouvernent la combinaison des unités de sens (les mots, les radicaux, et les affixes).

La création de nouveaux mots est donc assez limitée dans une langue. Pendant cette création (l'étude de la *morphologie dérivationnelle*), la langue doit suivre des règles de concaténation, qui suivent, à leur tour, des règles phonologiques. On ne peut pas librement combiner des sons et des syllabes; toute nouvelle création doit obéir aux règles de la morpho-phonologie.

La morphologie explique aussi les différentes formes que prennent les noms, les verbes, et les adjectifs d'une langue (il s'agit ici de la *morphologie inflection-nelle*). À l'usage, chacune de ces formes différentes apporte un sens spécifique au mot ou à la phrase. Ces formes peuvent indiquer *le genre* et *le nombre* pour les noms et les adjectifs, ou encore la *personne*, le *nombre*, le *temps*, l'*aspect*, le *mode* et *la voix* pour les verbes. Cette information est essentielle à la compréhension du message; la flexion doit par conséquent suivre des règles bien définies et connues de tous.

La Syntaxe

La *syntaxe* traite des règles qui gouvernent les relations entre les mots d'une proposition. Les règles syntaxiques déterminent donc l'ordre des mots dans une phrase et les accords qui doivent être exprimés entre eux (accords de genre et de nombre entre les noms et les adjectifs en français, par exemple). Pour avoir un sens logique, les mots doivent se combiner d'une certaine façon, qui peut être plus ou moins flexible, selon la langue et ses marqueurs morphologiques. Par exemple, en latin le cas d'un nom était marqué par la flexion; on savait donc tout de suite le rôle du nom dans la phrase par sa terminaison morphologique: le sujet, les com-pléments d'objet direct et indirect, les compléments d'une préposition ou d'un possessif prenaient tous des flexions différentes. De ce fait, l'ordre des mots était assez flexible. En français, par contre, ces marqueurs morphologiques de cas ont disparu; c'est maintenant l'ordre des mots (la syntaxe) qui détermine le rôle d'un nom dans la phrase. C'est pourquoi, en français, on ne trouvera pas la phrase *Le divan le petit chien est sous.*[1] La syntaxe requiert que cette phrase, pour être com-préhensible, se forme de la façon suivante: *Le petit chien est sous le divan.* Chaque variation majeure résulte en une phrase incompréhensible, puisqu'elle contredit les règles de syntaxe qui nous aident à regrouper tous ces mots distincts, pour en comprendre le sens global.

Ces lois varient beaucoup d'une langue à l'autre (en français les adjectifs sui-vent normalement le nom; en anglais, ils le précèdent). Elles peuvent même varier légèrement entre deux dialectes de la même langue, mais dès qu'elles varient trop,

les deux formes de la langue deviennent incompréhensibles et ne sont plus qualifiées de dialectes, mais plutôt de langues distinctes. La connaissance de ces lois
est subconsciente pour la plupart des locuteurs natifs d'une langue spécifique. Ce
n'est que l'étude formelle de la syntaxe qui la rend consciente.

La Sémantique

La *sémantique* représente l'étude globale du sens d'un mot (ou d'une partie d'un
mot), d'une proposition ou d'une phrase. Ce sens n'est jamais chose simple: on
peut parler du sens littéral (inhérent) d'un mot, du sens compositionnel d'un
idiome, ou du sens figuratif. On examine aussi la dénotation (la définition littérale d'un mot) et la connotation (les associations qui accompagnent chaque mot)
pour déterminer le sens qu'un mot peut prendre dans tous ses usages.

En parlant de la sémantique, on fait référence naturellement à la notion de signe
linguistique (d'après Saussure), qui consiste en un *signifié* (sa forme phonétique
et/ou orthographique) et en un *signifiant* (l'idée abstraite qu'il évoque). Ces deux
éléments du signe linguistique sont comme les deux faces d'une pièce de monnaie:
on ne peut pas les séparer; l'une sans l'autre ne peut pas exister.

Chapitre 1

La Transcription phonétique

1.1 L'Alphabet phonétique international

Dès sa création en 1889, l'alphabet phonétique international (API), le système le plus souvent utilisé pour la transcription phonétique, apporte à la langue une systématicité phonétique entre son et symbole (Crystal, 1991). Le grand avantage de la transcription phonétique est la correspondance exacte entre le son prononcé et le symbole qui le représente. Dans une transcription phonétique, chaque son est représenté par un seul symbole; chaque symbole représente un seul son.[1] En plus, avec l'API, ces symboles s'appliquent à toutes les langues du monde.

L'orthographe, par contraste, est beaucoup plus irrégulière. Considérez, par exemple, le son [ɛ] en français. Ce seul son peut être représenté par plusieurs graphies: *ê* comme dans le mot *même,* *è* comme dans *chèque,* *e* sans accent comme dans *exact, ai* comme dans *lait, ei* comme dans *reine,* etc. D'un autre côté, la graphie *e* (sans accent) représente aussi les sons [ə], comme dans les mots *je* et *petit,* et [e], comme dans la première voyelle des mots *dessert* ou *effet.* À cause de cette irrégularité, il est souvent difficile d'établir une relation immédiate et directe entre la graphie d'un mot et sa prononciation correspondante.

De plus, on trouve souvent des lettres qui ne se prononcent plus mais qui sont restées dans la forme orthographique du mot, comme testament de son étymologie. Cela cause énormément de problèmes pour les étudiants de français, qui bien souvent ne connaissent pas la correspondance entre les formes phonétique et orthographique du mot et qui ne réussissent donc ni à le prononcer comme il faut ni à l'épeler correctement. La transcription phonétique, par contre, ne représente que les sons prononcés, indépendamment de l'orthographe et des idiosyncrasies. Prenons comme exemple deux mots de la phrase précédante. D'abord, *indépendamment,* où les *n* ne se prononcent pas, mais rendent nasales les voyelles qui les précèdent, et où le *t* ne s'entend plus; et puis *orthographe,* où le *th* et le *ph* représentent un seul son ([t] et [f], respectivement) et où le *e* final ne se prononce plus en français standard depuis longtemps.

L'alphabet phonétique international comprend une centaine de symboles, qui peuvent être accompagnés de signes diacritiques pour préciser la prononciation (par exemple, voyelle longue, consonne aspirée, etc.). Ici je n'aborde que les sons

Tableau 1.1.　Les Consonnes du français

	Graphie	Position initiale	Position médiale	Position finale
[b]	b	bal, beau	débat	tube
[d]	d	dès, du	adage	mode
[f]	f, ph	fin, photo	enfin, téléphone	serf, neuf
[g]	g	gothique, gare	négocier, linguiste	ligue
[ʒ]	j, g	je, giraffe	ajouter, magie	luge
[j]	y, -ille	yaourt	travailler, coyote	fille
[k]	c, k, qu-, ch-	carreau, clos	écho, archaïsme	hypothèque
[l]	l, ll	lot, la	kilo, boulot	mille, ville
[m]	m, mm	mal, mur	récemment	lime
[n]	n, nn	nu, Nice	année, vinaigre	âne, Rhône
[ɲ]	gn	gnole	montagneux	montagne
[ŋ]	-(i)ng	—	—	camping, smoking
[p]	p, pp	par, peau	impur, réparer	taupe, soupe
[ʀ]	r, rr	rat, riz	tirer, irréparable	pur, bar
[s]	s, ss, c, -t(i)-	sur, ces	dessert, initiation	bus, race
[t]	t, th	taux, thé	étape, dental	zut, hâte
[ʃ]	ch, sh	chef, shampooing	achever	hache, ruche
[v]	v, w	vice, wagon	trouver, savon	neuve
[w]	w, ou-	whiskey, ouate	—	—
[z]	z, -s-	zèle, zeste	désert, bazar	vase, bise

nécessaires pour la langue française. Ces sons se divisent en trois catégories: *consonnes, voyelles,* et *semi-voyelles* (aussi appelées *semi-consonnes*). Dans ce chapitre, on résumera les symboles utilisés pour représenter ces trois catégories de sons; dans le prochain chapitre, on étudiera leur articulation en détail.

1.1.1　Les Consonnes

Les *consonnes* sont les sons les plus fermés; elles se produisent avec un arrêt partiel ou total de l'air projeté par les poumons. La plupart des consonnes peuvent se trouver au début, au milieu, ou à la fin d'un mot. Le français compte vingt consonnes, qui se représentent phonétiquement de la façon et dans les positions indiquées (voir le tableau 1.1).

Notez bien que cette liste n'est pas exhaustive mais représente assez bien la variété de graphies et de positions possibles pour les consonnes françaises.

1.1.2　Les Voyelles

Les *voyelles* se distinguent des consonnes en ce qu'elles représentent des sons continus; l'air projeté par les poumons n'est jamais restreint pendant leur production et s'échappe plus ou moins librement par la bouche et le nez. En français standard,

Tableau 1.2. Les Voyelles du français

	Graphie	Position initiale	Position médiale	Position finale
[a]	a, oi	adieu, année	amalgame, patte	la, ta, loi
[ɑ][1]	a, â, à	âme, âne	pâte	là
[ã]	an, en	an, ancre	vendredi	lent, rudement
[e]	é, ai, er, ez, ess	aigu, élu, essence	téléphone	travaillerai, escalier
[ɛ]	ai, ê, è	aigre	tête, même	travaillerais
[ə]	e	—	mercredi	le, me, te
[ɛ̃]	in, ain, ein,	intelligent	peint, saint	vin, sein
[i]	i, y	il	chic, style	riz
[o]	o, eau, au	aucun, occasion	taureau	beau, lot
[ɔ]	o	option, obliger	botte, sotte	—
[õ]	on	on	longtemps	bon, mon
[ø]	eu	eux, Europe	jeûne	peu, feu
[œ]	eu, oeu	oeuf, oeuvre	soeur, peur, jeune	—
[u]	ou	ou, ouvrier	tour, jour	bout
[y]	u, û	usage	sur, cruel	tu, but
[œ̃][2]	un	un	emprunter	brun

[1] Tend à se prononcer comme [a].
[2] Tend à se prononcer comme [ɛ̃].

on trouve seize voyelles; dans plusieurs dialectes régionaux, cependant, ce nombre se réduit à quatorze. (Je reviendrai à la question de neutralisation des deux voyelles en question dans le prochain chapitre.) Ici, toutes les seize sont présentées, parce que ces symboles sont repris tels quels dans les dictionnaires modernes; néanmoins, les deux voyelles en voie de disparition seront marquées avec un astérisque. (Les symboles pour les seize voyelles du français standard contemporain sont présentés dans le tableau 1.2.)

1.1.3 Les Semi-voyelles

Il y a enfin trois *semi-voyelles* (ou *semi-consonnes*) qui sont, comme l'indique leur nom, intermédiaires entre les consonnes et les voyelles. C'est-à-dire que ces trois sons sont plus fermés et plus courts que les voyelles mais plus ouverts que les consonnes. Les semi-voyelles agissent comme des voyelles en ce qui concerne l'élision et la liaison (*l'huile, les oiseaux*) mais comme des consonnes dans le fait qu'elles ne sont pas syllabiques. Les trois semi-voyelles correspondent, du point de vue de l'articulation, aux trois voyelles hautes [i], [y], et [u], et se trouvent toujours devant une autre voyelle:

[j][2] comme dans *pied, chien, rien*
[ɥ] comme dans *lui, huit, bruit*
[w] comme dans *trois, Louis, moi*

Je préciserai, dans le prochain chapitre, leur articulation et leur usage.

1.2   L'Importance de la transcription phonétique

En faisant une transcription phonétique, on ne représente que les sons qui se prononcent: les consonnes et voyelles muettes disparaissent de la transcription. La transcription phonétique est donc beaucoup plus fidèle au son que l'orthographe; c'est pourquoi la plupart des dictionnaires (et surtout les dictionnaires bilingues) incluent la transcription phonétique à la définition. Si l'on connaît bien l'alphabet phonétique, on peut prononcer n'importe quel mot, même inconnu, de façon assez correcte. Considérez la transcription phonétique des six mots suivants:

1.   éclair   [e klɛʀ]
2.   surtout   [syʀ tu]
3.   Luxembourg   [lyk sã buʀ]
4.   examen   [ɛg za mɛ̃]
5.   portefeuille   [pɔʀ tə fœj]
6.   phonétique   [fɔ ne tik]

Notez bien que seuls les sons prononcés se trouvent dans cette transcription, exactement comme ils se prononcent. La lettre *c,* qui n'a pas de prononciation distincte en elle-même, se représente comme [k] (*éclair*) ou [s] (*ciel*), selon le cas; la lettre *x* se transcrit comme [ks] (*Luxembourg*) ou comme [gz] (*examen*), selon sa prononciation dans chaque mot. Il arrive souvent en français que le nombre de sons dans un mot soit (de beaucoup) inférieur au nombre de lettres dans son orthographe, tel le numéro 7:

7.   hypothèques   [i po tɛk]

1.3   Les Paires minimales

On ne saurait traiter de la prononciation sans aussi mentionner les *paires minimales,* c'est-à-dire, deux mots qui ne diffèrent en prononciation que par un seul son. Pour trouver des paires minimales, il faut toujours considérer la transcription phonétique des mots, puisque deux mots peuvent s'écrire de façon différente mais se prononcer de façon semblable. C'est le cas des homophones dans une langue. Considérez, par exemple, les mots donnés en 8 et 9 ci-dessous:

8.   ces   [se]
9.   ses   [se]

L'orthographe de ces deux mots est différente, mais leur prononciation est la même; il ne s'agit donc pas d'une paire minimale mais de simples homophones.

Par contre, avec les deux mots qui suivent, il y a une seule différence de prononciation.

10. beau   [bo]
11. peau   [po]

Ces mots ont d'autre part un sens bien différent. Nous pouvons attribuer cette différence de sens à la seule distinction entre [b] et [p]; nous allons donc dire que ces phones existent en opposition l'un à l'autre et que les mots qui ne diffèrent que par ces phones forment une paire minimale. Nous trouvons une *série minimale* dans les mots 12–14:

12. sot   [so]
13. mot   [mo]
14. taux   [to]

Notez bien que l'orthographe des mots 10–14 varie beaucoup mais que c'est la prononciation qui est importante dans la détermination des paires minimales.

Considérez maintenant les numéros 15 et 16:

15. grande   [gʀãd]
16. fronde   [fʀõd]

Bien que la prononciation de ces mots soit proche, il ne s'agit pas d'une paire minimale, parce qu'il y a deux sons qui diffèrent: une consonne et une voyelle. Il en va de même pour le 17 et le 18, ci-dessous. Dans ce cas, il y a une autre différence importante: le deuxième compte un phone de plus que le premier:

17. ni   [ni]
18. Nice   [nis]

Pour avoir une paire minimale, il faut que les deux mots aient le même nombre de phones. Nous dirons donc que *ni/Nice* ne constituent pas une paire minimale non plus. Je reviendrai à cette notion de paire et série minimales au chapitre 3, où je considère la phonologie.

1.4 La Syllabation

Le terme *syllabation* se réfère au fait de diviser un mot ou une phrase en syllabes. En français, la syllabe comprend minimalement une voyelle; pour chaque voyelle prononcée dans un mot il y a aussi une syllabe. Nous allons donc dire que les voyelles sont *vocaliques*; c'est-à-dire qu'à elles seules, elles sont capables de constituer le *noyau* (la partie indispensable) d'une syllabe. Les consonnes et les semi-voyelles, par contre, sont *non-syllabiques* et ne peuvent jamais constituer le noyau. Leur rôle est d'accompagner les voyelles, en position initiale ou finale de syllabe.

Dans le mot *eau* [o], il y a un seul son et une seule syllabe, le noyau. Dans *beau* [bo], on entend deux sons mais toujours une seule syllabe, formée par la voyelle et la consonne qui la précède. Il devient vite apparent que le nombre de syllabes dans un mot n'a rien à voir avec le nombre de sons dans ce mot, ni avec le nombre de voyelles dans l'orthographe de ce mot: c'est donc le nombre de voyelles *prononcées* qui détermine le nombre de syllabes. Il faut dire aussi que chaque syllabe française ne contient qu'une seule voyelle prononcée; là où il y a deux voyelles prononcées (l'une à la suite de l'autre) il y a aussi deux syllabes. Considérez, par exemple, les exemples 19 et 20, où l'on trouve une syllabe par voyelle prononcée:

19. cruel   [kʀy ɛl]
20. Tahiti   [ta i ti]

Dans le cas des semi-voyelles ([j], [w], et [ɥ]), par contre, il en va tout à fait différemment: puisque les semi-voyelles sont non-syllabiques, elles ne peuvent jamais former de syllabe à elles seules. Donc, dans les mots comme 21 et 22, il s'agit de mots d'une seule syllabe, formée par la voyelle:

21. lui   [lɥi]
22. Louis   [lwi]

1.4.1 Les Syllabes ouvertes et fermées

La syllabe la plus fréquente en français est la *syllabe ouverte,* ainsi nommée parce qu'elle se termine avec une voyelle, et la bouche reste donc ouverte. Dans les mots de plusieurs syllabes, ainsi que dans les phrases, toute consonne suivant une voyelle est attachée à la prochaine voyelle si possible, pour permettre une plus grande quantité de syllabes ouvertes. Ainsi, dans un mot comme *imaginer,* on ne prononcerait jamais *[im aʒ in e], mais plutôt [i ma ʒi ne], avec quatre syllabes ouvertes. Ce phénomène est tellement courant qu'il se reproduit même au niveau de la phrase; considérez donc la coupe syllabique de la phrase 23 ci-dessous:

23. Elle aidait son ami.   [ɛ lɛ dɛ sõ na mi]

On appelle cette tendance à prononcer une consonne au début du prochain mot *enchaînement;* ce phénomène permet la formation d'une syllabe ouverte.

Il existe aussi en français des *syllabes fermées,* c'est-à-dire, des syllabes qui se terminent avec consonne et donc avec une fermeture (plus ou moins complète) de l'appareil articulatoire. Cependant, ces syllabes sont beaucoup moins courantes. Dans un mot comme *cher,* prononcé en isolation, on est forcé de produire une syllabe fermée [ʃɛʀ], mais dès que ce mot se mettra en contact avec une voyelle suivante, le [ʀ] se déplacera, comme on le voit dans l'exemple 24:

24. un cher ami   [œ̃ ʃe ʀa mi].

Je reviendrai sur cette question de syllabation, avec une explication plus détaillée, dans la section traitant de la phonologie segmentale.

Avez-vous compris?

I. Donnez la transcription phonétique pour chaque mot dans les Tableaux 1.1 (consonnes) et 1.2 (voyelles). Quand vous aurez fini, vérifiez vos réponses dans un dictionnaire.

Modèle: [b] *bal, beau* débat tube
           [bal] [bo] [deba] [tyb]

II. Faites la transcription phonétique des mots suivants, en montrant la coupe syllabique. Justifiez vos décisions concernant les suites de consonnes.

a. chien
b. radio
c. clair
d. avertissements
e. aucun
f. aucune
g. rouler
h. suisse
i. stratégie
j. penser
k. perspicace
l. négation
m. initial

n. gratuité
o. démocratique
p. conducteur
q. arracher
r. volaille
s. véritablement
t. vaporisateur
u. brésilien
v. familiariser
w. embarquer
x. notification
y. juridiction
z. orangeade

III. Faites la transcription des phrases suivantes, en montrant la coupe syllabique.

a. J'aime cette ancienne église. Elle est magnifique.
b. Il a sept ans.
c. Elles travaillent au Canada.
d. Vous faites souvent du camping?
e. Si tu veux, tu peux m'accompagner.
f. Quand nous voyageons, nous prenons toujours l'avion.
g. Vous voulez du rouge ou du blanc?

IV. Dites si les paires suivantes sont des paires minimales. Donnez la transcription phonétique pour justifier votre réponse.

a. bar/par
b. clos/gros

c. ta/ton
d. mais/lait

e. juif/juive	k. quantité/qualité
f. cruel/cruelle	l. presse/tresse
g. feu/peu	m. femme/gamme
h. par/peur	n. cas/car
i. flèche/pêche	o. gris/grue
j. retard/retape	p. vert/verte

V. Continuez les séries minimales en y ajoutant au moins trois autres mots. Donnez la transcription phonétique pour justifier vos réponses.

a. son	b. mes	c. tu	d. peau
ton	des	tes	beau
long	ces	taux	taux
e. corps	f. nain	g. boire	h. beau
car	pain	noir	baie

Chapitre 2 / La Phonétique

La Phonétique

2.1 La Phonétique articulatoire

La phonétique a pour rôle d'étudier la production, la transmission, et la perception des sons (ou *phones*) d'une langue au cours de la parole. Elle examine l'articulation exacte de ces phones, sans émettre de jugement sur le fait qu'ils soient "bien" ou "mal" prononcés; c'est-à-dire qu'elle adopte une philosophie descriptive plutôt que prescriptive.

Les organes permettant la phonation (la production de la parole) ont, comme première fonction, la respiration. La parole étant beaucoup moins importante que la respiration, ce dernier système a priorité en cas d'exertion physique, d'extrême peur, etc. En situation normale, par contre, ce système peut permettre la respiration et la parole simultanément. Dans ce cas, la vocalisation est créée grâce à une colonne d'air qui est expirée des poumons et ensuite modifiée par les différentes cavités le long de l'appareil phonatoire. Pendant la vocalisation, l'air sort des poumons, passe par le larynx (contenant les cordes vocales, qui peuvent vibrer ou non), et sort par la bouche (et quelquefois le nez). Dans la bouche, l'air est dès lors modifié pour créer des phones différents. L'étude de la *phonétique articulatoire* se concentre surtout sur la production de ces phones, lesquels nous permettent de nous exprimer.

2.1.1 Les Systèmes phonatoire et articulatoire

On peut dire que l'appareil humain de vocalisation se divise en deux sous-systèmes: le *système phonatoire* et le *système articulatoire*. C'est le système phonatoire qui permet la production du son de base (ou de ce que l'on appelle, chez l'être humain, la *voix*). Ce système phonatoire est constitué des *poumons*, l'origine de l'air, et du *larynx*, où cet air est voisé ou non. Le larynx contient deux *cordes*, formées de tissus élastiques attachés à des cartilages mobiles. Ces deux cordes peuvent s'ouvrir pour laisser passer l'air ou se fermer pour créer un son. Pendant la respiration normale, l'air passe librement des poumons entre les cordes vocales, dans l'espace central appelé la *glotte*. L'air n'est donc pas voisé et sort pratiquement sans être entendu. Mais si les cordes vocales sont rapprochées ou mises en

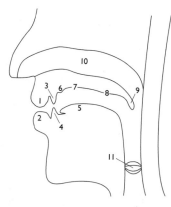

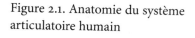

Figure 2.1. Anatomie du système articulatoire humain

mouvement, il en résulte une vibration de la colonne d'air qui passe par la glotte; cet air est donc voisé. C'est à ce moment-là que l'on entend la voix.

Il y a une façon simple de sentir cette vibration des cordes vocales: il suffit de mettre la main sur le larynx. Quand on respire normalement, on ne sent pas de vibration, mais si l'on prononce la lettre [a], on sent clairement la vibration pendant l'expiration. Dès que l'on arrête le mouvement des cordes vocales, le son s'arrête aussi. Par un système cérébral jusqu'ici assez mal compris, le cerveau signale aux cordes vocales quand il faut qu'elles s'approchent, pour causer cette vibration, et quand il faut qu'elles s'éloignent.

Après être passé par le système phonatoire, l'air entre dans le système articulatoire, qui consiste en la *mâchoire*, les *lèvres*, la *langue*, les *dents*, les *alvéoles*, le *palais dur* et le *voile du palais* (aussi appelé le *palais mou*), l'*uvule*, et enfin les *fosses nasales*. (Voir la figure 2.1.)

1. La lèvre supérieure
2. La lèvre inférieure
3. Les dents supérieures
4. Les dents inférieures
5. La langue
6. Les alvéoles
7. Le palais dur
8. Le voile du palais
9. L'uvule
10. Les fosses nasales
11. Le larynx (y compris les cordes vocales et la glotte)

Tout cet appareil permet l'articulation d'une gamme de phones différents, par une modification du son de base, c'est-à-dire du son qui sort des poumons. C'est surtout la position de la langue et l'arrondissement des lèvres qui modifient le son dans le système articulatoire. La langue étant la partie la plus mobile de tout ce système, celle-ci exerce une grande influence sur la colonne d'air. En entrant en contact avec les dents, les alvéoles, le palais, ou l'uvule, elle change le courant d'air (ou même l'interrompt) et produit donc la variété de sons connus dans le langage humain.

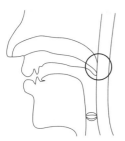
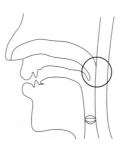

Figure 2.2a. Voile du palais relevé   Figure 2.2b. Voile du palais abaissé

Quant aux lèvres, en s'arrondissant elles peuvent allonger l'espace dans lequel cet air passe. Dans leur position de repos, les lèvres sont fermées et non-arrondies. Mais quand on les arrondit, l'espace de la cavité buccale est agrandi et la colonne d'air s'en trouve à nouveau modifiée. C'est le cas pour plusieurs voyelles, aussi bien que pour les semi-voyelles [w] et [ɥ]. De plus, en se fermant, les lèvres peuvent arrêter totalement le passage d'air. En s'ouvrant, elles créent ensuite l'explosion d'air nécessaire pour produire les consonnes [p], [b], et [m].[1]

Un dernier élément dans ce système articulatoire est aussi mobile: c'est le voile du palais, qui a deux positions possibles. Pendant la respiration normale, et souvent au cours de l'articulation même, le voile du palais est relevé (voir la figure 2.2a); la totalité de l'air est donc forcée de passer par la cavité buccale, et nous disons que les sons ainsi produits sont oraux. Mais si le voile du palais s'abaisse (figure 2.2b), un certain volume d'air peut aussi passer par les cavités nasales pour produire les phonèmes nasaux. Les autres éléments dans le système articulatoire sont fixes. Les dents ne bougent jamais; c'est la lèvre inférieure ou la langue qui se met en contact avec les dents, comme pour [t], [d], [n], [v], et [f].

Selon le cas, nous pouvons donc dire que le son est modifié dans trois cavités différentes: la *cavité pharyngale,* qui mène des poumons à la bouche; la *cavité buccale,* où l'air continue dans la bouche et entre en contact avec les organes articulatoires, pour y être modifié; et la *cavité nasale,* où l'air devient nasalisé, tel [õ], [ã], et [ɛ̃].

2.1.2 La Catégorisation des sons

On a déjà séparé les phones en trois grandes catégories distinctes: les *voyelles,* les *consonnes,* et les *semi-voyelles* (aussi appelées les *semi-consonnes* à cause de leur qualité intermédiaire entre voyelle et consonne–à préciser plus loin). Les voyelles ne connaissent pas de fermeture pendant leur production, et les cordes vocales sont en vibration continuelle: le résultat est un son continu et harmonique. À l'aide d'une analyse électro-acoustique, on peut identifier les formants (ou les fréquences de vibrations) qui constituent ces phones. (On reviendra à l'étude des formants dans le prochain chapitre.) Les consonnes et les semi-voyelles, par contre, se produisent avec un arrêt partiel ou total de la colonne d'air. Du point de vue acoustique, ils constituent du *bruit,* c'est-à-dire qu'ils sont non-harmoniques.

En terminologie linguistique, les voyelles s'appellent aussi *sonnantes.* Une étude étymologique de ce mot suggère que les voyelles sont capables de se produire seules, de *sonner* seules. Les *con-sonnes,* par contre, doivent sonner *avec* quelque chose; elles ne sont pas syllabiques et par conséquent ont besoin d'une sonnante pour se prononcer (Malmberg, 1966, 75). On peut donc dire que les cordes vocales sont la partie la plus importante de tout l'appareil phonétique; sans la vibration de ces bandes élastiques, on serait capable de produire quelques bruits individuels mais pas de vocalisation continue.

Le champ d'étude de la phonétique porte sur l'examen précis de toute articulation et permet de mieux comprendre comment ces phones se produisent et se distinguent les uns des autres. En parlant de l'articulation, on parle toujours du *lieu* (ou *point*) *d'articulation* et du *mode d'articulation.* Le lieu d'articulation se réfère au point où il y a contact à l'intérieur de la cavité buccale. Le mode d'articulation des consonnes décrit si le son est *oral* ou *nasal,* si la fermeture est complète ou partielle, et si le phone est *sonore* (*voisé*) ou *sourd* (*non-voisé*). Rappelons que les voyelles, par contre, qu'elles soient orales ou nasales, sont toujours produites sans obstruction et avec voisement.

2.1.3 Le Répertoire des sons

Tous ces phones différents forment ce que l'on appelle un *répertoire de sons,* c'est-à-dire, une liste des sons individuels qui sont utilisés dans la langue pour créer des mots. Ce répertoire diffère d'une langue à l'autre. Quand les enfants commencent à parler, ils expérimentent avec leur propre système articulatoire et produisent toutes sortes de sons qui ne sont même pas entendus dans leur langue maternelle. C'est en écoutant la parole des autres qu'ils apprennent quels sont les phones importants pour leur langue, et, petit à petit, ils abandonnent ceux dont ils n'ont pas besoin. Quand on essaie de maîtriser une langue étrangère, on est obligé d'apprendre de nouveaux sons; ce sont des sons que l'on a peut-être prononcés à l'âge de dix-huit mois — et ensuite abandonnés! La deuxième fois, il est plus difficile d'en maîtriser et de controler la production, puisqu'ils ne font plus partie de son répertoire phonétique. Ceci explique la difficulté de produire le son [y] pour les anglophones, ou [ð] et [θ] pour les francophones (comme dans les mots *this* et *thank,* respectivement). Ce n'est pas que les francophones sont incapables de produire ces derniers sons (leur système articulatoire étant exactement le même, physiologiquement et anatomiquement, que celui des anglophones), mais tout simplement qu'ils n'en ont plus l'habitude. On peut constater donc que le répertoire de sons est spécifique à chaque langue. Une partie importante de l'acquisition d'une langue seconde est la redécouverte des sons que l'on a abondonné lors de l'acquisition de la langue maternelle. Cette redécouverte se fait avec des niveaux de succès différents selon les apprenants, comme l'indiquent les nombreuses recherches sur ce thème.

Avez-vous compris?

I. Identifiez les parties du système phonatoire illustrées ci-dessous.

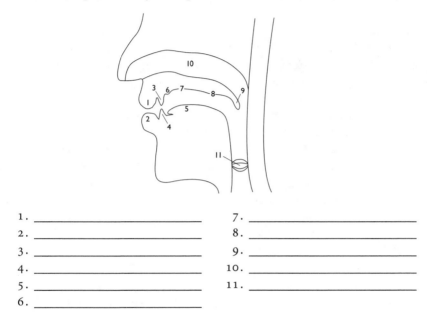

1. _____   7. _____
2. _____   8. _____
3. _____   9. _____
4. _____   10. _____
5. _____   11. _____
6. _____

2.2 L'Articulation des voyelles

Comme indiqué dans la section précédente, les voyelles se produisent toujours avec vibration des cordes vocales; elles sont donc toujours voisées. De plus, elles rencontrent moins d'obstacles pendant leur articulation que les consonnes. Tandis que les consonnes sont marquées par une obstruction partielle ou totale de l'air, les voyelles sont *continues* et donc syllabiques.

Pendant l'articulation des voyelles, les trois cavités (pharyngale, buccale, nasale) agissent comme des chambres de résonance; la qualité de la voyelle est déterminée par les modifications que la colonne d'air subit à travers ces chambres. Le volume et la forme de cette colonne d'air sont modifiés surtout par trois facteurs dans la cavité buccale: la position de la langue, l'arrondissement des lèvres, et l'ouverture plus ou moins grande de la bouche. Les voyelles sont donc assez simples: on doit toujours examiner le point d'articulation, mais en ce qui con-

Tableau 2.1.   Catégorisation des voyelles françaises selon leur lieu d'articulation

	Antérieure		Postérieure
Haute / fermée	i, y		u
Mi-haute / mi-fermée	e, ø		o
Mi-basse / mi-ouverte	ɛ, ɛ̃	œ, œ̃	ɔ, ɔ̃
Basse / ouverte	a		ɑ, ɑ̃

cerne le mode d'articulation, on ne parle que de la distinction nasal/oral. De ce point de vue, les voyelles sont plus simples que les consonnes, qui présentent plusieurs modes d'articulation différents. Comme indiqué plus haut, la fermeture n'est jamais complète pour les voyelles, et elles sont toujours sonores.

Les voyelles orales, qui se produisent quand l'air sort des poumons et traverse la cavité buccale, sont les suivantes: [a], [ɑ], [e], [ɛ], [ə], [œ], [ø], [i], [y], [u], [o], et [ɔ]. Du point de vue du lieu d'articulation, nous pouvons faire trois distinctions: la position de la langue dans la bouche selon un axe vertical, la position de la langue selon un axe horizontal, et la position des lèvres. Nous pouvons donc distinguer entre les voyelles orales selon qu'elles sont *hautes, moyennes,* ou *basses,* selon qu'elles sont *antérieures* ou *postérieures,* et, finalement, selon qu'elles sont prononcées avec les *lèvres écartées* ou *arrondies.*

2.2.1 L'Axe vertical

Lorsque la langue est proche du palais, on dit que la voyelle est haute, ou fermée. Ce dernier terme est utilisé parce que la bouche reste assez fermée pendant la production de la voyelle: les dents sont très rapprochées et l'espace entre le palais dur, et la langue est extrêmement réduit. Quand la langue est aussi loin du palais que possible, on dit que la voyelle est basse, ou ouverte. Entre ces deux positions se trouvent les voyelles moyennes, qui se subdivisent entre voyelles *mi-hautes* (ou *mi-fermées*) et *mi-basses* (ou *mi-ouvertes*). (Voir le tableau 2.1.)

2.2.2 L'Axe horizontal

Les termes *antérieur* (ou *palatal*) et *postérieur* (ou *vélaire*) font référence à la position de la langue sur un axe horizontal dans la bouche. Plus le corps de la langue s'approche des dents, plus la voyelle est antérieure; plus elle reste dans la partie arrière de la bouche, plus la voyelle est postérieure (tableau 2.1).

2.2.3 L'Arrondissement des lèvres

Les voyelles se décrivent aussi selon qu'elles soient prononcées avec les lèvres arrondies ou écartées. Les *voyelles arrondies* sont les suivantes: [o], [ɔ], [u], [y], [ø], [œ], [ə], et les *voyelles écartées* sont [i], [e], et [ɛ]. Notez bien que les voyelles posté-

Tableau 2.2. Forme des lèvres pendant la production
des voyelles orales françaises

	Écartée	Antérieure (palatale)		Postérieure (vélaire)	
		Intermédiaire	Arrondie	Intermédiaire	Arrondie
Haute	i		y		u
Mi-Haute	e		ø		o
Mi-basse	ε		œ, e		ɔ
Basse		a		ɑ	

rieures sont nécessairement arrondies en français, mais les voyelles antérieures peuvent être arrondies ou écartées. Pour les deux voyelles basses, [a] et [ɑ], les lèvres se trouvent dans une position intermédiaire, ni vraiment écartée ni arrondie. (Voir le tableau 2.2.)

2.2.4 Les Voyelles nasales

Lors de la production des voyelles nasales, le voile du palais s'abaisse, laissant passer une partie de l'air à travers la cavité nasale et modifiant ainsi le son de base. Pourtant, il faut préciser que très peu d'air passe par le nez pendant la production de ces voyelles nasales. Selon Valdman (1976, 47), il s'agit plutôt d'une quatrième petite cavité qui se crée grâce à l'abaissement du voile du palais et qui explique la nasalité. Cette *cavité vélique* (ainsi nommée parce qu'elle est créée par le vélum, ou voile du palais), située à l'arrière de la bouche, modifie le son de base, créant ce que l'on appelle une voyelle nasale. Ces voyelles sont [œ̃], [õ], [ɛ̃], et [ã], qui se trouvent, dans cet ordre, dans la phrase:

25. un bon vin blanc   [œ̃] [bõ] [vɛ̃] [blã]

La langue française a moins de voyelles nasales que de voyelles orales, parce qu'en laissant passer de l'air dans la cavité nasale (ou vélique) il y a moins d'air dans la cavité buccale, et donc moins de distinctions possibles (Martinet, 1967, 44).

Dans le nord de la France, le son [œ̃] commence à disparaître dans le parler de beaucoup de personnes, pour être remplacé par [ɛ̃]; dans ce cas, le timbre de la voyelle des mots *un* et *vin* dans la phrase ci-dessus serait le même pour ces personnes. On dira donc que, chez ces locuteurs, il y a neutralisation entre ces deux sons, puisqu'ils ne se distinguent plus. Chez les jeunes, Chaurand (1998) a aussi noté que la voyelle [ã] commence à être remplacée de plus en plus souvent par [õ]. Il semble qu'il y a une neutralisation en train de s'opérer là aussi.

On notera ici que pour les voyelles nasales l'axe vertical n'est pas important. Puisqu'il y en a si peu, et qu'elles se distinguent par d'autres qualités, la hauteur de la langue ne compte pas dans la description de ces voyelles (Valdman, 1976,

Tableau 2.3.   Articulation des voyelles nasales

Antérieur	Postérieur
[ɛ̃] [œ̃]	[õ] [ã]

49). (Voir le tableau 2.3.) Il faut aussi préciser que les voyelles nasales ne correspondent pas nécessairement, de façon exacte, à des voyelles orales en français. La
voyelle [ɛ̃], par exemple, ne correspond pas à la voyelle [ɛ], du point de vue de
l'articulation, mais plutôt à [æ] (comme représenté dans le mot anglais *at*), une
voyelle orale qui n'existe pas en français (Martinet, 1967, 44). De même, la voyelle
nasale [ã] n'a comme base ni la voyelle orale [a] ni [ɑ], mais une tout autre articulation. Il est donc trop simpliste de penser que la voyelle nasale consiste en
une voyelle orale du répertoire français plus la nasalisation — dans deux des quatre
cas, le point de départ n'est pas du tout une voyelle orale française mais une autre
voyelle qui n'appartient même pas au système du français.

2.2.5   Le Cas des voyelles diphtongues

Il faut d'abord noter qu'il n'y a pas de diphtongues en français standard. Une diphtongue se produit quand une voyelle change de qualité pendant sa production,
comme dans les deux mots anglais suivants:

26. boy   [boⁱ]
27. cow   [kaʷ]

Ce manque de diphtongues est dû au fait qu'en français on garde la tension articulatoire de la voyelle pendant toute sa production: la voyelle reste donc stable. En
anglais, par contre, on commence avec une tension spécifique, et puis on relâche le
système articulatoire, ce qui cause un changement du timbre de la voyelle.[2] Le français ancien comprenait de nombreuses diphtongues, surtout dans les mots comme
moi et *lait*. Toutes ces diphtongues sont maintenant réduites en monophtongues et
se produisent comme semi-voyelle suivie d'une voyelle (28) ou comme une seule
voyelle (29):

28. moi   (ancien français: [moi]/français moderne: [mwa])
29. lait   (ancien français: [lait]/français moderne: [lɛ])

2.2.6   L'Articulation de *l'e-caduc*

L'*e-caduc*, aussi appelé *e muet, e instable,* ou *e féminin,* est la seule voyelle en français qui soit susceptible de tomber,[3] d'où son nom: *cadere* en latin, voulant dire
tomber. Cette voyelle a une articulation proche de celle des voyelles [œ] et [ø],
mais elle diffère en ce qu'elle est normalement moins longue et inaccentuable.

La difficulté pour les étrangers est de savoir quand on peut laisser tomber ce [ə], quand on doit le garder, et quand on a le choix.

2.2.6.1 E-caduc final

Le comportement de cette voyelle dépend surtout de sa position dans le mot: finale ou médiale. Le [ə] final doit souvent ses origines à la terminaison féminine du latin. Le *-a* féminin en latin est devenu *-e* en français à la suite de changements phonétiques et orthographiques. Le latin *gemma* est donc devenu *gemme, filia* est devenu *fille*, etc. Cette voyelle provient aussi des terminaisons verbales. Par exemple, le verbe latin *amare* est devenu *aimer*, et dans quatre de ses formes conjuguées on trouve un [ə] final:

30. j'aime   tu aimes   il /elle/on aime   ils/elles aiment   [ɛm(ə)]

Ce [ə] final était prononcé en ancien français (et l'est toujours dans l'accent méridional, dans le sud de la France, aussi bien qu'en poésie). De nos jours, cependant, il tombe quand il se trouve à la fin d'un mot isolé ou d'un groupe rythmique, c'est-à-dire, d'un groupe de mots qui se prononcent ensemble, sans pause entre eux.

Avec la disparition du [ə] final, ces mots perdent aussi une syllabe, et la consonne de fin de mot doit s'attacher soit à la syllabe précédente soit à la syllabe suivante (voir syllabation, section 3.1.4). Dans ce dernier cas, cette consonne se trouve légèrement renforcée; c'est-à-dire qu'il y a un peu plus d'explosion ou de friction qu'à la normale, puisque l'air qui s'expirait auparavant avec la voyelle doit maintenant s'attacher à la consonne. Considérez, par exemple, l'articulation du [b] dans la phrase 31:

31. Il tombe   [il tõb:]

Dans cet exemple, le [b] est renforcé: c'est le dernier son produit à la fin de la phrase, et tout l'air expiratoire qui reste s'échappe sur le [b]. Pour les étrangers, il est souvent difficile de savoir dans ce cas si l'on entend un [b] renforcé ou un [ə]. Cependant, si l'on compare cette phrase avec le numéro 32 on voit que le comportement de la consonne change.

32. Il tombe en arrière   [il tõ bã na ʀjɛʀ]

Dans cette deuxième phrase, le [b] n'est plus en position finale de groupe. Le [b] peut s'attacher à la voyelle suivante [ã], qui prend maintenant la force expiratoire. Dans ce cas, le [b] se prononce avec une force normale, comme au début ou à l'intérieur de n'importe quel mot. On peut établir la même comparaison entre les phrases 33 et 34:

33. C'est une fille   [se tyn fij:]

34. C'est une fille agressive   [se tyn fi ja gʀɛ siv:]

2.2.6.2 E-caduc non-final

A l'intérieur d'un mot ou d'un groupe rythmique, on note d'abord que la prononciation du [ə] est *interdite* chaque fois qu'il est suivi d'une voyelle ou d'un [h]
muet. Considérant cette seule règle de chute obligatoire, nous notons que la perte
du [ə] est souvent une question de style: plus la langue est soignée, plus on prononce le [ə]. Dans le langage populaire, par contre, on a tendance à laisser tomber
cette voyelle.

Devant une consonne, on explique le comportement du [ə] non-final en faisant référence à *la loi des trois consonnes.* On peut dire donc que le [ə] peut tomber
chaque fois que cette perte ne créera pas une suite de trois consonnes (y compris les semi-consonnes, quand celles-ci sont précédées de [ʀ] ou [l]).[4] Ceci explique pourquoi on le laisse tomber régulièment dans certains mots, mais pas dans
d'autres. Comparez, par exemple, les numéros 35 à 38:

35. samedi   [sam di]
36. mercredi   [mɛʀ kʀə di]
37. chanterions   [ʃã tə ʀjõ]
38. bachelier   [ba ʃə lje]

Cette règle est valable entre deux mots d'un même groupe rythmique aussi bien
qu'à l'intérieur d'un seul mot. Comparez donc les numéros 39 et 40, ci-dessous.
Dans le premier groupe nominal on peut laisser tomber le [ə] de *grande,* mais
dans le deuxième on le conserve.[5]

39. la grande maison   [la gʀãd mɛ sõ]
40. la grande production   [la gʀã də pʀo dyk sjõ]

Noter bien, cependant, que la chute d'un [ə] non-final est obligatoire seulement
devant une voyelle ou un *h* muet mais pas devant une consonne, où son maintien
reste surtout une question de style. Certaines personnes pourront donc prononcer [sa mə di] et [gʀã də mɛ sõ], surtout quand il s'agit d'énoncer très clairement,
ou de prononcer le mot en isolation.

2.2.6.3 E-caduc et les voyelles moyennes

Dans certains mots, la perte du [ə] provoque un changement du timbre vocalique
dans le reste du mot, dû à une redistribution des syllabes: *médecin* peut donc se
prononcer de deux façons, avec ou sans [ə], comme noté en 41a et 41b:

41a. médecin   [me də sɛ̃]
41b. médecin   [mɛd sɛ̃]

Notez bien que la qualité de la première voyelle change, selon le type de syllabe dans laquelle elle se trouve. Comme on verra dans la section 3.1.4.1, les syllabes ouvertes entraînent des voyelles fermées, et vice versa.

Dans le cas où un [ə] non-final est maintenu, la syllabe contenant cette voyelle sera normalement inaccentuée. S'il est nécessaire d'accentuer cette syllabe, on voit le plus souvent des changements phonétiques ainsi qu'orthographiques. Les verbes *appeler* et *acheter*, notamment, changent le [ə] à [ɛ] pour pouvoir accentuer cette voyelle dans une syllabe fermée. Pour marquer ce changement phonétique, il y a aussi une transformation d'orthographe, comme dénoté dans les numéros 42a, b et 43a, b, ci-dessous:

42a. nous appelons   [nu za pə lõ]
42b. j'appelle   [ʒa pɛl]
43a. vous achetez   [vu za ʃə te]
43b. tu achètes   [ty a ʃɛt]

2.2.6.4 Les Mots monosyllabiques

Il existe en français neuf mots monosyllabiques contenant la voyelle [ə]: *ce, de, je, le, me, ne, que, se, te*. Ceux-ci se retrouvent assez souvent regroupés, dans des suites de mots monosyllabiques:

44a. Je ne te crois pas.
45a. Ne me le donne pas.

Le comportement de la voyelle [ə] dans cette situation est assez régulier. En général, dans une phrase qui commence avec une telle suite, on garde le premier [ə], on laisse tomber le deuxième, on garde le troisième et ainsi de suite. En gardant le premier, on a ainsi une voyelle à laquelle attacher la consonne du deuxième mot, qui lui n'a plus de voyelle et qui ne peut pas exister seule, la voyelle étant l'élément indispensable d'une syllabe. On a donc besoin d'une voyelle dans le premier mot et dans tous les deux mots suivants. Nous présentons les numéros 44b et 45b, ci-dessous, avec leur prononciations normales en français actuel:

44b. Je ne te crois pas.   [ʒən tə kʁwa pa]
45b. Ne me le donne pas.   [nəm lə dɔn pa]

Il y a quand même deux groupes figés en français où l'on laisse tomber le premier [ə] pour garder le second:

46. ce que   [skə]
47. je te   [ʃtə].

On remarquera une assimilation dans le cas de *je te,* qui se prononce le plus souvent [ʃtə], comme noté ci-dessus. Le dévoisement d'une consonne voisée sera examiné dans la section 3.1.3, qui traite de l'assimilation.

Dans des groupes rythmiques qui commencent avec un mot autre que ces mots monosyllabiques, la forme de ce premier mot peut influencer le comportement du [ə] dans les mots monosyllabiques. Dans l'exemple 48, ci-dessous, la phrase commence avec une syllabe ouverte, à laquelle peut s'attacher le [n] de *ne.* On peut donc entendre deux prononciations possibles:

48. Nous ne te croyons pas.   [nun tə kʀwa jõ pa]; [nu nət kʀwa jõ pa]

Dans le cas 49, par contre, le [n] ne peut pas s'attacher à la première syllabe parce qu'elle est fermée; c'est donc plutôt le deuxième [ə] qui tombe:

49. Paul ne te croit pas.   [pɔl nət kʀwa pa]

Comme le lecteur aura probablement noté dans les derniers exemples, ces mots monosyllabiques agissent aussi différemment vis-à-vis de la loi des trois consonnes. En parler rapide, surtout, on laisse souvent tomber l'[ə] d'un mot monosyllabique, même si sa perte crée une suite de trois consonnes au sein d'un groupe rythmique:

50. une tasse de café   [yn tas dkafe]

Il est à noter que le [ə] de l'article indéfini *une* tombe régulièrement aussi, tout en créant une groupe de trois consonnes:

51. une blonde   [yn blõd]

Cette chute peut créer des suites de consonnes non-attestées ailleurs dans la langue française et qui ne seraient pas autrement acceptables.

2.2.6.5 La Prononciation obligatoire de l'e-caduc

Il ne reste maintenant qu'à exposer les conditions où la prononciation du [ə] est obligatoire à l'intérieur d'un groupe rythmique. Comme noté avant, le maintien de cette voyelle dépend souvent de la rapidité du parler aussi bien que du style. Mais il y a plusieurs situations où l'on ne laisse jamais tomber le [ə]:

- Devant un [h] aspiré. Ces mots d'origine germanique marquent le fait que leur *h* était aspiré dans le passé en gardant le [ə]. Ils sont souvent marqués d'un astérisque dans les dictionnaires, pour montrer la nature du [h]:

52. le homard   [lə o maʀ]
53. le hockey   [lə ɔ kɛ]
54. une honte   [ynə õt]

- Devant les nombres *un,*[6] *huit,*[7] et *onze:*

  55. compter de un à dix   [kõ te də œ na dis]
  56. le onze mars   [lə õz maʀs]

- Dans la première syllabe du groupe rythmique. Cependant pour les groupes fixes *je te* et *ce que,* la chute est permise. Comparez donc les numéros 57 et 58:

  57. Te rappelles-tu . . . ?   [tə ʀa pɛl ty]
  58. Tu te rappelles . . . ?   [ty tʀa pɛl]

- Dans les mots monosyllabiques accentués (la conjonction *que* en position accentuée, le pronom *le* post-posé, etc.):

  59. fais-le   [fe lə]
  60. Parce que!   [paʀs(ə) kə]
  61. Je suis certain que, s'il continue . . .   [ʒ(ə) sɥi sɛʀ tɛ̃ kə . . .]

- Dans les articles faisant partie d'un nom propre:

  62. le Caire   [lə kɛʀ]
  63. Ferdinand de Saussure   [fɛʀ di nã də so syʀ]
  64. le Roy   [lə ʀwa]

- Dans les cas où sa chute créerait une ambiguïté:

  65. dehors[8]   [də ɔʀ]
  66. dors   [dɔʀ]

- Dans la première syllabe des noms propres:

  67. Degas   [də ga]
  68. Genève   [ʒə nɛv]
  69. Renault   [ʀə no]

Dans les autres cas, la prononciation du [ə] sera considérée comme facultative. Elle dépend surtout du style et de la rapidité du parler.

Avez-vous compris?
I. Pour les mots suivants, indiquez si le [ə] peut tomber ou doit être prononcé. Justifiez vos réponses.

1. avertissement
2. vendredi
3. pointe
4. plate-forme
5. moquerie
6. appartement
7. monde
8. ficeler
9. feuilleté
10. croisement

11. bordereau	16. lacerie
12. bosseler	17. Richelieu
13. sourdement	18. Degas
14. tournesol	19. obtenir
15. acheminement	20. Revenez!

II. Faites la transcription phonétique des phrases suivantes, en notant le comportement normal du [ə] dans les mots monosyllabiques. Faites bien attention aux groupes rythmiques.

1. Ce que vous voulez est impossible.
2. Je ne te comprends jamais.
3. Tu ne me crois pas?
4. Je ne me suis pas levé de bonne heure ce matin.
5. Je te vois de plus en plus rarement.
6. Le dernier film d'Oliver Stone? Il ne le connaît pas.
7. Le dernier film d'Oliver Stone? Je ne le connais pas.
8. Son visage? Elle se le lave tous les matins.
9. Il est impossible que je vende ma voiture!
10. François ne se brosse pas les dents avant de prendre le petit déjeuner.

2.3   L'Articulation des semi-voyelles

Intermédiaire entre les voyelles et les consonnes, il existe trois semi-voyelles (ou semi-consonnes) qui sont articulatoirement plus fermées que les trois voyelles hautes (les plus fermées des voyelles), mais moins fermées que les consonnes. Pendant leur articulation, la langue s'approche du palais et même quelquefois se met en contact avec le palais, mais la colonne d'air n'est pas arrêtée ou restreinte comme pour les consonnes. Ces semi-voyelles sont voisées, mais elles ne sont pas syllabiques—c'est-à-dire qu'elles doivent toujours accompagner une voyelle pour composer une syllabe.

La source de ces semi-voyelles est normalement assez claire: quand une voyelle haute se met en contact avec n'importe quelle autre voyelle, elle devient une semi-voyelle. C'est donc le cas dans un mot comme *chien* (numéro 70, ci-dessous). Le [i] se transforme en semi-voyelle devant le [ɛ̃]; il ne s'agit plus d'un mot à deux voyelles et deux syllabes; on a plutôt un mot à une seule syllabe:

70.   chien   [ʃjɛ̃]

Les trois semi-voyelles correspondent directement aux trois voyelles hautes dont elles sont issues: [i]/[j], [y]/[ɥ], et [u]/[w]. Il est à noter, cependant, que ce changement n'est normalement pas permis lorsque la voyelle haute est précédée de deux consonnes. C'est encore un résultat de la loi des trois consonnes, qui interdit la plupart des suites de trois consonnes. Les semi-voyelles n'étant pas syllabiques, elles comptent comme une consonne, ce qui explique l'articulation de beaucoup de mots qui conservent leurs voyelles hautes:

71. cruel   [kʀy ɛl]
72. influence [ɛ̃ fly ɑ̃s]

Dans plusieurs mots de ce type, les locuteurs maintiendront les deux voyelles, mais inséreront une semi-voyelle intervocalique, pour faciliter l'articulation des voyelles. À titre d'exemple, considérez donc les prononciations données dans les exemples 73 et 74:

73. crier   [kʀi je]
74. trouer [tʀu we]

Au début d'un mot, les semi-voyelles dérivant de cette source agissent comme des voyelles propres, et dès lors permettent l'élision, la liaison, et l'enchaînement, comme attesté dans les exemples 75 à 78:

75. l'huile   [lɥil]
76. les huitres [le zɥitʀə]
77. les yeux   [le zjø]
78. sept oiseaux [sɛ twa zo]

Dans d'autres circonstances, surtout dans des mots empruntés, les phones [j] et [w] fonctionnent plutôt comme des consonnes. Parce qu'ils n'ont pas de voyelle haute comme origine, ils ne permettent ni l'élision, ni la liaison, ni l'enchaînement, comme attesté dans les numéros 79 à 81:

79. le yaourt   [lə ja uʀ]
80. le whisky   [lə wi ski]
81. les week-ends [le wi kɛnd]

Le double rôle des semi-voyelles [j] et [w], qui agissent quelquefois comme voyelles, d'autre fois comme consonnes, explique la présence de ces deux phones à la fois dans le tableau des consonnes et dans celui des semi-voyelles. Leur origine et leur comportement vis-à-vis de l'élision et de la liaison les rendent tantôt vocaliques (donc semi-voyelles), tantôt consonnes. Un cas intéressant est celui du mot *ouest*. Dans sa forme française, le [w] constitue une semi-voyelle, et l'élision est permise:

82. l'ouest   [lwɛst].

Dans sa forme empruntée (en cinématographie), par contre, le [w] est consonantique, et l'élision et la liaison ne sont plus permises:

83. le western   [lə wɛ stɛʀn]
84. un western   [œ̃ wɛstɛʀn]

La semi-voyelle [ɥ], par contre, n'a pas d'homologue consonantique. Elle provient toujours de la voyelle [y] et n'est donc jamais qu'une semi-voyelle.

Pour résumer, les semi-voyelles sont moins ouvertes que les voyelles; pour cette raison elles sont toujours non-syllabiques. En même temps, elles sont moins fermées que les consonnes, ce qui leur donne un statut intermédiaire entre les deux.

Avez-vous compris?

I. Faites la transcription phonétique des mots suivants, en notant si les voyelles hautes peuvent se transformer en semi-voyelles ou non.

1. Louis	9. brouillard
2. trouer	10. mouette
3. lui	11. fuite
4. cruauté	12. priorité
5. louange	13. fouetter
6. rien	14. douer
7. prier	15. clouer
8. nier	16. crier

2.4 L'Articulation des consonnes

Du point de vue articulatoire, les consonnes sont plus fermées que les voyelles. Pour l'articulation des voyelles, le passage de l'air est assez libre, par contre, pendant la production des consonnes, l'air est partiellement ou parfois complètement arrêté dans la cavité buccale et nasale. Comme pour les voyelles, l'air provient des poumons et passe par la glotte, où les cordes vocales peuvent être excitées ou non. Si les cordes vocales se mettent à vibrer, on dit que la consonne est *sonore* (ou *voisée*): [b], [d], [v], [z], etc.; sinon, elle est *sourde* (ou *non-voisée*): [p], [k], [f], [s], etc. L'air continue dans la cavité buccale et quelquefois aussi dans la cavité nasale ([m], [n], [ɲ], [ŋ]), où les obstacles et les contours qu'il rencontre vont le moduler de façon à produire les différentes consonnes. On décrit les consonnes par leurs modes et leurs lieux d'articulation.

2.4.1 Le Mode d'articulation

En parlant de mode d'articulation pour les consonnes, il faut contraster trois séries de caractéristiques:

1. consonnes occlusives vs. consonnes constrictives ou résonnantes
2. consonnes sourdes vs. consonnes sonores (ou voisées)
3. consonnes orales (dont l'expiration passe seulement par la bouche) et consonnes nasales (expiration de l'air par le nez aussi).

Quand l'air sortant par la bouche rencontre un arrêt complet, on dit qu'il y a *occlusion,* c'est-à-dire, une fermeture complète de l'appareil articulatoire. Quand ce point de fermeture s'ouvre de nouveau, il y a une petite explosion d'air, ce qui explique pourquoi on appelle les occlusives des consonnes *explosives* ou *momentanées.* Les phones [p], [t], [k], [b], [d], et [g] représentent les consonnes explosives en français. Parmi les occlusives, on trouve pour chaque point d'articulation une paire de consonnes, une sonore, l'autre sourde: [b] et [p], par exemple, ont exactement le même lieu d'articulation; ils ne se distinguent que par la présence ou l'absence de la vibration des cordes vocales. Notez que les occlusives sont toujours *orales.*

Si la fermeture est moins complète, on entend plutôt une friction continue, ce qui explique les termes de consonnes *constrictives* (ou *fricative* ou *continues*): [f], [s], [ʃ], [v], [z], et [ʒ]. Ces consonnes peuvent se prolonger indéfiniment (tant qu'il y a de l'air venant des poumons), tandis que les consonnes explosives sont momentanées et ne durent que la durée de l'explosion elle-même. Quelques-unes des consonnes fricatives sont qualifiées en termes non-scientifiques de *sifflantes* ([s] et [z]) et de *chuintantes* ([ʃ] et [ʒ]), deux termes descriptifs qui essaient d'imiter le bruit produit par ces quatre consonnes. Les sifflantes, comme leur nom l'indique, font un bruit assez semblable à un sifflet qui résulte de la pression exercée par la langue sur les dents supérieures. Les chuintantes se distinguent des sifflantes par un plus grand volume d'air dans la cavité buccale, par la pression du dos de la langue sur le palais dur, et par le fait que les lèvres s'arrondissent pour les articuler. Les constrictives, elles aussi, sont toujours *orales.*

À côté des consonnes occlusives et constrictives, il existe des consonnes résonnantes, c'est-à-dire, qui se produisent avec une sonorité continue. Pendant l'articulation de ces consonnes, la colonne d'air n'est pas complètement arrêtée; il n'y a pas de friction non plus, ce qui résulte en une consonne plutôt continue, mais sans le bruit caractéristique des fricatives. Ces consonnes sont toujours *sonores,* et elles peuvent être orales ([l], [ʀ], [j], et [w]) ou nasales ([m], [n], [ɲ], et [ŋ]).⁹ Ces dernières sont produites quand le voile du palais s'abaisse pour laisser passer de l'air dans les fosses nasales. Les résonnantes [ʀ] et [l] ont leur propres lieux d'articulation. Toutes les autres résonnantes partagent le point d'articulation de plusieurs occlusives: [t], [d], et [n], par exemple, ont tous les trois le même lieu d'articulation. C'est la sonorité continue des résonnantes qui les distingue des occlusives momentanées.

Les deux consonnes [l] et [ʀ] sont souvent qualifiées du terme *liquide*, un terme non-scientifique qui essaie de décrire la continuité du son associée à ces consonnes. Il faut dire, cependant, que ce terme est imprécis du point de vue phonétique. D'une façon plus précise, on dit pourtant que [l] représente un son *latéral*, puisqu'il laisse l'air s'échapper par les deux côtés de la langue, en opposition avec toutes les autres consonnes en français, où l'air passe au-dessus de la langue. C'est ainsi que cette consonne peut être continue, en dépit du contact direct entre la langue et les alvéoles.

2.4.2 Le Lieu d'articulation

En ce qui concerne le lieu d'articulation, la situation est beaucoup plus complexe que pour les voyelles. Plusieurs composantes de la cavité buccale peuvent causer une modification du son; on décrit les consonnes en fonction de ces composants. Les consonnes *bi-labiales* sont produites par le contact entre la lèvre inférieure et la lèvre supérieure, ce qui cause une fermeture complète, comme c'est le cas pour [p], [b], et [m]. Les consonnes *labio-dentales*, par contre, établissent un contact entre la lèvre inférieure et les dents supérieures: [f] et [v]. Pour les consonnes *dentales* le contact est entre la pointe de la langue (aussi appelé l'*apex*) et les dents supérieures. C'est le cas des consonnes [t], [d], et [n] en français (qui sont plutôt alvéolaires en anglais). En français standard, il n'y a qu'une seule consonne *apico-alvéolaire*, où l'apex (ou la pointe) de la langue rencontre les alvéoles: [l].[10] Pour les consonnes *alvéolaires*, la partie antérieure de la langue (et non pas la pointe) entre en contact avec les alvéoles, la partie osseuse du palais que l'on trouve juste derrière les dents supérieures, tandis que la pointe de la langue se loge derrière les dents inférieures. Les alvéolaires en français sont [s] et [z]; [ʃ], [ʒ], [j], et [ɲ], par contre, sont des consonnes *palatales*. La partie antérieure du dos de la langue entre en contact avec la partie antérieure du palais dur pendant leur articulation. Ensuite on trouve des consonnes *vélaires*, où le dorsum (la partie postérieure) de la langue entre en contact avec le palais mou (ou le voile du palais): [k], [g], [w], et [ŋ] (ce dernier est emprunté de l'anglais). Enfin, il existe aussi une consonne *uvulaire* [ʀ], pour laquelle un contact s'établit entre la partie très postérieure de la langue et la luette (aussi appelée l'uvule). La vibration de la luette peut aussi faire partie de l'articulation de cette consonne, en fonction des individus et du style. (Voir le tableau 2.4.)

Tout comme le répertoire de phones est différent d'une langue à l'autre, le point d'articulation pour les mêmes phones peut aussi varier. En français, [t], [d], et [n] sont dentaux; en anglais, par contre, ils sont plutôt alvéolaires. Ces variations de lieu d'articulation cause des différences mineures de prononciation: un anglophone parlant français avec un [t] dental aura donc un petit accent étranger que les francophones pourront percevoir.

Tableau 2.4. Les Consonnes françaises par mode et lieu d'articulation

Mode	Bi-labiale	Labio-dentale	Dentale	Apico-alvéolaire	Alvéolaire	Palatale	Vélaire	Uvulaire
				Lieu				
Occlusive Sourde	p		t				k	
Occlusive Sonore	b		d				g	
Fricative Sourde		f			s	ʃ		
Fricative Sonore		v			z	ʒ		
Résonnante Orale				l		j	w	R
Résonnante Nasale	m		n			ɲ	ŋ	

Enfin, il faut dire que bien que nous puissions spécifier un point d'articulation pour chaque phone dans une langue, ce contact est en réalité bref et assez approximatif. Pour les phones prononcés en isolation, le lieu d'articulation est assez clair. Cependant, les phones sont rarement prononcés en isolation. Pendant la parole, tout l'appareil phonatoire est en mouvement constant; on passe très vite d'un phone à un autre, et le point d'articulation est souvent influencé par les phones précédents et suivants.

2.4.3 Les Consonnes géminées

Dans plusieurs langues modernes, aussi bien que dans l'ancien français, on parle de consonnes géminées. Une géminée consiste en deux phones identiques qui se trouvent l'un à côté de l'autre dans un mot ou une phrase et qui sont tous les deux articulés. Ce phénomène est assez courant dans les langues du monde, mais a été réduit en français, au point que l'on ne le trouve presque plus à l'intérieur d'un seul mot. Il reste néanmoins assez courant dans des phrases, comme par exemple dans la phrase 84, où l'on articule bien deux [l]:

85. elle l'aide   [ɛl lɛd] [11]

Dans les mots qui s'écrivent avec une consonne doublée, on articule normalement une seule fois ce phone, sauf quand le phone géminé permet une distinction (normalement grammaticale) importante. Comparez donc les numéros 86 à 89:

86.	essence	[e sãs]
87.	affaiblir	[a fɛ bliʀ]
88.	résonnante	[ʀe zo nãt]
89.	elle courait/elle courrait[12]	[ɛl ku ʀɛ]/[ɛl kuʀ ʀɛ]

2.5 La Phonétique acoustique

Quand on fait vibrer la colonne d'air pour produire des sons, l'effet est de créer des ondes, qui se transmettent de la bouche du locuteur à l'oreille de la personne qui l'écoute. Le son est ainsi transmis dans l'air, et des récepteurs dans l'oreille décodent ces ondes. L'étude de l'acoustique est compliquée; il faut avoir quelques notions de physique et de mathématiques pour en poursuivre une étude détaillée. On ne traite ici que des rudiments de cette science, afin de mieux comprendre comment la communication orale a lieu.

Les vibrations des corps physiques, qu'il s'agisse de cordes (d'un violon ou d'un piano) ou de colonnes d'air (d'une clarinette ou d'une flûte), peuvent être mesurées par leur fréquence de vibration. Plus la vibration est rapide, plus le son est haut et aigu; plus la vibration est lente, plus le son est bas. Ceci explique les différents tons produits par les pianos, les violons, et tous les instuments de musique à cordes: les cordes plus grosses et plus longues ont des tons plus bas, parce qu'elles vibrent plus lentement. Il en va de même pour les êtres humains. Les hommes ont la voix plus basse que les femmes en général, et les adultes la voix plus basse que les enfants; leurs cordes vocales sont plus longues et plus épaisses, et donc elles vibrent plus lentement. Quand il s'agit d'une colonne d'air, la fréquence des ondes est déterminée par le volume et la forme de la cavité, aussi bien que par la taille de l'ouverture de cette cavité. Plus le volume est grand et l'ouverture est large, plus la fréquence de la vibration est lente et donc plus le son est bas. Cela explique pourquoi une clarinette à un ton plus bas qu'une flûte, et un basson encore plus bas qu'une clarinette.

Dans le cas de la vocalisation humaine, il s'agit des deux types de vibration simultanées. D'abord, il y a la colonne d'air qui passe des poumons jusqu'aux lèvres et qui peut être modifiée dans la cavité pharyngale, la cavité buccale, et quelquefois dans la cavité nasale. En même temps, cette colonne d'air peut être voisée par la vibration des cordes vocales. Toutes ces influences déterminent ensemble la qualité du son produit: on a la possibilité de changer la vitesse de vibration des cordes vocales, ainsi que de fermer ou d'ouvrir les différentes cavités.

L'oreille est capable de percevoir ces différences: elle mesure la fréquence des vibrations qui l'atteignent et transmet cette information au cerveau, qui la traduit en mots, phrases, et prosodies. La même fréquence produit toujours le même ton, quelque soit le locuteur qui l'a prononcé ou quelques soient les conditions. Nous sommes capables de changer l'intensité de ce ton, tout en gardant la même fréquence; mais pour produire un autre ton il faut changer la fréquence des vibrations. Cela explique comment un groupe de personnes, chacune avec une voix distincte, peut chanter en harmonie; en produisant les mêmes fréquences, on produit les mêmes tons. Cela explique aussi pourquoi les orchestres accordent toujours leurs instruments avant de commencer à jouer. En ajustant la tension des cordes ou le volume des cavités d'air, ils s'assurent de produire les mêmes fréquences et donc la même note musicale. Sinon, même avec de légères différences de fréquences, on entendrait des dissonances!

2.5.1 Les Formants

Du point de vue acoustique, on caractérise les sons produits pendant la vocalisation humaine par leurs fréquences, mesurées en hertz (Hz). Les voyelles consistent, comme nôté dans le chapitre précédent, en une combinaison de fréquences régulières et continues. Avec l'aide d'un *spectogramme,* nous pouvons mesurer les voyelles, pour montrer exactement comment elles se produisent. Dans chaque voyelle, on identifie quatre *formants,* c'est-à-dire, quatre fréquences de vibration qui distinguent cette voyelle des autres voyelles. D'abord, on a le *formant fondamental* (marqué F_0 sur un spectogramme), qui détermine le son d'une voix. Ceci est différent chez chaque personnes et rend sa voix spécifique. Tous les autres formants, pour toutes les voyelles, existent en relation avec ce formant fondamental; c'est surtout le premier (F1) et le deuxième (F2) qui sont essentiels dans l'identification des voyelles. En regardant la position des deux premiers formants, les F1 et F2 sur un spectogramme, un phonéticien peut identifier une voyelle, même sans l'entendre. Malgré quelques différences légères entre les voix humaines, les formants resteront à peu près les mêmes pour tous les locuteurs d'une langue; c'est ainsi que l'oreille peut les traduire correctement.

Léon et Léon (1997, 67–68) notent que les voyelles d'une même série (hautes, basses, etc.) ont le même F1 et un F2 qui distingue les voyelles à l'intérieur de la série. Sans l'un ou l'autre, cependant, la voyelle ne serait plus reconnaissable. Ces formants varient légèrement mais sont à peu près les suivants pour tout locuteur:

Tableau 2.5.   Fréquences des voyelles orales

Voyelles hautes:	F1: ~250 Hz		
	F2: [i] ~2500	[y] ~1800	[u] ~750
Voyelles mi-hautes:	F1: ~375 Hz		
	F2: [e] ~2200	[ø] ~1600	[o] ~750
Voyelles mi-basses:	F1: ~550 Hz		
	F2: [ɛ] ~1800	[œ] ~1400	[ɔ] ~950
Voyelles basses:	F1: ~750 Hz		
	F2: [a] ~1700	[ɑ] ~1200	

Le lecteur notera que le premier formant des voyelles dites *hautes* est le plus bas: aux alentours de 250 Hz, tandis que celui des voyelles *basses* est le plus haut, vers 750 Hz. En revanche, le deuxième formant est plus haut pour les voyelles hautes et plus bas pour les voyelles basses. La description des voyelles comme *haute, moyenne,* ou *basse* est donc simplement articulatoire, décrivant la position de la langue dans la bouche et non pas ces caractéristiques acoustiques. Le troisième formant ne devient important que dans la distinction des voyelles nasales: pour les voyelles orales, il reste constant autour de 600 Hz (Léon et Léon, 1997, 68).

Regardez le spectrogramme des voyelles [a], [e], [ɛ], [i], [o], [ɔ], [œ], [ø], [u], and [y], produites d'abord par une femme et ensuite par un homme. Malgré des différences dans le formant fondamental de ces personnes, vous noterez que les voyelles diffèrent peu, ce qui nous aide à les distinguer:

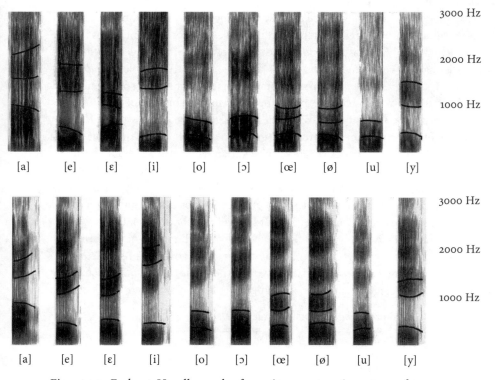

Figure 2.3. *En haut:* Voyelles orales françaises prononcées par une femme
En bas: Voyelles orales françaises prononcées par un homme

Les consonnes, par contraste, constituent plutôt des bruits. C'est-à-dire que les vibrations produites pendant leur articulation sont beaucoup moins régulières. Pour les consonnes sonores, on voit toujours le formant fondamental (c'est-à-dire, la voix), mais pour les consonnes sourdes, ce formant est absent: c'est l'absence de vocalisation qui se traduit dans ce cas. L'aspiration et la friction produite par les fricatives se montrent également sur le spectrogramme. À cause de l'absence de formants, les consonnes sont plus difficiles à identifier clairement sur le spectogramme. Ceux qui ont des connaissances en phonétique acoustique arrivent à le faire assez facilement, mais il y a toujours plus d'ambiguité qu'avec les voyelles, qui sont clairement identifiées par la position de leurs formants. Regardez le spectrogramme de la phrase 90:

90. Joséphine et Marie sont allées aux États-Unis en août.

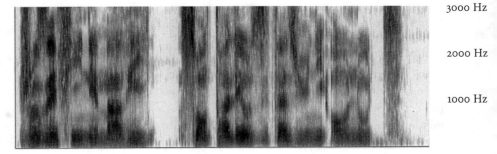

3000 Hz

2000 Hz

1000 Hz

[ʒ o z e f i n e m a ʀ i s õ t   a l e o z e t a z u n i   ãn u t   ]

Figure 2.4. Spectrogramme de la phrase "Joséphine et Marie sont allées aux États-Unis en août."

Notez bien la régularité des voyelles: vous verrez une vibration continue. Par contraste, les consonnes n'apparaissent que partiellement lorsqu'elles sont voisées et pas du tout pour les occlusives sourds, qui se caractérisent par le manque de bruit pendant leur occlusion.

2.6 La Transcription phonétique vs. la transcription phonémique

Jusqu'ici, on a parlé de la phonétique et donné la *transcription phonétique* des mots en question. Mais dans l'étude de la linguistique, la phonétique est quelquefois plus détaillée qu'il ne le faut. Dans une transcription phonétique, on montre la prononciation d'un mot aussi exactement que possible. Quand on donne la transcription phonétique d'une chaîne parlée, on essaie de noter la prononciation exacte du locuteur, avec toutes ses idiosyncrasies: l'aspiration (s'il y en a), la longueur des voyelles, l'articulation exacte de [ʀ], l'influence des sons les uns sur les autres (voir la section 3.1.3 concernant l'*assimilation*), etc. Normalement, en français, il n'y a pas d'aspiration après les occlusives sourds en position initiale: *Paul, car, tôt,* etc., se prononcent sans aspiration.[13] En anglais, par contre, ses occlusives en position initiale se prononcent avec aspiration; la plupart des anglophones prononcent donc ces sons avec aspiration en français aussi. Quand on veut montrer cette prononciation *exacte,* on se sert donc de la transcription phonétique, qui permet de montrer toutes ces différences de prononciation avec autant de précision que possible. Comparez donc les transcriptions phonétiques suivantes:

91a. Paul   anglais: [pʰ ɔl]   français: [pɔl]
92a. car   anglais: [kʰɑɹ]   français: [kʰaʀ]
93a. toe/tôt anglais: [tʰo]   français: [to]

Comme spécifié auparavant, la transcription phonétique se fait toujours entre *crochets carrés:* [ ].

Dans une *transcription phonémique,* par contre, on ne note que les qualités importantes dans la compréhension de la chaîne parlée. Il n'y a pas de série minimale en français qui se distingue par l'aspiration seulement; cette différence n'est donc pas vraiment importante à la compréhension. Dans une transcription phonémique, on ne fera pas attention à l'aspiration pour ne se concentrer que sur les phones qui sont déterminants dans la compréhension du mot. La transcription de ces mêmes mots, prononcés par n'importe quel locuteur, avec ou sans aspiration, serait donc:

91b. Paul   /pɔl/
92b. car   /kɑɹ/
93b. toe/tôt /to/

La transcription phonémique nous permet aussi de montrer les cas de neutralisation dans la langue, comme, par exemple, dans le numéro 94a, ci-dessous. Dans une transcription phonétique, on essayerait de distinguer autant que possible entre les deux prononciations. Cette distinction n'est pas essentielle à la compréhension de la phrase, pourtant; la transcription phonémique, montré en 94b, trouve des moyens de décrire la variabilité de la voyelle, sans prescrire de prononciation *correcte.*

94a. j'étais   transcription phonétique variable: [ʒete]/[ʒetɛ]
94b. j'étais   transcription phonémique invariable: /ʒetE/

La transcription phonémique se veut descriptive mais ne décrit que ce qui est vraiment essentielle à la compréhension. Elle se fait toujours entre *barres obliques:* / /.

Chapitre 3

La Phonologie

3.1 La Phonologie segmentale

La phonologie segmentale a pour but d'étudier les sons *distinctifs* d'une langue. Dans les chapitres précédents, on a parlé de façon générale des *phones,* c'est-à-dire, des différents sons utilisés dans une langue. Mais ce terme est trop général pour pouvoir bien servir à une étude linguistique. Il faut donc le préciser. Les sons d'une langue n'ont pas de valeur sémantique à proprement parler; il n'y a pas de mot [p]. C'est plutôt la combinaison de phones qui crée le mot, et les mots se distinguent entre eux par ces différentes combinaisons (*par* vs. *bar; bar* vs. *bal*).

3.1.1 Les Traits distinctifs et les phonèmes

On a catégorisé les différentes consonnes et voyelles produites dans la langue française selon leur lieu et leur mode d'articulation. On peut donc dire que chaque phone consiste en une *collection d'attributs,* c'est-à-dire, des marques spécifiques qui nous aident à l'identifier quand nous l'entendons: [p] peut se définir comme 1) obstruant (se dit de toute consonne occlusive ou fricative), 2) sourd, et 3) labial; [l] comme 1) résonnant, 2) sonore, et 3) apico-alvéolaire; et [y] comme 1) haut, 2) antérieur, et 3) arrondi. Mais les phones *se distinguent* aussi l'un de l'autre par ces mêmes attributs qui servent à les décrire: [p] et [b] sont tous les deux obstruants et labiaux, mais celui-ci est sonore, tandis que celui-là est sourd. On dira donc que la *sonorité* est un *trait distinctif* pour les obstruants; c'est-à-dire que la présence ou l'absence de sonorité (par vibration des cordes vocales) constitue la différence entre deux obstruants qui ont le même point d'articulation. En gardant exactement le même lieu d'articulation, mais en changeant la sonorité, on peut changer de mot. C'est ce qui se passe dans la prononciation des mots suivants:

95. par/bar   [paʀ] /[baʀ]
96. peau/beau   [po] /[bo]
97. coûter/goûter   [kute] /[gute]
98. thé/dé   [te] /[de]

On revient donc à l'idée de *paires minimales,* qui sera une notion essentielle à la discussion de la phonologie.

Il faut introduire ici la notion de *phonème,* terme central en phonologie et plus spécifique que *phone.* Le *phonème* est l'unité minimale de son. C'est un son qui peut être qualifé par des attributs spécifiques (lieu et mode d'articulation) mais qui s'oppose à d'autres sons dans le répertoire de la langue. On dira que les phonèmes sont distinctifs les uns des autres; c'est-à-dire que, bien qu'ils partagent quelques attributs identiques, ils ont néanmoins au moins un élément distinctif qui correspond à un changement de sens. Dans le cas de [p] et [b], le changement de sonorité a aussi pour conséquence un changement de sens: les mots *peau* et *beau,* par exemple, ont des définitions et des usages bien différents. On peut dire donc que [p] et [b] forment une paire *contrastive* ou *oppositive,* puisqu'il existe des mots qui se distinguent par cette seule différence de sonorité. En fait, tous les phonèmes d'une langue sont distinctifs: ils existent seulement parce qu'ils forment une distinction nécessaire avec les autres phonèmes de la langue, une distinction qui permet des différences de sens.

Par contraste, on dira que l'aspiration n'est pas un trait distinctif en français: que l'on prononce le mot *cas* comme [ka] ou [kʰa], sa définition reste la même. Dans d'autres langues, par contre, l'aspiration est distinctive. En hindi, par exemple, /k/ et /kʰ/ sont compris comme deux phonèmes différents; donc la seule distinction entre /kʰiil/ (un grain grillé) et /kiil/ (un clou) est la présence ou l'absence de l'aspiration (Akmejian, Demers and Harnish, 1984, 130).

Tout comme le répertoire de sons est spécifique à chaque langue, le *répertoire de phonèmes* est aussi spécifique et constitue une *liste fermée.* C'est-à-dire que chaque langue décide quelles seront les oppositions importantes. Ainsi, la plupart des langues asiatiques ne font pas de distinction entre [ʀ] et [l]. L'anglais pour sa part n'a pas de mots qui se distinguent par la nasalité de la voyelle, bien que les anglophones nasalisent la voyelle chaque fois qu'elle est suivie d'une consonne nasale. De plus, ce répertoire est fixe; on ne peut pas ajouter de nouveaux phonèmes à une langue.

La meilleure façon de déterminer si un trait est distinctif ou non dans une langue est d'essayer de trouver une paire minimale qui ne se distingue que par ce trait. Si une paire minimale existe, on dira que le trait est distinctif et que les deux phones en question constituent deux phonèmes indépendants, chacun capable de créer des sens différents, en combinaison avec d'autres phonèmes. Si une paire minimale n'existe pas, par contre, on dira que les deux sons en question sont deux *allophones* (ou deux *variantes*) d'un seul phonème. Comme illustration de ce dernier cas, considérez la prononciation du phonème /r/ en français. En français standard, on entend un *r uvulaire* (montré comme [ʀ] s'il y a contact avec la luette, et comme [ʁ] si la luette se met à vibrer pendant l'articulation), mais dans le sud de la France on rencontre quelquefois un *r roulé* (similaire au *-rr-* de l'espagnol, et dont le symbole phonétique est [r]), surtout parmi les campagnards. Malgré ces petites différences de prononciation, qui sont bien perceptibles à l'oreille, il n'y a pas de mot en français qui se distingue par la différence entre un *r roulé* et un *r uvulaire*. Que l'on prononce le mot *rouge* comme [ruʒ], [ʀuʒ], ou [ʁuʒ], sa valeur sémantique demeure inaltéré. On ne peut pas trouver de paire minimale avec cette seule différence. On dira donc qu'en français [r], [ʀ], et [ʁ] sont trois allophones d'un seul phonème /r/, qui est toujours représenté ici avec ce même symbole phonémique, pour éviter de la confusion.[1]

Par contre, on peut facilement démontrer qu'en français les phones [ʀ] et [l] constituent deux phonèmes distincts. Il y a de nombreux mots qui ne se distinguent que par cette différence:

99.	grand/gland	[gʀã]/[glã]
100.	rit/lit	[ʀi] /[li]
101.	prompt/plomb	[pʀõ] /[plõ]

Mais dans beaucoup de langues asiatiques, [l] et [ʀ] représentent deux allophones d'un seul phonème; il n'y a donc pas de paires minimales avec cette seule distinction. Cela explique la grande difficulté que les Chinois et les Japonais ont à percevoir auditivement et à prononcer la différence entre *loup* et *roue* en français. Dans leurs langues, cette différence n'est pas distinctive. Ces /r/ et /l/ ne sont pas des phonèmes mais des allophones en distribution complémentaire (et donc là où l'un apparait, l'autre ne peut pas). Le choix de l'un ou l'autre est déterminé par le contexte phonologique. En français, par contre, ces phones sont distinctifs—ils sont donc des phonèmes—et la prononciation d'un [l] ou d'un [ʀ] changera le sens du mot, comme dans les exemples 99–101, ci-dessus.

Les consonnes françaises peuvent être classifiées selon leurs traits distinctifs (voir le tableau 3.1). Ces traits sont le plus souvent représentés par un système binaire, qui montre les qualités différentes par deux symboles: + (plus)[2] et − (moins). Ce système représente deux absolus sans intermédiaires: + montre la présence du trait, et − l'absence. Si l'on dit, par exemple, qu'une consonne est + *nasal,* on dit en effet, "*Oui,* elle est nasale" (donc [m], [n], [ɲ], ou [ŋ]), tandis que − *nasal* indique que "*Non,* elle n'est pas nasale" (donc une consonne orale, comme [p], [g], [t], [f], [z], etc.). De la même façon, + *labial* équivaut à la présence d'un contact avec (au moins) une lèvre (donc [p], [b], [m], [f], ou [v]), tandis que − *labial* démontre qu'il n'y a aucun contact avec les lèvres, et ainsi de suite pour chaque trait. Le lecteur aura noté que quelques-uns des lieux d'articulation identifiés ci-dessus ont été ressemblés dans ce tableau. En décrivant l'articulation, nous avons fait une distinction entre des consonnes *bilabiales* et *labio-dentales,* par exemple. Dans ce tableau, pourtant, on ne trouve que la désignation *labial*. Ceci est possible parce qu'il y a une autre distinction entre [p] et [b], d'un côté, et [f] et [v], de l'autre: ceux-là sont + *explosif,* ceux-ci sont − *explosif*. On peut donc regrouper sous le

Tableau 3.1. Traits distinctifs des consonnes en français

Traits	p	b	m	f	v	t	d	n	s	z	l	ʃ	ʒ	j	ɲ	k	g	w	ŋ	ʀ
Labial	+	+	+	+	+	−	−	−	−	−	−	−	−	−	−	−	−	−	−	−
Dental	−	−	−	−	−	+	+	+	−	−	−	−	−	−	−	−	−	−	−	−
Alvéolaire	−	−	−	−	−	−	−	−	+	+	+	−	−	−	−	−	−	−	−	−
Palatal	−	−	−	−	−	−	−	−	−	−	−	+	+	+	+	−	−	−	−	−
Vélaire	−	−	−	−	−	−	−	−	−	−	−	−	−	−	−	+	+	+	+	−
Uvulaire	−	−	−	−	−	−	−	−	−	−	−	−	−	−	−	−	−	−	−	+
Obstruant	+	+	−	+	+	+	+	−	+	+	−	+	+	−	−	+	+	−	−	−
Explosif	+	+	−	−	−	+	+	−	−	−	−	−	−	−	−	+	+	−	−	−
Résonnant	−	−	+	−	−	−	−	+	−	−	+	−	−	+	+	−	−	+	+	+
Sonore	−	+	+	−	+	−	+	+	−	+	+	−	+	+	+	−	+	+	+	+
Nasal	−	−	+	−	−	−	−	+	−	−	−	−	−	−	+	−	−	−	+	−

trait *labial* toutes les consonnes se produisant par un contact avec les lèvres (que ce contact soit entre les deux lèvres ou entre la lèvre inférieure et les dents), si on les distingue également par l'explosivité. De l'autre côté, seulement les consonnes où il y a contact entre la langue et les incisives sont qualifiées de + *dentales*.

Comme pour les phonèmes consonantiques, les voyelles se représentent par un système binaire qui montre les traits essentiels à leur qualité (voir le tableau 3.2). Du point de vue du *mode d'articulation,* les voyelles peuvent être orales ou nasales (indiqué ici par +/− *nasal*), et arrondies ou écartées (indiqué par +/− *arrondi*). Du point de vue du *lieu d'articulation,* nous pouvons toujours faire une opposition binaire sur l'axe horizontal: une voyelle est +/− antérieure. Mais sur l'axe vertical, l'opposition comprend quatre possibilités. Dans une opposition binaire simple, ce qui n'est pas postérieur est nécessairement antérieur. Dans un système complexe, une voyelle qui n'est pas haute n'est pas nécessairement basse non plus; elle peut être moyenne (mi-haute ou mi-basse). Pour montrer la hauteur de la voyelle, il faudra donc utiliser un système plus complexe. Le tableau des traits distinctifs des voyelles utilise donc trois termes descriptifs pour montrer ces quatres possibilités. Le lecteur notera que la voyelle haute [i] y est représenté comme étant + *haut,* − *moyen,* et − *bas.* Une voyelle mi-haute ([e], par exemple) s'y représente comme + *haut,* + *moyen,* et − *bas,* tandis que son homologue mi-bas ([ɛ]) a les traits suivants: − *haut,* + *moyen,* et + *bas.* Finalement, les voyelles basses prennent la représentation − *haut,* − *moyen,* et + *bas.*

Ce système complexe pourrait bientôt se simplifier, en éliminant la distinction entre voyelle mi-haute et mi-basse, pour utiliser tout simplement le terme *moyen.* Ce changement de représentation serait causé par un changement phonétique qui a eu lieu surtout pendant la dernière moitié du vingtième siècle. Auparavant, on disait que la paire de voyelles mi-haute et mi-basse à chaque point d'articulation

Tableau 3.2. Traits distinctifs des voyelles en français

Traits	i	y	u	e	ø	o	ε	œ, ə	ɔ	a	ɑ	ɛ̃	œ̃	õ	ã
Haut	+	+	+	+	+	+	−	−	−	−	−	+	+	−	−
Moyen	−	−	−	+	+	+	+	+	+	−	−	+	+	+	+
Bas	−	−	−	−	−	−	+	+	+	+	+	−	−	+	+
Antérieur	+	+	−	+	+	−	+	+	−	+	−	+	+	−	+
Nasal	−	−	−	−	−	−	−	−	−	−	−	+	+	+	+
Arrondi	−	+	+	−	+	+	−	+	+	−	−	−	+	+	−

représentaient deux phonèmes distincts en français, et l'on citait comme preuve des paires minimales telles que les suivantes:

102. jeûne/jeune [ʒøn] /[ʒœn]
103. sotte/saute [sɔt] /[sot]
104. lait/les [lɛ] /[le]

De nos jours, par contre, chez beaucoup de locuteurs les deux mots de chaque paire tendent de plus en plus à se prononcer de la même façon, même dans le style soigné. On dira que la *neutralisation* entre ces deux phonèmes a créé un *archiphonème,* intermédiaire entre ceux d'origine: qui est souvent représenté par une lettre majuscule ([Ø], [Ɛ], ou [O]). Chacun de ces archiphonèmes a maintenant deux allophones combinatoires ([ø] et [œ], [e] et [ɛ], [o], et [ɔ]) pour lesquels on ne peut plus trouver de paire minimale. L'alternance entre deux allophones est déterminée par le contexte phonologique. Je reviendrai sur cette question controversée de neutralisation dans la section 3.1.4.1, en examinant en détail ces voyelles moyennes. Pour le moment, nous les représenterons sur le tableau des voyelles comme des phonèmes distincts, suivant les conventions phonologiques actuelles.

Nous pouvons ajouter les semi-voyelles au tableau des voyelles, en procédant à un seul changement. Les trois semi-voyelles dérivent le plus souvent des trois voyelles hautes, donc elles utilisent les mêmes traits distinctifs en ce qui concerne les lieux et les modes d'articulation. Ce qui les distingue, c'est que toutes les voyelles sont + *syllabiques,* tandis que les semi-voyelles sont toujours − *syllabiques* (voir le tableau 3.3).

3.1.2 Les Allophones: Variantes libres ou variantes combinatoires

La présence des allophones peut s'expliquer par l'accent régional (des *variantes géographiques*), par des préférences stylistiques et/ou personnelles (des *variantes stylistiques* ou *idiosyncratiques*), ou encore par des conditions d'environnement phonologique du mot (des *variantes combinatoires*). Malgré la production de différents allophones, le message sémantique est décodé de la même façon. Comme leur nom l'indique, les variantes géographiques sont causées par les accents ré-

Tableau 3.3. Traits distinctifs des semi-voyelles en français

Traits	j	w	ɥ
Haut	+	+	+
Moyen	−	−	−
Bas	−	−	−
Antérieur	+	−	+
Nasal	−	−	−
Arrondi	−	+	+
Syllabique	−	−	−

gionaux: l'alternance entre [r] et [ʀ] s'explique entièrement par la région dans laquelle on habite.

Dans le cas des allophones idiosyncratiques, c'est le locuteur qui décide quel allophone utiliser. Il peut donc changer son choix d'allophone selon le registre et le style. Dans un style soigné, par exemple, quelques Français font toujours une distinction entre [a] et [ɑ], prononçant le deuxième plutôt que le premier pour les mots comme *pâtes* ou *là*. Dans un style moins soigné, ces mêmes locuteurs emploieraient une forme neutralisée des deux, qui tend plutôt vers la voyelle antérieure [a]. Dans ce cas-là, il n'y a plus aucune distinction entre *patte* et *pâtes*, ni entre *la* et *là;* c'est le contexte qui aide l'interlocuteur à décider de quel mot il s'agit.

Ces allophones libres coexistent donc dans les mêmes conditions phonétiques. On entend et l'un et l'autre dans le même mot, selon le locuteur, la région, et le style.

Dans le cas de variantes *combinatoires* (aussi appelées variantes *contextuelles*), par contre, on trouve un certain allophone dans une certaine condition phonétique; sa présence est toujours en fonction du contexte. C'est le cas des obstruants aspirés en anglais. L'aspiration a lieu si l'obstruant constitue la première consonne de la syllabe mais n'a pas lieu si l'obstruant est précédé de [s] ou suivi de [r] ou de [l]:

105. pot   [pʰɔt]
106. spot   [spɔt]
107. prop   [prɔp]
108. plant   [plænt]

Le locuteur n'a pas de choix dans la prononciation de l'obstruant; c'est le contexte qui détermine qu'il y aura aspiration dans le premier cas, mais jamais dans le second. Vous vous rappellerez que nous avons aussi vu des allophones en distribution complémentaire dans les langues asiatiques: la prononciation de [r] et [l] est tout à fait déterminée par le contexte phonologique.

Le meilleur exemple de distribution complémentaire en français se trouve dans les voyelles moyennes: on trouve normalement la variante mi-haute dans les syllabes ouvertes et la variante mi-basse dans les syllabes fermées:

109. aimer   [e me]
110. aime   [ɛm]

(Cf. la section 3.1.4.1 pour une description plus complète de ce phénomène.) On dit donc que les allophones combinatoires se trouvent *en distribution complémentaire:* là où l'un peut apparaître, l'autre ne peut pas, et vice versa. Mais ces allophones ne forment pourtant pas de contraste distinctif; il n'y a plus de mots en français qui se distinguent par cette seule qualité.

3.1.3 L'Assimilation

Comme noté plus haut, lors de la discussion de l'articulation des différents phonèmes du français, la description de l'articulation d'un phone ne peut être qu'approximative. En effet, nous ne prononçons un phonème en isolation que rarement, et lors de l'agencement de plusieurs phonèmes nécessaires à la formation de mots, groupes rythmiques, et phrases, c'est tout l'appareil articulatoire qui est en mouvement constant avant, après, et même pendant son articulation. Par conséquent, dès que deux phonèmes se mettent en contact l'un avec l'autre, ils commencent à s'influencer et à se modifier mutuellement. Cette modification d'un son par un autre s'appelle *assimilation* — c'est-à-dire que les deux sons en question deviennent semblables l'un à l'autre.

Comme exemple, regardez les consonnes vélaires [k] et [g]. Quand on prononce ces deux phonèmes en isolation, on sent clairement le contact entre le dos de la langue et le voile du palais. En prononçant ces mêmes phonèmes dans les mots *cou* et *goût*, on sent toujours ce contact. Mais pour prononcer les mots *qui* et *Guy*, le contact se fait maintenant avec le palais dur. Dans ce cas on dit que les consonnes ont été palatalisées. C'est-à-dire qu'en se préparant à prononcer une voyelle antérieure ([i]), la langue a bougé; les consonnes ont donc un point d'articulation différent, plus antérieur, qu'avec une voyelle postérieure ([u]) ou qu'en prononciation en isolation.

Nous trouverons une influence opposée sur les consonnes alvéolaires et dentales: [l], [s], [z], [t], [d], et [n]. Devant une voyelle antérieure, leur point d'articulation reste le même qu'en isolation. Pour les mots *lit, si, zig, disque, thé,* et *nid,* par exemple, la langue garde son contact avec les alvéoles ([l], [s], et [z]) ou les dents ([t], [d], et [n]). Mais en préparant l'articulation d'une voyelle postérieure, ce point de contact changera: *loup, sous, zou, douce, tas,* et *nappe* ont tous un point d'articulation plus postérieur, à cause de l'influence de la voyelle postérieure. On dit que ces consonnes sont *vélarisées:* le point de contact est plus près du voile du palais.

Le lecteur observera que non seulement la langue mais aussi les lèvres sont influencées par la voyelle dans ces mots; on produit le [l] de *loup* avec la langue déjà en position postérieure et les lèvres déjà arrondies. Le phonème [t], qui se prononcera en isolation avec les lèvres en position neutre, se prononce avec les lèvres grandement écartées dans le mot *thé.*

Cependant cette assimilation ne change en rien notre compréhension de ces mots. Puisqu'il n'y a pas d'autres occlusives avec ces mêmes points d'articulation, nous comprenons toujours [k], [g], [t], [d], [l], ou [n], malgré l'influence de la voyelle sur sa prononciation exacte. Dans ce cas, les consonnes sont devenues d'avantage similaires aux voyelles qui les ont assimilées, mais elles se différencient toujours par d'autres traits pertinents, et elles gardent donc leurs qualités distinctives. En fait, nous pouvons dire qu'il y autant de possibilités d'articulation du phonème [t] qu'il y a de combinaisons possibles entre cette consonne et d'autres phonèmes. Mais si cette assimilation ne met pas ce phonème en opposition directe avec un autre, l'oreille ne perçoit pas de différence, et nous comprenons toujours [t].

Dans d'autres cas d'assimilation, le phonème influencé se rapproche plus d'un autre phonème avec lequel il partage des traits distinctifs et peut même quelquefois devenir plus ou moins identique à celui-ci. C'est surtout le cas du *dévoisement* d'une consonne sonore, ou du *voisement* d'une consonne sourde. Dans le mot *subtil,* par exemple, dès la fin de la prononciation de la voyelle [y] (qui est toujours voisée), nous préparons l'articulation du phonème sourd [t]. Le phonème [b], qui se trouve intermédiaire entre un son voisé et un son non-voisé, subit donc une assimilation. Les cordes vocales commencent déjà à s'arrêter pendant l'articulation du phonème [b]; on dit qu'il est donc dévoisé et on identifie ce dévoisement par le symbole [b̥]. Puisqu'il y a un phonème sourd avec les mêmes point et mode d'articulation, ce [b̥] ressemble beaucoup à un [p]. En fait, beaucoup de dictionnaires donnent la transcription phonétique [syptil] à ce mot. Cependant, cette transcription est assez inexacte; une analyse électro-acoustique montrerait que, pour la plupart des locuteurs, il y a du voisement au début de ce phonème, qui s'arrête vers le milieu, pour permettre le phonème sourd qui suit. Mais puisque nous ne savons pas percevoir un phonème moitié sonore, moitié sourd (ce qui n'existe pas en français), nous le percevons comme étant complètement sourd, tout comme le phonème qui le suit. En essayant d'être aussi exacte que possible, nous utiliserons ici de préférence le symbole [.] pour toutes les consonnes dévoisées, qui se distinguent des consonnes non-voisées par ce statut spécial. Nous montrerons ainsi qu'un [b̥] n'est pas exactement le même qu'un [p], au moins du point de vue de son articulation.

Nous pouvons aussi observer l'effet opposé parmi les obstruants: le deuxième peut causer un voisement du premier. Considérons, par exemple, le mot *anecdote*, où nous avons le phonème sourd [k] suivi du phonème sonore [d]. Dans ce cas, en anticipant la production de la consonne sonore, les cordes vocales commencent déjà à vibrer pendant la production de [k]. Nous noterons ce phénomène de voisement par le symbole: [ˇ]. Ce [ķ] ressemblera beaucoup à un [g], mais il ne l'est pas exactement, parce que le commencement du voisement d'un [ķ] serait légèrement plus tardif que pour un [g]. Comme dans le cas de dévoisement expliqué plus haut, nous maintiendrons donc les deux symboles différents: un [k] voisé ([ķ]) n'est pas un [g].

3.1.3.1 Les Assimilations régressives vs. progressives

L'assimilation peut être qualifiée de *régressive* ou de *progressive*, selon le point d'origine de l'influence dans le mot ou la phrase. L'assimilation régressive doit son nom au fait qu'un phone assimile un phone qui le précède. C'était le cas dans le mot *subtil;* c'est le [t] qui influence le [b], donc la direction de l'assimilation est régressive. On l'appelle aussi assimilation *anticipante,* parce que le [b] anticipe le phonème [t]. Les exemples de palatalisation et de vélarisation des voyelles cités plus haut présentaient aussi des cas d'assimilation régressive, parce que la voyelle influençait toujours la consonne précédente.

Pendant l'assimilation *progressive,* par contre, c'est le premier phone qui influence le deuxième. Dans ce cas, quelques-uns des traits du premier phone continuent jusqu'au second; ce n'est donc pas un exemple d'anticipation, mais plutôt de continuité. Comme exemple, nous citerons ici les mots *âpre* et *souple.* Dans toutes les séries consonantiques finales contenant un obstruant sourd et une liquide ([ʀ] ou [l]), la liquide se dévoise, pour s'adapter au non-voisement de l'obstruant:

111. âpre   [apʀ̥]
112. souple   [supl̥]

Puisqu'il n'y a pas de résonants sourds, ces phones dévoisés ne ressemblent pas à d'autres sons dans la langue française (comme c'était le cas pour les obstruants, où il y a toujours une paire sourd/sonore). On les comprend donc bien, malgré cette assimilation. En termes non-techniques, on dit souvent qu'ils ont été *chuchotés,* parce qu'ils ressemblent tout à fait aux sons produits pendant un chuchotement, qui se fait toujours sans vibration des cordes vocales.

Il est à noter dans tous ces exemples d'assimilation que les consonnes s'influencent l'une l'autre (surtout en ce qui concerne la sonorité) et qu'elles sont souvent assimilées par des voyelles. Cependant, il est rare qu'une consonne ait une telle influence sur une voyelle. La voyelle étant la partie la plus importante (donc, la plus puissante) dans chaque syllabe, elle ne se laisse pas assimiler par des consonnes, la partie faible de la syllabe. Les voyelles moyennes sont souvent influencées par la structure de la syllabe (voir 3.1.4.1), mais autrement ce noyau garde sa qualité vocalique et résiste à l'influence.

3.1.4 La Syllabation

Nous avons déjà parlé de la syllabation dans le chapitre sur la transcription phonétique. Ce concept est important lors de la transcription, mais appartient d'avantage à la phonologie qu'à la phonétique. Pour comprendre la syllabation d'une langue, il faut savoir comment les phonèmes peuvent se combiner, ce que précisent les lois de phonologie.

Comme déjà démontré, la syllabe en français consiste minimalement en un nucléus, ou *noyau,* qui comporte toujours une voyelle. Il n'y a que les voyelles en français qui soient syllabiques, alors que les consonnes et les semi-consonnes ont des ondes de sons trop irrégulières pour constituer le noyau d'une syllabe. Chaque voyelle prononcée constitue une syllabe. Elle peut être précédée ou suivie de consonnes, qui obéissent, elles aussi, à des règles de combinaison bien spécifiques à la langue.

Pour effectuer une coupe syllabique dans un mot ou un groupe rythmique contenant une suite (ou groupe) de consonnes et semi-consonnes, on est obligé de décider si on va les séparer ou les unir. Quelle serait la syllabation du mot *examen,* par exemple? En regardant la transcription phonétique de ce mot, on voit qu'il contient le groupement [gz]: [ɛgzamɛ̃]. Quelle syllabation est donc correcte: [ɛg za mɛ̃] ou [ɛ gza mɛ̃]? Bien que la préférence pour les syllabes ouvertes soit très forte en français (cf. la section 1.4), il y a quand même des séries de consonnes qui ne sont généralement pas permises au début d'une syllabe. Le test le plus simple pour déterminer si on peut laisser ensemble les consonnes est le suivant: est-ce qu'il y a un mot qui commence avec cette même suite de consonnes? Si la suite est acceptable au début d'un mot, on peut dire qu'elle est aussi acceptable au début d'une syllabe; sinon on séparera ces consonnes, laissant, nécessairement, une syllabe fermée. Puisqu'il n'y a pas de mot en français qui commence avec la suite [gz], nous adoptons comme syllabation la première représentation de ce mot: [ɛg za mɛ̃].[3]

En général, on peut normalement trouver des séries qui se conforment à la règle suivante: *([s]) + explosif ou [f] ou [v] + ([ʀ] ou [l] ou semi-voyelle) + voyelle.* Cela explique la présence des mots tels que:

113. stricte   [stʀikt]
114. scriptural   [skʀip ty ʀal]

Les parenthèses dans la règle précédente indiquent que certains éléments sont facultatifs. Ainsi peut-on trouver des combinaisons sans [s] (115 et 116) ou sans liquide (117 et 118):

115. fruit   [frųi]
116. clos   [klo]
117. stoïc   [sto ik]
118. svelte   [sv̥ɛlt]

Les autres séries, cependant, ne seront pas permises.

Comme noté dans la discussion du *e-caduc*, on dit généralement que le français obéit à la *loi des trois consonnes*, qui veut que l'on ne mette pas ensemble trois consonnes comme initiale de syllabe. Il y a deux exceptions à cette règle générale: la première permet [s] devant occlusif + [ʀ] ou [l] (comme dans l'exemple déjà donné: *stricte*), et la deuxième concerne les semi-consonnes [w] et [ų]. Comme démontré dans les mots *trois* et *fruit*, on trouve assez souvent les deux séries de consonnes suivantes:

explosif ou [f] + [ʀ] ou [l] + [w] + [a]: *gloire, proie, froid*[4]
explosif ou [f] + [ʀ] ou [l] + [ų] + [i]: *bruit, fruit, pluie*

Excluant ces deux exceptions, on ne trouvera pas trois consonnes de suite en position initiale de syllabe, sauf en style familier et rapide, où la perte d'un [ə] provoque des combinaisons de consonnes qui ne seraient pas acceptables autrement: *je ne regrette rien* [ʒən ʀə ɡʀɛ tʀjɛ̃].

En position finale de syllabe, on trouve souvent une seule consonne, ou bien les séries suivantes:

([s]) + explosif + [ʀ] ou [l]:   *table, quatre, âpre, désastre*
[ʀ] ou [l] + explosif [f], [s], ou [v]:   *lourde, herbe, verte, verve, serf, ours*
[ʀ] + [m] ou [n]:   *réforme, ferme, borne, arme*
[z] /[s] + [m] ou [t]:   *catholicisme, féminisme, fataliste*[5]

Comme noté ci-dessus, on observe dans la langue française une forte tendance à créer des syllabes ouvertes. La langue tend donc à minimiser la concentration de consonnes en fin de syllabe. Le premier exemple de suite finale cité ci-dessus cause donc quelques problèmes, étant donné sa complexité. Il y a trois possibilités en ce qui concerne la prononciation de cette série. Tout d'abord, dans le cas de ([s]) + obstruant + [ʀ] ou [l], nous pouvons garder le [ə] en position finale, au lieu de le laisser tomber comme d'habitude, ce qui donne les prononciations suivantes:

119a. table   [tablə]
120a. quatre   [katʀə]

Dans ce cas, on a ce que l'on appelle un [ə] *de soutien:* son seul rôle est de soutenir la prononciation de cette suite d'occlusive + liquide, qui serait très difficile à prononcer sans cette voyelle d'appui.

Deuxième possibilité: on peut laisser tomber le [ə], et avec lui, la liquide aussi. Dans ce cas, les numéros 119 et 120 seront prononcés avec une seule consonne finale:

119b.   table   [tab]
120b.   quatre   [kat]

Il est à noter, pourtant, que cette solution provoque un changement de registre—c'est surtout en langue populaire que l'on prononce [tab].

Enfin, la troisième possibilité est de prononcer la liquide, mais avec un dévoisement. Au lieu de prononcer [ʀ] ou [l] avec une vibration des cordes vocales, comme d'habitude, on arrête cette vibration pour signaler la fin du mot. Ceci produit l'effet d'une liquide *chuchotée,* et comme signalé auparavant, le dévoisement est marqué de la façon suivante:

119c.   table   [tabl̥]
120c.   quatre   [katʀ̥]

Ce dévoisement est effectué que l'occlusive soit sonore ou sourde et, de ce fait, ne constitue pas vraiment une assimilation; il marque plutôt la chute du [ə] et la fin du mot. (Pour plus de détails sur le dévoisement des consonnes sonores, voir la section 3.1.3 sur l'assimilation.)

3.1.4.1   L'Effet de la syllabation sur les voyelles moyennes

Il faut maintenant revoir le cas des voyelles moyennes, qui sont influencées par la structure de la syllabe dans laquelle elles se trouvent. Ci-dessus, nous avons mentionné que les trois paires de voyelles moyennes (mi-hautes et mi-basses [e]/[ɛ], [ø]/[œ], et [o]/[ɔ]) ne se distinguent plus en paires minimales pour beaucoup de locuteurs et peuvent donc être appelées allophones d'un même phonème (cf. la section 3.1.2). Dans ce cas on parle d'une distribution complémentaire (et donc de variantes combinatoires), tout à fait contrôlée par les conditions phonologiques. Dans une distribution complémentaire, les deux voyelles n'entrent plus en compétition l'une avec l'autre; elles apparaissent selon des règles contextuelles bien déterminées et ne forment plus de paires minimales. Dans le cas de ces voyelles moyennes, les règles sont assez claires: dans une syllabe ouverte, on trouve le plus souvent une *voyelle fermée* (ou *mi-haute*); dans une syllabe fermée, la voyelle est plutôt *ouverte* (ou *mi-basse*). Donc l'adjectif *premier* se prononce avec une voyelle fermée au masculin (qui se termine avec une syllabe ouverte), mais avec une voyelle ouverte au féminin où la syllabe se ferme:

121a. premier   [pʀə mje]
121b. première   [pʀə mjɛʀ]

Ce changement de prononciation est attesté également par un changement d'orthographe. On trouve la même situation avec les autres voyelles moyennes: lorsque la syllabe est ouverte, la voyelle est fermée, et vice versa:

122a. peu   [pø]
122b. peur   [pœʀ]
123a. sot   [so]
123b. sotte   [sɔt]

Beaucoup de manuels de phonétique insistent toujours sur la distinction entre voyelle mi-haute et mi-basse pour ces mots, mais il faut dire que c'est une analyse prescriptive plutôt que descriptive. En réalité, il y a de moins en moins de personnes qui réussissent à faire cette distinction régulièrement, et encore moins qui peuvent la percevoir. Selon Valdman (1976, 58), la prononciation de ces voyelles (surtout en position non-finale) varie énormément, et cela même chez un seul locuteur. Les analyses électro-acoustiques démontrent qu'il existe actuellement peu de francophones qui font toujours une distinction entre *ses* [se] (*ses livres*), d'un côté, et *sait* [sɛ] (*il ne sait pas*), de l'autre, ou entre le futur *je devrai* et le conditionnel *je devrais*. Toute personne qui prétend maintenir la distinction le fait de façon fort variable, et elle ne fait vraiment attention à la prononciation que dans les situations où le contexte n'éclaircit pas les sens.

Ce que l'on entend souvent, surtout avec des syllabes non-accentuées, n'est ni la voyelle mi-haute, ni la voyelle mi-basse, mais plutôt l'archiphonème qui est intermédiaire entre les deux. Cet archiphonème représente l'*ensemble* des traits pertinents des deux allophones; il est donc mi-haut et mi-bas en même temps— ou tout simplement *moyen*. À titre d'exemple, considérons le mot *laid*. En contrastant ce mot avec l'article défini *les*, quelques locuteurs diront qu'ils ont exactement la même prononciation, tandis que d'autres diront qu'ils distinguent clairement [lɛ] de [le]. Mais quand ils compareront leur prononciation de *laid* avec le féminin *laide*, ils trouveront probablement que la voyelle qu'ils ont utilisée dans la syllabe ouverte est plus haute que la voyelle de la syllabe fermée, où l'on entend vraiment [ɛ]. Il se peut bien que la voyelle qu'ils prononcent dans le mot *laid* ne soit pas vraiment [e] ni [ɛ] mais l'archiphonème [E]. Il faut cependant clarifier tout de suite que ce nouveau allophone n'entre pas en opposition avec les deux autres, mais rassemble les qualités acoustiques des deux.

Les règles combinatoires présentées ci-dessus expliquent l'alternance attestée actuellement entre les différentes flexions des verbes, par exemple *aimer/j'aime/ nous aimons*. L'alternance entre la syllabe ouverte à l'infinitif, fermée à la première personne du singulier et ouverte à la première personne du pluriel explique l'alternance de la voyelle: fermée/ouverte/fermée:

124a.   aimer   [e me]
124b.   j'aime   [ʒɛm]
124c.   nous aimons   [nu ze mõ]

Autrefois on parlait d'un type d'assimilation, connu traditionnellement comme l'*harmonisation vocalique*. L'explication donnée à cette assimilation était que la voyelle haute à la fin d'*aimer* créait une voyelle mi-haute au début, tandis que la voyelle nasale moyenne d'*aimons* permettait une voyelle mi-basse dans la première syllabe. Ceci était peut-être vrai au moment où l'opposition entre [e] et [ɛ] était toujours distinctive. De nos jours cependant, nous trouverons, selon le locuteur, [e], [ɛ], et même [Ɛ] en alternance dans ces syllabes non-accentuées. Dans ce contexte, nous ne parlons plus d'harmonisation vocalique, donc, mais plutôt de la neutralisation de ces voyelles non-accentuées, ce qui permet beaucoup de variation entre les locuteurs.

3.1.5   L'Élision

Le mot *élision* se réfère au phénomène de l'amuïssement (c'est-à-dire, la perte) d'un phone dans la langue parlée. En français, il y a une forte tendance à l'élision, mais seulement entre deux mots dans un groupe rythmique, et seulement entre deux phones *vocaliques*. Quand deux voyelles se trouvent en contact l'une avec l'autre en français, il arrive souvent que la première de ces voyelles tombe. En général, dans le style soigné, cette élision ne concerne que la voyelle [ə] des mots monosyllabiques grammaticaux et la voyelle [a] de l'article féminin défini/partitif/du pronom complément. La chute de la voyelle est marquée dans la langue écrite par une apostrophe:

125.   l'ami/l'amie/de l'arrogance/qu'elle

Ce phénomène d'élision se distingue de la simple perte d'un [ə] par le fait que l'absence de la voyelle en élision est rappelée par un apostrophe.

Avec les autres voyelles, l'élision n'est pas permise; la langue française tend plutôt à substituer une forme qui permet d'insérer une consonne. Par exemple, l'adjectif possessif utilise la forme masculine devant tout mot au singulier commençant par une voyelle, que le mot soit masculin ou féminin:

126.   mon amie (*ma amie*, *m'amie*)

L'article partitif masculin *du* devient *de l'* devant une voyelle, au lieu de laisser tomber le [y]:

127.   la chambre de l'hôtel

Pour l'adjectif démonstratif *ce*, aussi bien que pour les adjectifs qualificatifs *beau*, *nouveau*, et *vieux*, on utilise une forme se terminant par une consonne: *cet, bel, nouvel, vieil:*

128. cet homme   [sɛ tɔm]
129. un bel homme   [œ̃ bɛ lɔm]
130. un vieil hôtel   [œ̃ vje jo tɛl]

Dans le registre familier, par contre, il n'est pas rare d'entendre la chute de la voyelle [y] du pronom *tu:*

131. T(u) as vu ce film?   [ta vy sfilm] (oral)
132. Qu'est-ce que t(u) en penses?   [kɛ skə tã pãs](oral)

Valdman (1993, 191–92) appelle cette perte de voyelle un *effacement* plutôt qu'une élision, étant donné que le phénomène est oral mais n'est pas encore entré dans l'orthographe de la langue standard. Il place l'effacement de la voyelle [i] du pronom relatif *qui* dans la même catégorie. Bien qu'on entende des phrases telles que le 133, le [i] s'écrit toujours en langue standard:

133. C'est elle qu(i) est venue me voir.   [se tɛl ke və ny mə vwaʀ]

Le lecteur aura noté que l'élision concerne uniquement les mots grammaticaux en français. Bien que l'*e-caduc* tombe en fin de mot, ceci ne constitue pas vraiment un cas d'élision. Il peut tomber devant une consonne aussi bien que devant une voyelle et n'est jamais marqué en langue écrite par une apostrophe, contrairement à l'élision, qui ne peut avoir lieu qu'entre deux voyelles.

En anglais, par contre, l'élision peut avoir lieu au milieu d'un mot aussi bien qu'entre deux mots et peut concerner des voyelles ou des consonnes. Dans le mot *probably*, par exemple, il y a souvent une élision de la deuxième syllabe entière; ce mot est souvent prononcé [prɔ bli]. Cet amuïssement d'une consonne n'est possible en français que dans une suite liquide (occlusive plus [ʀ] ou [l]) suivie d'un [ə] non-accentué: comme nous l'avons vu ci-dessus, *quatre* se prononce souvent [katʀ̥] ou [kat], où la consonne [ʀ] est soit dévoisée, soit totalement perdue devant une autre consonne (cf. la section 3.1.3). On peut prouver qu'il s'agit ici d'une simplification d'une suite finale, plutôt que de l'élision, en considérant le comportement de ce mot devant une voyelle. La liquide se prononce de force dans ce contexte:

134. quatre amis   [ka tʀa mi]

3.1.6 L'Enchaînement

Parallèlement à l'élision il existe un autre phénomène en français qui aide à lier les syllabes d'une chaîne parlée. Ce phénomène, appelé *enchaînement*, ne voit pas la chute d'une voyelle, mais plutôt le déplacement d'une consonne prononcée. Cette consonne se déplace de la fin d'une syllabe au début de la suivante pour créer des syllabes ouvertes. Dans l'expression *arc-en-ciel*, par exemple, le [k] de *arc* se déplace obligatoirement; la syllabation de cette phrase montre que ce [k] ne ferme plus la dernière syllabe du mot *arc* mais ouvre plutôt la prochaine syllabe:

135. arc-en-ciel   [aʀ kã sjɛl]

L'enchaînement a lieu principalement à cause de la préférence de la langue française pour les syllabes ouvertes. Le déplacement des ces consonnes finales permet le maximum d'ouvertures.

L'enchaînement peut aussi être accompagné d'une chute du [ə], qui tombe obligatoirement devant une voyelle ou un *h-muet*. Dans la phrase *une mauvaise idée*, par exemple, le [ə] de *mauvaise* tombe nécessairement devant la voyelle [i] d'*idée;* le [z] se déplace donc pour ouvrir cette syllabe:

136. une mauvaise idée   [yn mo ve zi de]

On appelle le [z] de *mauvaise* une consonne stable, parce qu'elle se prononce en toute circonstance, même devant une consonne, comme on voit dans l'exemple 137:

137. une mauvaise pensée   [yn mo vɛz pã se]

Quand cette consonne stable se déplace pour ouvrir la syllabe, il s'agit d'un enchaînement simple.

3.1.7 La Liaison

La *liaison* est un cas particulier d'enchaînement. Le phénomène reste à peu près le même: une consonne se déplace pour s'attacher à la voyelle initiale suivante et crée ainsi une syllabe ouverte. La différence entre la liaison et l'enchaînement réside dans le fait que dans l'enchaînement la consonne est déjà prononcée (quelle que soit le phonème initiale du mot suivant) et n'a qu'à se déplacer, tandis que dans la liaison nous sommes en présence d'une consonne muette qui se prononce seulement pour établir une liaison avec la voyelle qui suit. Ce phénomène vient du fait qu'en ancien français les consonnes finales étaient toujours prononcées. Au douzième siècle il s'agissait donc toujours d'enchaînement avec une voyelle suivante. Mais petit à petit, ces consonnes finales ont commencé à disparaître. En position finale d'un groupe rythmique aussi bien que devant une autre consonne elles ne se prononcent presque plus (à l'exception de [k], [ʀ], [f], et [l], qui se prononcent la plupart du temps); mais elles réapparaissent souvent devant une voyelle comme dans l'ancien français.

Nous pouvons opposer notre exemple précédent, *une mauvaise idée*, à une

phrase contenant la forme masculine de cet adjectif. Le /z/ de *mauvais* ne se prononce pas en isolation mais réapparaît devant une voyelle. Comparez, donc, les
numéros 138 et 139:

138. un mauvais garçon   [œ̃ mo ve gaʀsõ]
139. un mauvais exemple   [œ̃ mo ve zɛg za plə]

C'est la même chose avec les adjectifs se terminant en -er où le [ʀ] se prononce
devant la voyelle qui suit:

140. dernier exemple   [dɛʀ nje ʀɛg zã pl(ə)]
141. premier étage   [pʀə mje ʀe taʒ]

Avez-vous compris?

I. Pour chacun des exemples ci-dessous précisez s'il s'agit d'une *élision*. Justifiez
votre réponse.

1. l'aventure
2. table (tabl̥)
3. cet appareil
4. qu'ils
5. l'homme

6. un vieil homme
7. mon amie
8. T'aimes ça?
9. de l'amour

II. Faites la transcription phonétique de chacun des groupes suivants (en montrant
la coupe syllabique), et dites s'il s'agit d'un cas d'*enchaînement* ou de *liaison*.

1. petit à petit
2. petite amie
3. meilleurs amis
4. porte-allumettes
5. Bonne idée!
6. Bon anniversaire!
7. le premier étage
8. le deuxième étage

9. trois éclairs
10. une nouvelle auto
11. Comment allez-vous?
12. une femme aggressive
13. une idée
14. les essentiels
15. trop amusant

3.1.7.1 Les Structures profonde et de surface

Pour expliquer le phénomène de la liaison, on parle d'une *structure profonde* (ou
structure sous-jacente), d'une *structure de surface,* et des *consonnes latentes*. La
structure profonde est une structure abstraite; c'est la représentation mentale que
nous faisons de chaque mot dans notre lexique. Elle représente donc toutes les
formes différentes qu'un mot peut éventuellement avoir dans sa *structure de surface,* c'est-à-dire, dans les prononciations attestées d'un mot. Dans la structure

profonde, on représente en *lettres minuscules* les phonèmes qui se prononcent toujours: le mot *arc* a donc la représentation phonémique suivante, parce que ces trois phonèmes se prononcent dans toutes les conditions:

142. arc   /aʀk/

Le phonème /k/ représente une *consonne stable* dans ce mot, puisqu'il est toujours prononcé. Dans ce cas la structure profonde et la structure de surface sont identiques.

On représente en *lettres majuscules* les phonèmes qui existent dans la structure profonde mais qui ne sont prononcés que dans certaines conditions. Ces lettres majuscules représentent des *consonnes latentes*. L'adjectif *mauvais* sera donc transcrit avec une lettre majuscule, parce que le /Z/ existe pour la liaison ainsi que pour la forme féminine de cet adjectif, mais en dehors de ces cas, ce /z/ ne se prononce pas:

143. mauvais   /mo veZ/

En réalisant la transcription phonémique avec la lettre majuscule, on identifie les consonnes qui sont susceptibles de tomber quand elles ne sont pas nécessaires pour la liaison. Comparer maintenant cette transcription phonémique avec la transcription phonétique. Dans la transcription phonémique, *mauvais* est toujours représenté comme /mo veZ/, puisque ce n'est pas la prononciation attestée qui compte mais les *possibilités* de prononciation. Dans une transcription phonétique, par contre, nous voulons représenter aussi exactement que possible la prononciation réelle du mot, et nous montrerons donc le contraste entre les deux phrases:

144. un mauvais exemple   [œ̃ mo ve zɛg zɑ̃ plə]
145. un mauvais numéro   [œ̃ mo ve ny me ʀo]

Dans la représentation phonétique, il n'y a plus de consonnes latentes, soit le phonème est prononcé et devient donc lettre minuscule, soit il n'est pas prononcé et disparaît.

La forme féminine de *mauvais* est un peu plus compliquée. Dans la forme sous-jacente de *mauvaise* il existe cette même consonne latente, mais cette fois-ci elle sera suivie d'un /E/. Nous utiliserons le terme *e latent* pour le désigner; tout comme pour les consonnes latentes, ce terme représente un phonème qui existe dans la structure abstraite mais qui est susceptible de disparaître. (Le lecteur peut se référer à la section 2.2.6, sur l'*e-caduc*, pour plus de détails sur la chute de cette voyelle.) Ce phonème est aussi représenté par une lettre majuscule dans la transcription phonémique, pour montrer son statut spécial. Cet adjectif aura donc la forme sous-jacente suivante au féminin:

146a. mauvaise   /mo veZ.E/[6]

Selon les règles gouvernant la chute du [ə], on sait que ce phonème ne sera pas prononcé ici en isolation. Mais avant de tomber, il a un effet spécial sur le mot: *les consonnes latentes se réalisent devant le E latent.* Nous attestons donc toujours la forme de surface suivante de ce mot:

146b. mauvaise   [mo vɛz]

et ceci devant une voyelle, devant une consonne, et même en isolation. Cette règle s'applique à toutes les catégories de mots, pas seulement aux adjectifs. Que le mot soit un nom, un verbe, ou un adjectif, toute consonne latente se réalise si elle est suivie d'un E latent. Comparez:

147a. petit	/pətiT/	[pə ti]
147b. petite	/pətiT.E/	[pə tit]
147c. petits amis	/pətiT.Z ami.Z/	[pə ti za mi]
147d. petites amies	/pətiT.E.Z ami.E.Z/	[pə tit za mi]

Pour d'autres adjectifs, les représentations phonologiques du masculin et du féminin peuvent différer encore plus sévèrement. Considérez l'exemple de *faux/ fausse* (ou *gros/grosse*). Le masculin sera représenté ici comme /foZ/: s'il y a liaison au masculin, c'est avec le phonème [z], comme démontré dans le numéro 148:

148. un faux ami   /œ̃N foZ ami/   [œ̃ fo za mi]

Cependant la prononciation au féminin est toujours avec [s]. Nous proposons donc la forme sous-jacente /foS.E/:

149. une fausse amie   /yn.E foS.E a mi/   [yn fo sa mi]

On pourrait essayer de proposer une règle pour expliquer ce changement de /z/ en /s/ devant un /E/ final, mais elle serait fort difficile à prouver: il y a de nombreux autres adjectifs qui se terminent avec /z/ à la fois au masculin et au féminin: *heureux/heureuse,* par exemple. On ne peut pas utiliser l'orthographe comme explication non plus: même les analphabètes prononceront toujours le masculin de *faux* avec /z/, mais le féminin avec /s/. Il faut tout simplement accepter deux formes sous-jacentes du radical pour ce mot, une pour le masculin, une autre pour le féminin.

3.1.7.2 Les Consonnes de liaison

Il y a en réalité peu de consonnes qui entrent en liaison avec la voyelle suivante. Étant donné que les phonèmes /l/, /f/, /k/, et /r/ se prononcent normalement en fin de mot, ce sont des consonnes stables, et donc il s'agit pour ces phonèmes plutôt d'enchaînement que de liaison. La seule exception à ces quatre phonèmes est le /r/, surtout dans la terminaison -*er*, où l'on prononce [e] sans consonne. Dans ce dernier cas, le /r/ sera représenté comme consonne latente, donc comme facteur de liaison possible. On entend la liaison de cette consonne surtout dans les adjectifs *premier* et *dernier* et, en langue soignée, dans les verbes à l'infinitif:

150. le premier homme   /lə prəmjɛR ɔm/   [lə prə mjɛ Rɔm]
151. le dernier exemple   /lə dɛRnjɛR ɛgzãpl. E/ [lə dɛR njɛ Rɛg zãplə]
152. chanter ensemble   /ʃãteR ãsãblE/   [ʃã te Rã sã blə]

Parmi les autres consonnes de la langue française, ce sont surtout /z/, /t/, et /n/ qui produisent une liaison:

153. des asperges   /deZ aspɛRʒ. E. Z/   [de za spɛRʒ]
154. c'est intéressant   /seT ẽteRɛsãT/   [se tẽ te Rɛ sã]
155. mon ami   /mõN ami/   [mõ na mi]

Le phonème /d/ n'apparaît pas en liaison; il se prononce plutôt comme [t]:

156. un grand homme   /œ̃N gRãT ɔm/   [œ̃ gRã tɔm]

Nous dirons donc que la forme sous-jacente de ce mot est /gRãT/, parce que c'est le /T/ qui se prononce au besoin. (Mais au féminin cette forme serait /gRãD.E/, puisque la consonne /D/ devient stable à cause du [ə], [gRãd].) On voit le même phénomène avec la conjonction *quand,* qui a comme forme sous-jacente /kãT/:

157. quand il pleut   /kãT il plø/   [kã til plø]

Le phonème /p/ s'entend rarement en liaison et seulement dans les adverbes *trop* et *beaucoup.* Cette prononciation devient de plus en plus stylistique; de nos jours le /p/ n'est conservé que dans la langue soignée. Le /g/ existe aussi comme phonème de liaison, mais dans un seul mot, l'adjectif *long*:

158. un long examen   / œ̃N lõG ɛg za mẽ/   [œ̃ lõ gɛg za mẽ]

(Il faut dire que, par analogie avec l'expression *sang impur* [sã kẽ pyR], qui vient de "La Marseillaise," hymne national de la France, il y a des personnes qui disent aussi [lõ kɛg za mẽ].)

3.1.7.3 La Liaison obligatoire, facultative, et interdite

Puisque la langue est vivante, elle est aussi changeante, et les conditions qui gouvernent la liaison diffèrent aujourd'hui d'il y a seulement cinquante ans. Dans la langue française, on identifiait auparavant trois types de liaison: *obligatoire, facultative,* et *interdite.* Mais de nos jours, on entend beaucoup moins de liaisons que dans le passé, et leur présence est fort variable selon le registre et les interlocuteurs. Grundstrom (1983) remarque même que les liaisons obligatoires commencent à être souvent facultatives et que les liaisons facultatives disparaissent de plus en plus souvent. On remarquera que la tendance à maintenir la liaison est plus forte si cette liaison signale une marque morphologique (le pluriel, par exemple) que si elle existe pour des raisons purement esthétiques et qu'elle n'apporte pas de nouvelle information grammaticale ou sémantique. Ceci explique la chute récente de la liaison avec *trop* et *beaucoup*. Cette liaison n'existait que pour des raisons d'esthétique; elle n'apportait aucune information essentielle à la phrase, et elle est donc de plus en plus susceptible de disparaître. De nos jours, dans le langage familier (même à la radio), la liaison esthétique ne s'entend presque plus.

Au lieu de proposer un système compliqué pour expliquer ces trois types de liaison, il suffit de présenter ici trois règles simples qui expliquent en gros la liaison autrefois appelée *obligatoire* — celle qui reste la plus stable à l'heure actuelle. Le lecteur notera que ces trois règles obéissent au rythme et à la syntaxe de la phrase. Je présenterai ensuite, dans un tableau récapitulatif, les cas de liaison *facultative* et *interdite* (voir le tableau 3.4), mais en rappelant au lecteur que la liaison facultative n'est plus du tout stable — elle s'entend de moins en moins souvent. Ce qui est important pour tout chercheur ou étudiant en français, c'est de comprendre quand la liaison se fait de façon assez régulière de nos jours; dans les autres cas, on s'abstiendra le plus souvent de le faire. Il est à noter qu'il n'y a jamais de liaison entre deux groupes rythmiques, ni entre deux groupes syntaxiques différents; pour entrer en liaison, il faut que les mots aient un lien syntaxique étroit.

Voici donc trois règles capables d'expliquer la majorité des cas de la liaison actuelle (cf. Tranel, 1987, 189):

1. Dans un groupe nominal, il y a normalement liaison *avant* le nom: *les étudiants, trois oranges, un grand homme.*
2. Dans un groupe verbal, il y a normalement liaison entre le *verbe* et les *pronoms* qui l'entourent: *vous êtes très gentil, prenez-en, nous en avons pris.*
3. Il y a souvent liaison avec les *prépositions, adverbes,* et *auxiliaires monosyllabiques* et le mot qui suit: *je suis allé, j'ai bien étudié, c'est très intéressant, elle est chez elle, de plus en plus, mais répondez/en anglais.*

Notez aussi, que, comme pour l'élision, il n'y a jamais ni enchaînement, ni liaison avant le *h aspiré: des/hollandais, un/héros, en/haut,* etc. Pourtant, il faut dire que cette catégorie de mots est assez instable en français actuel: on entend, surtout parmi les jeunes générations, des liaisons avec les expressions *les haricots verts* et *les handicapés.* Bien que cette liaison soit considérée par quelques-uns comme le marque d'une personne peu éduquée, elle est de plus en plus souvent attestée.

Il faut, finalement, mentionner quelques groupes figés, où l'on entend toujours la liaison, malgré la discussion qui précède: *comment allez-vous, quant à moi,*

Tableau 3.4.   Récapitulation des règles traditionnelles de liaison

Groupe Nominal	Groupe Verbal	Cas Spéciaux	
Obligatoire	Avant le nom	Entre un verbe et ses pronoms	Entre les prépositions, adverbes, et auxiliaires monosyllabiques et le mot suivant
Faculative	Entre un nom / pronom au pluriel et l'adjectif ou le verbe suivant	Tout mot avant un participe passé	Entre les prépositions, adverbes, et auxiliaires polysyllabiques et le mot suivant
Interdite	Entre nom / pronom au singulier et l'adjectif ou verbe suivant	Après le verbe	Après une conjonction polysyllabique ou un adverbe interrogatif
	Avant *h* aspiré		Après la conjonction *et* Entre groupes rythmiques

Champs-Élysées, tout à coup, etc. La prononciation de ces expressions étant fixée au moment où toutes les consonnes finales se prononçaient, ces groupes sont lents à perdre la liaison, mais ceci n'est pas impossible — nous n'avons qu'à examiner l'expression *pas encore* pour voir que la liaison, même dans un groupe figé, peut vite disparaître. Selon le locuteur, cette expression peut avoir ou l'une ou l'autre des formes suivantes:

159a.   pas encore   /paZ ã kɔR/   [pa zã kɔR]
159b.   pas encore   /pa ã kɔR/   [pa ã kɔR]

Le lecteur notera que la liaison entre un nom au singulier et l'adjectif qui le suit est interdit, sauf dans des expressions figées. On s'est souvent posé la question: quelle est donc la forme sous-jacente des mots comme *maison,* où il n'y a pas de liaison possible, mais pour lesquels il existe des formes dérivées (*maisonnette, maisonnier*)? Est-ce qu'on devrait inclure une consonne latente dans la forme sous-jacente du premier pour pouvoir expliquer sa présence dans les mots dérivés? Selon Valdman, ces formes sont entièrement distinctes, et il ne faut pas les confondre. Il dit: "Il faut donc faire la différence entre une consonne latente, qui est une consonne finale pouvant se prononcer devant un autre mot, et une consonne apparaissant à l'intérieur d'un dérivé. Il y a une relation dérivationnelle entre *enfant* et *enfanter,* mais dans la forme *enfant* le *t* final ne représente pas une consonne latente" (1993, 162).

3.1.7.4 Le Cas spécial des nombres

Dans toute étude de la liaison, il faut considérer séparément les adjectifs ordinaux de *un* à *dix.* Ces adjectifs ont souvent un statut différent en isolation par rapport à une position devant une consonne ou une voyelle. Il faut donc quelquefois admettre deux représentations sous-jacentes différentes dont le choix dépend des conditions phonétiques dans lesquelles se trouve le nombre.

On commence l'étude avec les cas les plus simples: *une, quatre, sept,* et *neuf.* Dans ces quatre cas, la consonne finale est stable et se prononce donc toujours, que ce soit devant une voyelle ou une consonne ou en isolation (quand le mot est utilisé seul ou à la fin de la phrase):

160.	une voiture	[yn vwa tyʀ]
161.	quatre crayons	[ka tʀE kʀe jõ]
162.	j'en ai sept	[ʒã ne sɛt]
163.	j'en ai acheté neuf	[ʒã ne aʃ te nœf]

Nous leur donnerons donc les représentations sous-jacentes suivantes: /yn.E/, /katrE/[7], /sɛt/, et /nœf/. Le lecteur notera donc que pour ces mots les formes abstraites et de surface sont identiques. Les expressions *neuf ans* et *neuf heures* représentent des exceptions: la consonne de liaison est [v] dans ces deux expressions, tandis que dans toute autre expression avec *neuf* (*neuf œufs, neuf amis,* etc.), la consonne liée est [f], comme dans la représentation phonémique.

Les nombres *un, deux,* et *trois* ont eux aussi une seule représentation phonémique, mais cette fois-ci avec des consonnes latentes, /œN/, /døZ/, et /trwaZ/, qui se prononcent seulement devant une voyelle. Dans les mots en isolation, aussi bien que devant une consonne, cette consonne latente obéit aux règles générales de la liaison et tombe alors. On trouve donc deux formes phonétiques de ces mots:

164a.	un homme	[œ̃ nɔm]
164b.	un livre	[œ̃ livrə]
165a.	deux amis	[dø za mi]
165b.	deux voitures	[dø vwa tyʀ]
166a.	trois avions	[tʀwa za vjõ]
166b.	trois disques	[tʀwa disk]

Pour les autres nombres, il en va tout différemment. Avec *huit,* la consonne finale se prononce en isolation et devant voyelle, mais tombe devant une consonne du même groupe rythmique:

167a. j'en ai huit   [ʒɑ̃ ne ɥit]
167b. huit avions   [ɥi ta vjɔ̃]
167c. huit chats   [ɥi ʃa]

Pour *six* et *dix,* le scénario est semblable, mais avec une différence supplémentaire: la consonne utilisée en liaison est différente de la consonne prononcée en isolation:

168a. j'en ai six/dix   [ʒɑ̃ ne sis]/[ʒɑ̃ ne dis]
168b. six/dix avions   [si za vjɔ̃]/[di za vjɔ̃]

Finalement, il faut parler de *cinq,* qui représente le cas le plus complexe. En isolation et devant voyelle la consonne est stable:

169a. j'en ai cinq   [ʒɑ̃ ne sɛ̃k]
169b. cinq avions   [sɛ̃ ka vjɔ̃]

Devant une consonne, sa prononciation varie. En général, elle est prononcée:

169c. cinq livres   [sɛ̃k livʀ(ə)]
169d. cinq voitures   [sɛ̃k vwa tyʀ]

Cependant, dans quelques expressions figées, telles que *cinq cents, cinq minutes, et cinq francs,* la consonne n'est souvent pas prononcée:

169e. cinq cents   [sɛ̃ sɑ̃]

Ces exemples suggèrent que la consonne est stable dans certains contextes et latentes dans d'autres. Pour faire face à ce phénomène, on proposera deux formes sous-jacentes, équivalentes, /sɛ̃k/ et /sɛ̃K/, qui s'emploient dans des contextes sémantiques différents.

Il faut donc admettre deux représentations phonémiques pour ces quatre nombres; le choix dépendra du contexte phonétique actuel au moment de leur usage. Nous admettrons donc les formes /sɛ̃k/, /sis/, /ɥit/, et /dis/, avec consonnes stables, pour les nombres utilisés en isolation et les formes /sɛ̃K/, /siZ/, /ɥiT/, et /diZ/, avec consonnes latentes pour les nombres suivis d'un nom (*six frères, dix amis*). Le maintient ou la chute de cette consonne latente dépendra de l'environnement phonétique: devant voyelle elle restera, devant consonne elle tombera nécessairement (voir le tableau 3.5 pour les formes sous-jacentes et phonétiques des nombres de un à dix).

Tableau 3.5.   Formes sous-jacentes et phonétiques des nombres de *un* à *dix*

	Formes sous-jacentes	Mot en isolation	Devant consonne	Devant voyelle
un	/œ̃N/	[œ̃]	[œ̃]	[œ̃n]
deux	/døZ/	[dø]	[dø]	[døz]
trois	/tʀwaZ/	[tʀwa]	[tʀwa]	[tʀwaz]
quatre	/katʀE/	[katʀə]	[katʀə]	[katʀ]
cinq	/sɛ̃k/, /sɛ̃K/	[sɛ̃k]	[sɛ̃k] / [sɛ̃]	[sɛ̃k]
six	/sis/, /siZ/	[sis]	[si]	[siz]
sept	/sɛt/	[sɛt]	[sɛt]	[sɛt]
huit	/ɥit/, /ɥiT/	[ɥit]	[ɥi]	[ɥit]
neuf	/nœf/	[nœf]	[nœf]	[nœf]
dix	/dis/, /diZ/	[dis]	[di]	[diz]

Avez-vous compris?

I. Montrez la *structure profonde* et la *structure de surface* pour chacun des mots suivants prononcés en isolation.

	Structure profonde	Structure de surface
1. sur		
2. bien		
3. grand		
4. grande		
5. voitures		
6. des		
7. petit		
8. petits		
9. avec		
10. beaucoup		
11. très		
12. vif		
13. parc		
14. porc		
15. beaux		
16. charmante		
17. sept		
18. cinq		
19. vingt		
20. deux		

II. Pour les groupes suivants, dites si la liaison est toujours commune (c'est-à-dire autrefois *obligatoire*) ou non.

1. nous allons
2. mes amis
3. un étudiant anglais
4. Il a beaucoup étudié.
5. des chiens aggressifs
6. C'est vraiment intéressant.
7. de moins en moins
8. Il s'assoit sous un arbre.
9. Tu prends un sandwich?
10. Quelqu'un est venu.

III. Montrez la *structure profonde* et la *structure de surface* pour chacun des groupes suivants.

	Structure profonde	Structure de surface
1. sur un coussin		
2. de moins en moins		
3. trois plus trois		
4. trois oranges		
5. un grand homme		
6. une grande amie		
7. des voitures anciennes		
8. des alliances		
9. un petit animal		
10. des petits animaux		
11. avec elle		
12. une bonne journée		
13. un bon ami		
14. sous un arbre		
15. huit livres		
16. une maison à la campagne		
17. un étudiant intelligent		

3.2 La Phonologie suprasegmentale

Tandis que la *phonologie segmentale* se donne comme but d'examiner les segments individuels (les phonèmes) d'une langue, la *phonologie suprasegmentale* touche à tout ce qui va au-delà de ces segments individuels. Elle traite surtout de deux facteurs qui portent sur le groupe rythmique ou la phrase entière et qui influencent notre compréhension: l'accentuation et l'intonation.

3.2.1 L'Accent

En parlant d'*accent*, on ne fait pas référence à une façon de parler (un accent étranger, un accent américain, etc.), ni à des marques diacritiques (accent aigu, accent grave), mais plutôt à l'*accentuation* que l'on met sur une syllabe dans un groupe rythmique ou une phrase. Cet accent peut être d'ordre *grammatical/sémantique*, mettant en relief les groupes syntaxiques de la phrase, ou d'ordre *d'insistance* (*émotionnel* ou *expressif*), mettant en relief un seul mot sur lequel on veut attirer l'attention. Dans les différentes langues du monde, l'accent est marqué différemment: par la *durée* d'une syllabe ou d'une voyelle, par l'*intensité* de la syllabe accentuée, et/ou par le *ton* de la syllabe accentuée. En français, il se manifeste surtout par un *allongement de la voyelle accentuée* (qui est souvent deux fois plus longue que les autres voyelles) et par un *changement de timbre* (plus ou moins marqué, dépendant de sa position dans la phrase entière), mais non pas par une augmentation d'intensité. L'intensité de la syllabe accentuée reste à peu près égale à celle des autres syllabes. Pour les locuteurs d'autres langues où l'accent se marque surtout par un changement net de l'intensité (l'anglais, par exemple), l'accent en français peut être difficile à percevoir.

3.2.1.1 L'Accent grammatical et sémantique

Le rôle principal de l'*accent grammatical* est d'aider à la compréhension de la phrase, en découpant la phrase en parties importantes. En français, chaque mot plein peut recevoir un accent.[8] On appelle *groupe accentuel minimal* le mot plein et tous les mots grammaticaux qui le précèdent. Ce groupement de mots grammaticaux avec des mots pleins obéit surtout à la syntaxe: plus les mots ont une relation syntaxique étroite, plus il est probable qu'ils appartiennent au même groupe accentuel. La phrase 170, ci-dessous, a trois groupes minimaux et, par la suite, trois syllabes finales accentuées:

170a.   Mon frère est programmeur chez IBM.

Dans la langue parlée on a cependant tendance à lier les groupes minimaux en des *groupes rythmiques* plus longs, ayant toujours un lien syntaxique entre eux. Quand cela se produit, le mot plein à l'intérieur du groupe perd son accent; en français il n'y a qu'un seul accent par *groupe rythmique,* qui tombe toujours sur la dernière syllabe. Nous pourrions donc lier les deux derniers groupes de notre exemple d'en haut (le verbe et la préposition) dans un seul groupe, qui représente mieux la nature de la langue parlée, soit la continuité. Nous arrivons ainsi à une phrase avec deux groupes:

$$a \qquad\qquad a$$

170b.   Mon frère est programmeur chez IBM.

En séparant cette phrase en deux groupes rythmiques, on envoie un certain message à son interlocuteur. L'accent sur *frère* lui dit que c'est un mot essentiel dans la phrase, plus essentiel que les autres qui sont autour de lui. On utiliserait une accentuation de cette sorte pour répondre à la question: *Qui est programmeur chez IBM?*

Mais on peut facilement imaginer d'autres façons de subdiviser cette phrase. Par exemple, on pourrait aussi retrouver le regroupement montré par l'exemple 170c:

$$a \qquad\qquad a$$

170c.   Mon frère est programmeur chez IBM.

En accentuant le mot *programmeur,* on indique à son interlocuteur que c'est là la partie importante de notre message; on y attire donc son attention. Cette phrase répondra plutôt à la question *"Que fait votre frère?,"* où l'interlocuteur sait déjà qu'on a un frère mais ne sait pas ce qu'il fait comme profession. Si l'interlocuteur savait déjà ce que faisait ce frère, on pourrait enlever même ce premier accent, pour attirer toute l'attention à la fin de la phrase, où une nouvelle information est ajoutée. Dans ce cas, il n'y aurait qu'un seul groupe accentuel dans la phrase, comme on le voit dans le 170d:

$$(\qquad a\qquad) \qquad\qquad a$$

170d.   (Vous savez que) mon frère est programmeur chez IBM. Mais il
             pense aller chez Mac.

Il est à noter que l'intonation suit, elle aussi, ce découpage en groupes rythmiques.

Il faut noter que, contrairement à l'anglais, l'accent grammatical en français est stable; il se pose toujours sur la dernière syllabe du groupe rythmique, sans égard au nombre de mots pleins dans ce groupe. Comme nous l'avons montré plus haut, le groupe accentuel minimal n'a qu'un mot plein, mais en combinant des groupes minimaux, on peut arriver à un groupe rythmique plus grand, avec plusieurs mots pleins. C'est surtout le cas d'un nom précédé ou suivi d'adjectifs. Tandis que les adjectifs représentent des mots pleins et peuvent donc être accentués, ceux-ci forment toujours un groupe plus grand. Ils ne sont pas normalement séparés du nom qu'ils modifient. Dans la phrase 171, ci-dessous, par exemple, il n'y a que deux groupes rythmiques possibles en langue naturelle: *elle a acheté,* qui représente une partie du message, et *une jolie petite voiture japonaise,* qui en représente une autre. Les accents grammaticaux tomberont donc sur les dernières syllabes de *acheté* et de *japonaise:*

$$\overbrace{\qquad}^{a} \qquad \overbrace{\qquad}^{a}$$

171. Elle a acheté une jolie petite voiture japonaise.

Dans d'autres langues, l'accent est toutefois beaucoup moins stable. En anglais, par exemple, l'accent tombe sur les mots (et non pas sur les groupes rythmiques), donc chaque mot plein est accentué. De plus, un mot anglais peut avoir un accent primaire et un accent secondaire, et ces accents peuvent changer de position dans le même radical. Considérez, par exemple, le mot *photograph* en anglais. L'accent, qui est marqué en anglais par un changement d'intensité, tombe sur la première syllabe dans ce mot avec un accent secondaire sur la deuxième syllabe: phóto-gràph [fótəgræf]. La voyelle de la deuxième syllabe est réduite à [ə]. Dans le mot *photographer,* par contre, l'accent se déplace; il tombe maintenant sur la deuxième syllabe, alors que la première et la troisième syllabes sont réduites à [ə]: photógra-pher [fətágrəfər]. En français, par contre, il en va tout autrement: l'accent dans les mots *photográphe, photographiér,* et *photographíque* tombe toujours sur la dernière syllabe, marqué par un allongement des voyelles [a], [e], et [i]. De plus les autres voyelles de ces mots conservent leur qualité. Puisque toutes les syllabes ont à peu près la même intensité, il n'y a pas comme en anglais de réduction des voyelles dans les syllabes non-accentuées. Dans un groupe rythmique plus long, l'accent se met toujours sur la dernière syllabe:

172. Il est photographe.

173. C'est un photographe célèbre.

Le fait que l'accent est stable et qu'il n'y a pas d'atténuation des voyelles non-accentuées, combiné avec l'enchaînement, permet au français quelques jeux de mots humoristiques. En 1824, le roi Louis XVIII se trouvait devant ses médecins sur son lit de mort. Sachant qu'il allait mourir, et que son frère Charles allait accéder au trône, Louis aurait prononcé la phrase suivante à ses médecins: [paʀ te ʃaʀ la tã]. Personne à ce jour ne sait s'il a dit "Partez! Charles attend" ou plutôt "Partez, charlatans!" (Brichant, 1973, 392). Dans une langue où l'accent est marqué sur les mots plutôt que sur le groupe rythmique, une telle ambiguïté n'aurait jamais été possible.

Une pause, même brève, dans la chaîne parlée marque toujours la fin d'un groupe rythmique et donc est accompagnée d'un accent grammatical. La phrase 174, ci-dessous, contient trois groupes rythmiques, qui sont mises en évidence par la ponctuation.

$$\overbrace{\qquad}^{a} \qquad \overbrace{\qquad}^{a} \qquad \overbrace{\qquad}^{a}$$

174a. La semaine prochaine, mes amis et moi, nous irons au cinéma.

Il serait difficile de découper cette phrase d'une autre façon, sans effectuer des changements sémantiques. On ne pourrait pas accentuer les mots *semaine* et *amis,* par exemple:

174b. *La semaine/prochaine mes amis/et moi nous irons au cinéma.

Ce découpage n'est pas naturel et rendra la phrase presque incompréhensible.

Dans d'autres cas, pourtant, le choix de groupes rythmiques et la place de l'accent peuvent changer tout à fait notre interprétation d'une phrase. Considérez, par exemple, la phrase 175 (écrite expressément sans ponctuation):

175a. Ce petit garçon a déclaré le professeur est brillant.

Notre interprétation de cette phrase dépend entièrement de l'accent que nous lui donnons et des groupes rythmiques que nous créons. Si nous mettons l'accent sur les mots *garçon, professeur,* et *brillant,* nous arrivons à l'interprétation suivante:

175b. "Ce petit garçon, a déclaré le professeur, est brillant."

Mais si nous choisissons plutôt d'accentuer les mots *déclaré* et *brillant,* le sens change complètement, et nous avons maintenant la phrase:

175c. Ce petit garçon a déclaré: "Le professeur est brillant."

Seulement en changeant la division en groupes rythmiques, et donc la place de l'accent, nous arrivons à deux phrases de sens opposés. Le lecteur notera que la ponctuation aide à ce découpage en groupes rythmiques, mais il faut se souvenir que la langue orale précède toujours la langue écrite. La ponctuation a été créée justement pour nous aider à esquisser les groupes rythmiques et à déterminer l'intonation de la phrase. L'accent et l'intonation sont, en quelque sorte, la ponctuation de la chaîne parlée.

Avez-vous compris?

Indiquez l'accent grammatical logique sur chacune des phrases suivantes. Notez bien que, souvent, plus d'un accent grammatical est possible. (Nous avons expressément omis la ponctuation, pour permettre plusieurs interprétations.) Justifiez votre choix et l'interprétation qui en résulte.

1. La semaine prochaine je pars en vacances avec mes amis.
2. Elle est secrétaire dans un grand hôpital.
3. Michel aime dormir avec les fenêtres ouvertes.
4. Mon père a planté un grand jardin avec toutes sortes de légumes.
5. Claude et Annette se retrouvent souvent après les cours pour prendre un café.

6. Ses grands-parents habitent loin d'ici dans un petit village près de Pau.
7. J'écoute de la musique classique surtout quand je travaille à l'ordinateur.
8. Pour conduire à Paris il faut avoir de la patience et du courage.
9. Il fait tellement froid ici que les oiseaux partent déjà au mois de septembre.
10. Dans ce lycée la grande majorité des étudiants préparent le baccalauréat sciences.

3.2.1.2 L'Accent d'insistance

L'accent d'insistance peut être sous-divisé en *accent émotionnel* et *accent expressif.* Il a comme but de mettre en relief un seul mot dans un groupe rythmique, pour montrer les sentiments du locuteur ou pour opposer un mot à un autre. Puisque cet accent dépend des besoins du locuteur, il est beaucoup plus variable que l'accent grammatical. On peut mettre cet accent sur des mots normalement inaccentuables (des prépositions ou des déterminants, par exemple), aussi bien que sur une syllabe d'un mot plein que l'on veut accentuer (surtout un suffixe ou un préfixe). Cet accent étant tout à fait facultatif, on ne l'entendra pas dans chaque phrase comme pour l'accent grammatical. Mais quand il est présent, il est marqué par plus de volume: les explosions sont plus nettes, le ton est normalement plus haut et plus exagéré qu'à l'habitude, et les consonnes sont souvent allongées.

3.2.1.2.1 L'Accent émotionnel

L'accent d'insistance a deux fonctions. D'abord, il est utilisé pour montrer l'émotion du locuteur vis-à-vis un certain sujet. En réponse à la question *"Qu'est-ce que tu as pensé de ce film?,"* par exemple, on peut répondre *"C'était magnifique,"* avec l'accent normal ou bien avec un accent d'insistance sur la première syllabe de *magnifique.* Il y aura donc un contraste entre 176a et 176b, ci-dessous. L'interlocuteur sera bien conscient de cet accent inattendu (marqué ici par un allongement de la consonne et un ton plus haut) et remarquera ainsi l'émotion particulière donnée à ce mot:

176a. magnifique   [ma ɲi fiːk]
176b. Magnifique! [mːa ɲi fiːk]

Normalement cet accent émotionnel se placera, dans le mot voulu, sur la première syllabe qui commence avec une consonne; ceci explique la prononciation souvent attestée d'un mot comme *épouvantable:*

177a. épouvantable   [e pːu vã tabl(ə)]

Par contre, si le mot est précédé d'un présentatif (*il est* ou *c'est*), le phonème [t] peut entrer en liaison avec la voyelle qui suit, et nous pouvons compter cette syllabe comme la première qui commence avec une consonne. On atteste donc de deux possibilités, selon le locuteur, en ce qui concerne l'accent d'insistance:

177b.   C'est épouvantable.   [se te p:u vã tabl(ə)]

177c.   C'est épouvantable.   [se t:e pu vã ta:bl(ə)]

Dans ce dernier cas, on notera que la consonne [t] est allongée et que le ton de la voyelle [e] est plus haut que normal.

Il existe aussi une troisième possibilité pour la prononciation des mots qui commencent avec une voyelle. Dans plusieurs langues, il y a un phonème qui se produit quand on ferme et puis rouvre la glotte. L'interlocuteur entend l'échappement de l'air qui a été refermé dans la glotte pendant cet instant. Ce son, appelé *un coup de glotte* (représenté par le symbole [ʔ]), n'existe pas en français comme un phonème distinct mais s'entend de temps en temps — quand on est exaspéré, par exemple. Dans un mot tel que *incroyable,* on veut absolument que l'accent d'insistance soit sur le préfixe *in-*, parce que c'est l'idée que quelque chose n'est *pas* croyable que l'on veut accentuer. Mais si nous prononçons ce mot en isolation, sans le présentatif *c'est,* il faudrait normalement mettre l'accent d'insistance sur la syllabe commençant avec une consonne, c'est-à-dire — *croy.* Pour éviter de mettre l'accent sur la "mauvaise syllabe," on produit souvent un coup de glotte avant le mot. Ce coup de glotte présente les caractéristiques d'une consonne, et l'on peut ainsi accentuer le préfixe *in-*:

178.   incroyable   [ʔ:ɛ̃ kʀwa jabl(ə)]

3.2.1.2.2   L'Accent expressif

La deuxième fonction de l'accent d'insistance est d'opposer un mot (ou une partie d'un mot) à un autre. C'est dans ce cas que nous pouvons mettre un accent sur un mot grammatical (par exemple, une préposition ou un déterminant), ou même sur un préfixe ou un suffixe. Ainsi, on entendra les accents inhabituels suivants:

179.   Ce n'est pas **sa** cassette, c'est **ma** cassette.

180.   J'ai laissé mon sac **sur** ma voiture, et j'ai roulé à toute vitesse!

181.   Avant de partir en vacances, Paul a prédit qu'il allait **de**venir riche,

non pas qu'il allait **re**venir riche!

Dans d'autres situations, l'accent d'insistance tombe naturellement en fin de groupe. C'est surtout le cas quand on veut accentuer un suffixe:

182.   La réponse à la question est télé**graphe**, pas télé**gramme**.

Dans le cas où l'accent grammatical et l'accent d'insistance coïncident, l'accentuation que reçoit la syllabe est plus prononcée que pour un accent grammatical tout seul.

Pour toutes ces phrases, c'est le locuteur plutôt que la syntaxe qui décidera de la place de l'accent d'insistance. Il y a tout de même quelques mots en français qui ne sont jamais accentuables. Le pronom sujet *je*, par exemple, ne peut jamais être accentué, même pour des raisons d'insistance. En anglais, on peut dire "*I* made it!," mais en français il faut plutôt utiliser un pronom disjoint (donc accentuable), accompagné d'une dislocation à gauche:

183. "C'est moi qui l'ai fait!"

Le résultat de la dislocation est que le pronom tombe maintenant à la fin d'un groupe rythmique et peut donc recevoir naturellement l'accent grammatical aussi bien que celui d'insistance. Ce phénomène est tellement fort que l'on l'utilise même dans des situations où ce n'est pas absolument nécessaire. En réponse à la question "*Est-ce que vous avez dit que votre père travaille chez IBM?*" je pourrais répondre, "*Non, mon frère travaille chez IBM*," avec un accent d'insistance sur le mot *frère*. Mais il est encore plus naturel en français d'accompagner cet accent d'insistance d'une dislocation: "*Non, c'est mon frère qui travaille chez IBM*." La dislocation ici a un double effet. D'abord, elle attire l'attention sur la phrase *c'est mon frère*; elle la présente comme l'information nouvelle et essentielle de la phrase, qui entre donc en contraste avec le mot *père* de la question. Deuxièmement, elle place le mot *frère* dans une position de fin de groupe rythmique, où il recevra l'accent grammatical aussi bien que l'accent d'insistance. Cet accent devient ainsi encore plus naturel, puisqu'il obéit à la syntaxe de la langue.

Avez-vous compris?
I. Montrez avec une flèche verticale un (ou plusieurs) accent(s) d'insistance sur chaque phrase. Dites si c'est un accent émotionnel ou expressif. Expliquez l'effet de cet accent sur les autres phonèmes de ce mot.

1. Il boit souvent du café, mais jamais du thé.
2. C'est un homme désagréable.
3. Je travaille dans l'importation, pas dans l'exportation.
4. Ce n'est pas une histoire de personnes immigrées, mais émigrées.
5. Il est incroyablement cher, ce restaurant!
6. D'habitude nous regardons un téléfilm, mais ce soir nous allons au cinéma.
7. C'est moi qui ai peint ce portrait.
8. Je ne peux pas supporter les cigares.
9. Vous avez absolument raison!
10. Tu trembles! Est-ce que tu as peur ou froid?

3.2.2 L'Intonation

Dans la section sur l'articulation des voyelles, nous avons noté que toute voyelle est marquée par des formants distincts, c'est-à-dire, par une combinaison des fréquences de vibration des cordes vocales. Elles se définissent surtout par le premier et le deuxième formants et, pour les voyelles nasales, par le troisième formant également. Comme nous avons vu, les voix des hommes et des femmes se séparent souvent par une octave (ou même deux) à cause de la longueur et de l'épaisseur des cordes vocales. Les hommes ont normalement les voix les plus basses (ayant les cordes vocales les plus longues), les femmes moins basses, et les enfants les plus hautes (ayant les cordes vocales les plus courtes et les plus tendues). Cependant, indépendamment des différences dans la fréquence fondamentale des personnes qui prononcent un son, les formants qui définissent les voyelles restent dans les mêmes positions relatives; c'est ainsi que nous percevons toujours [i] dans le mot *si*.

Mais la fréquence fondamentale (la plus basse sur le spectrogramme), qui est le facteur identifiant de la voix d'une personne, varie assez dramatiquement pendant la chaîne parlée. Ce qui différencie le chant de la parole, c'est que pendant le chant, on garde la même note pendant un certain temps, et puis on passe à une autre. Cependant, pendant la parole, la tonalité change constamment, même au milieu d'une seule syllabe. C'est en variant le timbre que nous pouvons changer notre ton de base individuel, et donc l'intonation du groupe rythmique. Ce changement peut ensuite influencer l'interprétation de la phrase. Nous sommes tous capables d'effectuer ce changement pour varier notre intonation. Nous le faisons plusieurs fois pendant la chaîne parlée, avec grande efficacité. Notre interlocuteur se rend compte de l'information apportée par ces variations de ton, et son interprétation de ce que nous disons est fortement influencée par la courbe intonative que nous y mettons. Comparer les deux phrases suivantes, en les prononçant à haute voix:

184a.   Il s'en va.
184b.   Il s'en va?

Syntaxiquement, ces deux phrases sont identiques. Du point de vue de l'articulation, nous prononçons exactement les mêmes phonèmes, dans le même ordre, et l'accent final tombe sur le même mot. Toutefois notre interlocuteur n'aura pas de doute: la première est une phrase déclarative, la deuxième une question. Qu'est-ce qui peut expliquer la différence entre ces deux phrases? Ce n'est que l'intonation que nous leur donnons. Si nous regardions ces deux phrases avec un spectrogramme, nous noterions que les fréquences de la voyelle [a] au début du mot *va* sont approximativement égales, mais à la fin de l'articulation de cette voyelle, le formant fondamental change. Alors que dans la phrase déclarative, le formant tombe légèrement, c'est-à-dire que les cordes vocales ralentissent un tout petit peu, mais à la fin de la question il monte assez dramatiquement. C'est en augmentant le nombre de vibrations que nous créons ce ton plus haut, qui, en français, marque une *question absolue* (une question à laquelle on peut répondre par *oui* ou *non*). Cette montée d'intonation indique à notre interlocuteur que nous cherchons une réponse, tandis que la chute légère dans la phrase déclarative indique plutôt que nous avons fini.

En général, l'intonation est considérée suprasegmentale, c'est-à-dire qu'elle apporte souvent des nuances qui frappent plus qu'un seul phonème. Mais de la même façon que les répertoires des phonèmes et des allophones sont spécifiques à une langue, l'usage de l'intonation diffère aussi d'une langue à une autre. En français et en anglais, par exemple, les nuances d'intonation sont essentielles à la compréhension exacte d'une phrase entière mais ne changent pas le sens d'un mot. Mais dans beaucoup de langues africaines et asiatiques, l'intonation frappe le mot individuel; en changeant le ton d'une syllabe, on peut aussi changer le sens du mot. On appelle ces systèmes *langues à ton*.

En français, l'intonation apporte tout de même une information importante à notre interprétation de la chaîne parlée. C'est une dimension de la langue que les scientifiques travaillant dans le domaine de l'intelligence artificielle n'arrivent toujours pas à maitriser entièrement. Les ordinateurs parlants peuvent produire tous les phonèmes d'une langue, mais ils ne peuvent pas varier leur ton; cela crée les voix trop régulières et sans expression que nous avons tous entendues au téléphone. De plus, il manque cette information essentielle qui contribue à l'interprétation exacte de la phrase entière.

3.2.2.1 L'Intonation tombante ou montante

L'intonation suit plus ou moins le rythme accentuel d'une phrase; de cette façon elle nous aide aussi à découper la phrase en groupes rythmiques, mais elle est souvent répétitive par rapport à l'accent. Pour cette raison, il n'y a que deux formes de changement de ton en français: l'intonation montante ou tombante. Cependant, le degré de variation du ton communique souvent des nuances de sens.

En général, l'intonation tombe légèrement à la fin d'une phrase accentuelle finale. Cette chute communique à l'interlocuteur que le locuteur est arrivé à la fin de ce qu'il avait à dire. Nous notons une telle *chute de finalité* dans la phrase numéro 185a:

185a. J'aime le cinéma.

Si nous faisons précéder cette phrase d'une qualification, nous voyons pourtant une petite montée de ton à la fin du premier groupe rythmique, suivie souvent d'une pause courte. Cette montée légère indique qu'en dépit de la pause, la phrase continue, que le locuteur n'a pas fini sa pensée. Notez la montée, puis la chute, dans la phrase suivante:

185b. En général, j'aime le cinéma.

Il en va de même si nous continuons notre pensée après le mot *cinéma*. Dans la phrase suivante, nous voyons qu'au lieu d'une chute sur *cinéma*, il y a maintenant une montée, pour signaler que la phrase continue:

185c. En général, j'aime le cinéma, surtout les films dramatiques.

Le lecteur pourra imaginer qu'une seule phrase déclarative peut donc consister en plusieurs groupes rythmiques, chacun marqué par une montée de tonalité à la fin du groupe rythmique et par une chute à la fin de la phrase.

Dans le cas où il y a un accent d'insistance, pourtant, ce modèle changera. Imaginez, par exemple, que nous voulions insister sur le mot *dramatiques* dans la phrase précédente, pour faire un contraste avec les films policiers, d'aventures, d'horreur, etc. Dans ce cas, la chute marquant la finalité de ce groupe sera précédée immédiatement par une montée sur la première syllabe du mot *dramatiques*. On verra donc l'intonation suivante:

185d. En général, j'aime le cinéma, surtout les films dramatiques.

Cette montée inattendue sur la première syllabe, accompagnée d'un renforcement des consonnes initiales, aide encore à mettre ce mot en relief.

Dans d'autres situations, on peut voir une chute au milieu de la phrase déclarative. Cette chute montre le plus souvent une rupture entre deux groupes rythmiques. Avec une pause plus longue ou un changement de sens vient aussi une chute dans l'intonation. Comparez donc la phrase suivante à la précédente:

185e. En général, j'aime le cinéma, mais pas les films de Martin.

Dans cette dernière phrase, la chute sur le mot *cinéma* montre que la première idée est finie; le groupe suivant y est moins lié que dans la phrase précédente et n'est prononcé qu'après une chute de finalité et une pause.

Il en va de même dans les phrases contenant des *incises* ou des *incidents*, parce que ces deux groupes interrompent le reste de la phrase avec des informations accessoires:[9]

186. Ce que je ne comprends pas, dit-il, c'est pourquoi il fait si chaud ici.

187. Mes cousins, et j'en ai beaucoup, habitent tous dans la même ville.

L'incise en 186 et l'incident en 187 sont tous les deux prononcés sur un ton plus bas que le reste de la phrase, et presque plat, pour bien marquer que c'est une interruption de la pensée principale. De plus, ils sont souvent marqués d'une pause plus ou moins longue, avant le reste de la phrase.

3.2.2.2 L'Intonation dans une question absolue

Dans le cas d'une *question absolue*, on constate toujours une montée. Une question totale est une question à laquelle on répond par *oui* ou *non;* cette question peut être marquée par l'intonation toute seule (188a), par une inversion de sujet et de verbe (188b), ou par la particule *est-ce que* (188c). Dans le premier exemple, la seule chose qui distingue la question d'une phrase déclarative est l'intonation; elle doit donc être bien exagérée pour attirer l'attention de l'interlocuteur sur le fait qu'il s'agit d'une question. On note donc une montée prononcée:

188a. Tu as faim?

Cependant, dans les deux autres questions, l'interrogatif est déjà signalé par la structure de la phrase. L'intonation étant redondante ici, la montée (si elle existe) sera beaucoup moins sévère:

188b. As-tu faim?

188c. Est-ce que tu as faim?

Chez certains locuteurs on notera même une petite montée suivie d'une chute de finalité à la fin de ces questions, surtout pour montrer la frustration (*Je répète: as-tu faim?*):

188d. As-tu faim?

188e. Est-ce que tu as faim?

3.2.2.3 L'Intonation dans une question partielle

Il existe aussi en français des *questions partielles,* ainsi nommées parce que la question ne porte que sur une partie de la phrase. Ces questions contiennent normalement un pronom interrogatif. L'intonation la plus souvent entendue dans des questions de ce type comprend une montée sur le pronom interrogatif (qui constitue un groupe rythmique) suivie d'une chute de finalité. Notez bien cette intonation dans les phrases 189a–c, ci-dessous. Dans toutes ces questions, nous savons que quelqu'un s'en va. La question essentielle, c'est *pourquoi, quand,* ou *avec qui,* et c'est donc sur cette partie de la phrase que l'on trouve l'intonation montante:

189a. Pourquoi est-ce qu'il s'en va?

189b. Quand s'en va-t-il?

189c. Avec qui s'en va-t-il?

3.2.2.4 L'Intonation dans une phrase exclamative ou impérative

Les phrases exclamatives suivent le modèle des phrases déclaratives: montée des groupes rythmiques non-finaux, suivie d'une chute de finalité:

190a. Il s'en va!

190b. Tous les soirs, à huit heures, il s'en va!

Les phrases impératives, par contre, connaissent une chute beaucoup plus prononcée. En prononçant une phrase impérative, on commence sur un ton plus haut que normal, et la chute continue tout au long du groupe rythmique:

191. Mange tes légumes!

L'effet de cette chute est donc plus fort que pour une phrase déclarative ou même exclamative. S'il y a plus d'un groupe rythmique dans la phrase impérative, on peut voir la montée non-finale habituelle. Cette montée est néanmoins suivie d'un ton encore plus haut pour marquer le point de départ de l'impératif:

192. Mets tes chaussures et va-t-en!

193. Lève-toi et réponds au téléphone!

Avez-vous compris?

Lisez les phrases suivantes à haute voix, puis marquez la prosodie normale avec une courbe montante ou descendante. N'oublier pas qu'une phrase peut contenir plusieurs courbes d'intonation.

1. Tu travailles ce soir?
2. Il vient souvent me parler.
3. Quand partez-vous?
4. Silence!
5. Pour réussir dans la vie il faut avoir du courage et aussi de la chance.
6. Téléphone-moi ce soir.
7. J'adore les bonbons, surtout ceux au chocolat.
8. Est-ce qu'il arrive avant minuit?
9. Cette fille, pense l'institutrice, ne va jamais me comprendre!
10. Cette fille pense, "L'institutrice ne va jamais me comprendre!"

Chapitre 4 / La Morphologie

4.1 Le Concept *mot*

Dans l'introduction la *morphologie* a été définie comme l'étude de la formation des mots d'une langue. Mais il faut dire que le terme *mot* est vraiment trop flou pour pouvoir servir à une étude linguistique. Les linguistes longtemps ont essayé de définir ce terme, et cela sans grand succès. Le *Petit Robert* donne comme définition "chacun des sons ou groupe de sons correspondant à un sens, entre lesquels se distribue le langage" (*Petit Robert*, 1991). C'est-à-dire qu'un mot est formé de phonèmes et a toujours un *sens;* il est donc une combinaison de forme et de sens. Outre cette définition, le dictionnaire distingue également entre un mot prononcé et un mot écrit. C'est ce dernier qui est normalement compris quand on parle de *mot.* Un mot écrit est la combinaison de lettres représentées ensemble entre deux espaces. Selon cette définition, notre dernière phrase contient treize mots, bien définis par les espaces qui les séparent. Mais considérons maintenant le mot *bienheureux.* Si nous gardons cette définition, nous n'avons qu'un seul mot, or nous savons que ce terme représente la combinaison de *bien + heureux,* regroupant le sens des deux mots. Est-ce donc un ou deux mots? Le terme *parce que* représente le problème inverse; d'après notre définition, ce serait deux *mots,* mais qui fonctionnent ensemble pour représenter un seul sens.

Les mots prononcés présentent encore plus de problèmes, car il n'y a pas d'arrêt entre deux mots d'un même groupe rythmique. L'enchaînement des mots donne l'impression, surtout à un étranger, que chaque groupe rythmique consiste en un seul mot, comme dans l'exemple 195:

195. Comment allez-vous?   [kɔ̃mãtalevu]

Il est impossible pour celui qui ne comprend pas le français de dire où un mot s'arrête et où un autre commence dans la chaîne verbale.

Peut-on vraiment dire que les mots existent? Et si oui, comment les définir? On peut toujours se référer au langage écrit, mais ceci est assez circulaire: n'oublions pas que la langue orale précède toujours sa représentation écrite, donc les conventions graphiques ne prouvent pas l'existence du concept *mot.* Ce terme est tellement commun et accepté depuis tant de siècles qu'il serait difficile de l'éliminer, surtout parmi les non-linguistes. On adopte donc la définition la plus commune de ce terme, c'est-à-dire, celle donnée par les dictionnaires. Étant donné les problèmes mentionnés ci-dessus, pourtant, il n'est pas surprenant que le mot ne soit pas l'unité principale de l'étude de la morphologie. En morphologie, on se réfère plutôt au *morphème*.

4.2 Le Morphème

Le *morphème* (aussi appelé *monème* en français) représente l'unité minimale de sens (tout comme le phonème représente l'unité minimale de son). Un *mot* peut donc être formé d'un ou de plusieurs morphèmes. Considérez, par exemple, le mot *table*. Ce mot ne peut pas être subdivisé en unités de sens plus petites; il s'agit donc d'un seul morphème. Dans ce cas, le morphème et le mot coïncident, et on a ce que l'on appelle un *monème radical*; c'est-à-dire, un mot formé d'un seul morphème (voir la discussion des morphèmes *portemanteaux* et du genre grammatical ci-dessous). Mais en ajoutant le *-s* du pluriel, la situation change. Le mot *tables* (du moins à l'écrit) a maintenant deux sens: celui du meuble lui-même et celui du pluriel. Une analyse morphologique de ce mot permet donc d'identifier deux morphèmes, dans ce cas un radical et une terminaison (ou déclinaison):

196. table/s

Dans un mot comme *chanteuses* (197, ci-dessous), la situation devient encore plus compliquée. On retrouve d'abord le sens verbal *chanter*, qui consiste en un radical *chant-* et une terminaison infinitive *-er,* auquel est ajouté le morphème nominal *-eu(r)* pour communiquer l'idée de la personne qui chante. Ce morpheme *-eu(r)* prend ensuite la forme féminine *-euse* pour montrer que ce n'est pas seulement une personne, mais plus précisément une femme qui chante. Et finalement, on y ajoute le pluriel *-s* pour communiquer qu'il y a plusieurs femmes qui chantent. Ce seul mot a donc cinq morphèmes, chacun apportant une dimension significative unique au mot:

197. chant/

        -er

          -eu(r) /

            -se /

              s = chant/eu/se/s

C'est la combinaison de tous ces morphèmes qui aide à la compréhension du message de son interlocuteur. L'absence d'un de ces morphèmes distincts entraine une interprétation tout à fait différente du message.

Pour établir qu'une unité est vraiment un morphème, il faut que l'on puisse y attribuer un sens spécifique et stable. C'est la présence de cette signification qui distingue, par exemple, un morphème d'une syllabe. Une syllabe est aussi un groupe de phonèmes, mais elle n'a pas nécessairement de sens en soi. Considérons l'exemple:

198. régaler

En français le préfixe *ré-* marque souvent la répétition (*réitérer, réappliquer);* il serait donc tentant de vouloir analyser ce mot comme la combinaison de trois phonèmes: *ré-/gal-/-er.* Mais en examinant le sens de ce mot, il devient clair qu'il n'a pas de sens répétitif et que *-gal-,* tout seul, n'a pas de sens. On est donc forcé d'analyser ce mot comme une combinaison de deux morphèmes: le radical verbal *régal-* suivi de la terminaison infinitive *-er.* La syllabe *ré-* dans ce cas n'a rien à voir avec la répétition, et une analyse qui essaierait de les lier serait fausse. Pour déterminer le nombre de morphèmes dans un mot, il est important de toujours faire attention au sens: le morphème est l'unité minimale de sens et si on ne peut pas attribuer un sens à une suite de phonèmes, il n'y a pas de morphème.

D'un autre côté, ce qui semble être un seul morphème peut en vérité en être deux, puisqu'il apporte deux sens spécifiques. Considérez l'exemple des contractions *au* et *du.* Dans ces deux mots, la préposition et l'article défini ont fusionné jusqu'au point où il est difficile de les identifier séparément. L'article *le* s'est perdu complètement, à cause des changements phonologiques qui ont eu lieu lors de la fusion de ces deux mots. Mais on comprend les deux sens, même si on ne peut plus distinguer clairement les deux morphèmes. Dans ce cas, cela donne lieu à un *morphème portemanteau* (aussi appelé *amalgame* en français); ce sont deux mots qui ont fusionné en une seule forme et pour laquelle on ne retrouve plus les formes originelles. La preuve que se sont deux morphèmes distincts réside dans le fait que dans d'autres situations (au féminin, par exemple) les deux formes sont toujours séparées l'une de l'autre: *à la.*

Il en va différemment de la terminaison *-euses* de *chanteuses* (répété ici comme l'exemple 199). Cette terminaison apporte plusieurs sens: d'abord, le sens nominal *personne qui chante,* deuxièmement le sens du féminin, et troisièmement le sens du pluriel. Il est toujours possible de retrouver ces trois morphèmes distincts, bien que le premier de ces morphèmes ait changé de forme lors du contact avec le second. L'analyse de ce mot montre la progression suivante, où les morphèmes originaux deviennent apparents:

199. chant/er→   chanteur→   chanteuse→   chanteuses
     (verbe + inf.)   (substantif)   (subs. féminin)   (subs. pluriel)

Avez-vous compris?

I. Donnez plusieurs exemples d'un *monème radical.* Justifiez vos choix en montrant qu'il n'y a qu'un seul morphème dans chaque mot. Essayez de trouver des mots de différentes catégories grammaticales (un nom, un adjectif, un adverbe, une préposition, etc.).

_____

_____

_____

II. Déterminez si chacun des mots suivants contient le préfixe négatif ou simplement une syllabe qui y ressemble. Utilisez un dictionnaire si nécessaire.

a. interne
b. immersion
c. intenable
d. imbuvable
e. imperméable
f. imposant
g. incertitude
h. incident
i. incendie
j. inclément

k. inaugurer
l. inauthentique
m. ingénieux
n. illicite
o. illusoire
p. illogique
q. irritant
r. irriguer
s. irrépressible
t. inflammable

4.2.1 Les Morphèmes libres et liés

Après avoir vu ce qu'est un morphème, il reste encore une distinction à faire, cette fois entre un _morphème libre_ et un _morphème lié_. Un morphème libre est un morphème capable d'apparaître seul, sans le support d'un autre morphème. Il peut donc constituer un monème radical. On trouve les morphèmes libres comme tels dans les dictionnaires. Dans les exemples précédents, on a vu deux morphèmes libres: _table_ et _chant(er)_. Un morphème lié a, par contre, besoin d'un autre morphème pour exister; il ne se trouve jamais seul. Les préfixes et les suffixes que l'on a vus plus haut (_ré-, in-, -er, -eur_, etc.) sont tous des morphèmes liés; leur existence dépend toujours d'un morphème libre.

Tous les morphèmes apportent une dimension significative au mot, mais les morphèmes libres ont plus d'autonomie que les morphèmes liés. Il faut noter que les morphèmes libres gardent toujours cette autonomie, même quand ils entrent en combinaison avec d'autres morphèmes. On a analysé, par exemple, le mot _tables_ comme consistant en deux morphèmes: un libre (_table_) et l'autre lié (-_s_). Le fait que le morphème libre est maintenant combiné avec un autre ne change en rien son statut; il est toujours libre, parce qu'il est toujours capable de se présenter seul. Le fait que le radical change quelquefois de forme pendant la dérivation ne modifie pas son statut non plus. Dans *chanteuses,* le radical *chant-* accepte l'addition des suffixes dérivationnels, mais il reste un radical, capable d'apparaître seul, tandis que -*eur* n'apparaîtra jamais seul, dans aucune de ses formes.

4.2.2 L'Allomorphe

Dans l'analyse de la phonologie, on a présenté le phonème comme l'unité minimale de son et l'allophone comme variante d'un phonème. De même, la morphologie réfère à la fois à des morphèmes et à des allomorphes. Le lecteur devinera que l'*allomorphe* est une variante d'un morphème, mais cette fois-ci la variation peut être d'ordre oral ou écrit.

Considérons, par exemple, les mots 200–05:

200.	illettré	[i le tʀe]
201.	immoral	[i mɔ ʀal]
202.	impassible	[ɛ̃ pa sibl(ə)]
203.	inaccessible	[i nak sɛ sibl(ə)]
204.	incroyable	[ɛ̃ kʀwa jabl(ə)]
205.	irréalisable	[i ʀe a li sabl(ə)]

Chacun de ces mots porte un préfixe signifiant la négation, mais il a une forme phonétique et/ou orthographique différente qui dépend surtout de la forme phonétique du radical. On voit donc les variantes phonétiques [il], [im], [in] [ɛ̃], et [ir], à côté des variantes écrites *il-, im-, in-,* et *ir-.* Ce sont tous allomorphes d'un même morphème, puisqu'ils contiennent tous la même signification. Il est apparent que ces variantes sont du type *combinatoire* (aussi appelé *contextuel*) — c'est-à-dire que leur présence est déterminée par le contexte phonétique et que le locuteur n'a donc aucun choix dans leur usage. De plus, ils s'excluent l'un l'autre: là où l'un est possible, les autres ne le sont pas.

Il existe deux autres allomorphes de négation qui sont moins liés phonétiquement et orthographiquement l'un à l'autre, comme on le voit dans les exemples 206 et 207:

206.	mé- (méconnaître)	[me kɔ nɛ tʀə]
207.	mal- (malfaire)	[mal fɛʀ]

Puisque c'est le sens qui compte ici, on dit que ces deux préfixes sont aussi des allomorphes, mais cette fois-ci il s'agit de variantes: les créateurs de ces mots auraient pu former les mots *malconnaître ou *méfaire mais ont choisi l'autre préfixe. Qu'est-ce qui a déterminé ce choix? Était-ce l'étymologie, les influences étrangères, ou le désir d'utiliser une forme savante? Nous ne le saurons peut-être jamais, mais le fait est qu'au moment de créer ces deux mots le locuteur était libre de choisir, et il a choisi *mé-* comme préfixe pour le verbe *connaître* mais *mal-* pour le verbe *faire*. Maintenant que l'expression est figée, on ne peut plus la changer, mais le choix des variantes *mé-* et *mal-* reste libre pour les prochaines créations.

Avez-vous compris?

I. Analysez les mots suivants, en notant les morphèmes libres et liés.

a. voitures	g. traductrices
b. dévaluer	h. danseuse
c. jardiner	i. français
d. rasoir	j. grandir
e. finale	k. incroyablement
f. évier	l. alignement

II. Pour les mots suivants, considérez le contexte phonologique de chaque mot, et puis expliquez le choix des allomorphes *in-*, *im-*, *ir-*, et *il-*. Dans quels contextes est-ce qu'on utilise chacune des variantes?

a. irraisonné	g. incroyable
b. impassible	h. infirmerie
c. indemnité	i. interroger
d. imbuvable	j. imbécile
e. illettré	k. irréel
f. incertitude	l. illégal

Ensuite, pour chacun des mots ci-dessous, donnez la forme écrite et orale avec un préfixe négatif.

a. lisible	e. battable
b. possible	f. légitime
c. guérissable	g. régulier
d. exploré	h. submersible

III. En regardant les mots suivants, déterminez les différents allomorphes signalant la répétition. Donnez la forme orale et écrite de chaque variante.

a. revenir	h. recalcifier
b. réabonner	i. réévaluation
c. réchauffer	j. rembarquer
d. rencaisser	k. rouvrir
e. rentrer	l. remporter
f. reboutonner	m. renchérir
g. remplacer	

Ensuite, dites si les mots suivants contiennent un des allomorphes que vous avez identifiés ci-dessus:

a. réaliser
b. recette
c. réformer
d. récolte
e. renforcer
f. réception

g. refroidir
h. réduction
i. rechercher
j. recommander
k. recommencer

IV. Pour chaque mot ci-dessous, essayez de déterminer si le préfixe négatif est *mal*, *més-*, ou *mé-*. Ensuite, vérifiez ces mots dans un dictionnaire. Combien de mots est-ce que vous avez bien deviné? Est-ce que vous pouvez trouver les règles qui expliquent le choix de ces trois allomorphes?

a. commode
b. contentement
c. dire
d. propre
e. estimer
f. veillance

g. aventure
h. prendre
i. traiter
j. adroit
k. éduqué

4.3 La Morphologie dérivationnelle et flexionnelle

La linguistique distingue deux types de morphologie, selon les effets produits sur la langue. La *morphologie dérivationnelle* a pour objet d'étude la création de nouveaux mots; elle considère donc la combinaison de morphèmes (normalement) pré-existants dans la langue pour changer le sens du radical et, aussi souvent, sa catégorie grammaticale. On a vu comme exemple de dérivation le changement de *chanter* en *chanteur* et de *faire* en *malfaire*.

La *morphologie flexionnelle*, par contre, ne s'intéresse pas à la création de nouveaux mots; elle présente les différentes formes d'un même mot, en s'occupant des catégories grammaticales obligatoires de la langue: le genre et le nombre, par exemple. L'exemple de *chanteuses* comportait donc deux cas de flexion: le féminin *-se* et le pluriel *-s*. Dans le cas de la flexion, il n'y a pas vraiment de changement du sens du radical, mais le locuteur précise quelques informations essentielles à la compréhension. Il y a plusieurs différences entre ces deux opérations, qui seront examinées dans les sections qui suivent.

4.3.1 La Dérivation

La dérivation est une façon (parmi d'autres) de créer de nouveaux mots dans une langue. Elle consiste en l'ajout de préfixes ou de suffixes à des radicaux pour créer de nouvelles significations. La dérivation est donc très productive; c'est à partir de cette opération qu'une langue crée la plupart des nouvelles unités lexicales, et donc qu'elle change et s'accroît au cours des siècles. Il est à noter, cependant, que la dérivation n'est jamais obligatoire; on n'est pas forcé de créer un mot à partir d'un autre. On pourrait souvent utiliser une autre expression pour évoquer la même idée. Pour illustrer cette notion, considérez l'exemple de *chanteur*. On aurait pu s'abstenir de créer ce terme et utiliser l'expression "homme qui chante," mais on a choisi de créer le mot *chanteur,* qui existe comme synonyme de l'expression plus longue.

On appelle donc *mot dérivé* chaque mot qui provient d'un autre mot de la langue. Cela consiste normalement en un radical plus un ou plusieurs autres morphèmes (*chanteur,* par exemple). La dérivation coexiste avec la flexion, qui affecte souvent le même mot et qui est obligatoire.

4.3.1.1 L'Affixation

La dérivation se fait le plus souvent au moyen de l'*affixation,* c'est-à-dire, par la combinaison d'un radical et de *préfixes,* de *suffixes* et, dans quelques langues, d'*infixes.* Ces affixes sont toujours des morphèmes liés et ne peuvent exister que grâce au radical. Ils forment généralement une classe fermée, mais les emprunts aux langues étrangères en ajoutent de nouveaux de temps en temps.

4.3.1.1.1 Les Préfixes

Les préfixes sont des morphèmes liés qui s'ajoutent *devant* le radical. Ces affixes sont toujours d'ordre dérivationnel: en français ils apportent toujours un nouveau sens spécifique au mot mais jamais d'information grammaticale. L'effet des préfixes sur le sens du radical est souvent remarquable; ils peuvent entièrement changer ce sens, comme dans les exemples des préfixes de négation:

208. lettré — illettré
209. accessible — inaccessible.

Dans d'autres circonstances, les préfixes ne contredisent pas le sens du radical, mais y ajoutent une nouvelle signification: la répétition, par exemple:

210. ouvrir — rouvrir

ou la réduction:

211. tendre — détendre

D'autre part, les préfixes ne changent jamais la classe grammaticale du radical. En français, cette classe est déterminée par la terminaison du mot, et les préfixes n'ont donc aucun effet.

L'Appendice A contient une liste des préfixes les plus importants en français, tirés du *Petit Robert*. Le lecteur notera que quelques-uns de ces préfixes ont deux sens, ce qui s'explique par deux étymologies distinctes. Par exemple, selon le *Petit Robert* le préfixe *a-*, provenant du latin, signifie la direction ou le but à atteindre:

212. baisser/abaisser

et admet plusieurs variantes:

213. ac- croître/accroître
214. at- tendrir/attendrir

Ce même préfixe, provenant du grec, signifie également la négation ou la privation:

215. septique/aseptique

Dans cet usage, il utilise l'allomorphe *an-*

216. aérobie/anaérobie

Dans le cas de ces préfixes à double sens, l'étudiant en français doit d'abord se renseigner sur le sens du mot dérivé, avant de pouvoir déterminer le sens du préfixe en question.

Le lecteur notera aussi que quelques-uns de ces préfixes sont plus *disponibles* que d'autres. On dit qu'un affixe est *disponible* (ou *vivace*) quand il s'attache à plusieurs radicaux différents pour produire une quantité importante de nouveaux mots. Le préfixe *re-* et ses allomorphes sont particulièrement disponibles; ils peuvent s'attacher à presque n'importe quel verbe pour signifier la répétition de cette action. Mais les affixes ne gardent pas toujours leur disponibilité; plusieurs, empruntés au grec, ont servi surtout à la création d'une terminologie scientifique et médicale. Hors de cet usage, cependant, on s'en sert peu. Toutefois, certains affixes qui avaient été abandonnés aux dix-huitième et dix-neuvième siècles s'emploient de nouveau au vingtième siècle, surtout dans le champs de la technologie. Au cours de la période classique, la langue résistait à l'introduction des néologismes, mais elle le permet plus facilement aujourd'hui à cause des besoins importants. Cependant, elle ne crée pas de mots de façon pêle-mêle: elle se sert toujours de morphèmes existants déjà en français ou empruntés à une autre langue (l'anglais, par exemple).

La liste de préfixes de l'Appendice A n'est pas exhaustive; elle sert simplement d'exemple pour les différents préfixes qui peuvent se combiner avec des radicaux. Le lecteur notera que quelques-uns de ces préfixes sont de nature savante et ne s'emploient que dans des termes techniques. D'autres sont d'avantage disponibles et sont employés dans la langue de tous les jours. Il n'est pas utile d'apprendre cette liste par cœur, mais elle peut être utilisée comme référence pour comprendre la création et l'évolution de la langue française.

Dans son inscription sous le mot *préfixe,* le *Petit Robert* mentionne aussi ce qu'il appelle les "préfixes séparables": *avant-, contre-, entre-, plus-, sous-, sur-, demi-, extra-,* etc., c'est-à-dire, des préfixes qui se séparent du radical par un trait d'union. Mais selon notre définition, ces morphèmes ne sont pas qualifiés de préfixes puisqu'ils représentent des morphèmes libres et donc necéssairement non-liés. Le seul de ces préfixes séparables qui constitue un vrai préfixe, selon la définition donnée ci-dessus, est *semi-,* qui est toujours un morphème lié. On appelle les mots du type *avant-garde, demi-heure,* etc., des *mots composés* plutôt que des dérivations par affixation. La composition est une autre façon de créer de nouveaux mots; il s'agit de la rencontre de deux (ou plusieurs) morphèmes libres. (On considéra ce sujet dans la section 4.3.1.3.)

4.3.1.1.2 Les Infixes

Dans plusieurs langues, surtout les langues asiatiques et amérindiennes, il existe un autre type d'affixe connu sous le nom d'*infixe.* Comme son nom indique, cet affixe s'insère au milieu d'un radical, en y apportant un sens. Bien que les langues européennes ne connaissent pas ce type de morphème, j'ai cru bon de l'inclure ici pour rendre aussi complète que possible la discussion des affixes. Le bantoc-igarot, une langue parlée dans les Îles Philippines, fournit un exemple d'infixation. Dans cette langue, le verbe *tengao* veut dire *fêter un jour férié.* En y ajoutant l'infixe pour le futur–*um-,* et le suffixe qui indique la première personne du singulier (-*ak*), on arrive à la forme *tumengao-ak,* qui veut dire, en français, *je fêterai* (Akmajian, Demers, et Harnish, 1984, 59).

Il serait tentant d'analyser le -*iss-* des verbes français de la deuxième conjugaison comme un infixe:

217. nous finissons
218. vous finissez

Cependant, la plupart des linguistes français (cf. Riegel, Pellat, et Rioul, 1994; ou Gardes-Tamine, 2002, par exemple) préfèrent une autre analyse, qui voit dans le radical de ces verbes une consonne latente:

219. /finiS/

Comme toute consonne latente, cette consonne disparaîtrait en position finale ou devant une autre consonne mais devient stable devant une voyelle:

220a. je finis   [ʒə fi ni]
220b. il finit   [il fi ni]

220c. nous finissons   [nu fi ni sõ]

Ceci étant le seul exemple possible d'infixation en français, on maintient que l'infixation n'existe pas dans cette langue (ni dans les autres langues européennes).

4.3.1.1.3 Les Suffixes

Les suffixes sont des affixes qui s'attachent *après* le radical. Par opposition aux préfixes, les suffixes peuvent être d'ordre dérivationnel ou flexionnel et servent souvent à changer la classe grammaticale aussi bien que le sens du mot. Dans l'exemple déjà mentionné, *chanteuses,* on trouve un seul suffixe dérivationnel: *-eur.* Les deux autres apportent des informations sur le nombre et le genre et constituent donc des suffixes flexionnels. Dans cette section, on ne parle que des suffixes dérivationnels, c'est-à-dire, de ceux qui servent à créer un nouveau mot et non pas de ceux qui apportent une information grammaticale obligatoire.

Les suffixes dérivationnels sont classés selon l'effet qu'ils produisent sur le radical. Un suffixe nominal sert à créer un nom, un suffixe verbal crée un verbe, etc. Il y a plusieurs suffixes dans chacune de ces catégories; le choix du suffixe dépend de la classe grammaticale du radical, aussi bien que de sa forme phonétique, et quelquefois, de ses qualités esthétiques. Il est donc difficile de prédire exactement quel suffixe sera utilisé dans la création d'un nouveau mot, surtout pour les étrangers, qui n'ont pas l'intuition qu'ont les locuteurs maternels d'une langue. Mais même pour les francophones, le choix n'est pas toujours évident. Il y a des exemples de mots (des substantifs surtout), qui sont arrivés dans la langue avec deux formes distinctes. Pour une raison ou une autre, on a adopté une de ces formes, et l'autre se trouve beaucoup plus rarement (par exemple, on préfère *calculatrice, calculateur* étant presque disparu de nos jours). Le lecteur notera aussi quelquefois des changements au radical, selon la présence ou l'absence de certains suffixes, pour des raisons principalement phonologiques et étymologiques. Par exemple, dans le substantif *solitude* et l'adjectif *solitaire,* on trouve le radical *sol-,* qui prend la forme *seul* (un allomorphe) dans l'adjectif monosyllabique. Cela ne change en rien la signification du radical.

Quelques-uns des suffixes les plus disponibles en français (actuellement ou historiquement), tel qu'ils sont donnés par le *Petit Robert,* sont cités dans l'Appendice B, avec une indication de la classe grammaticale à laquelle ces suffixes peuvent s'attacher. Il y a quelques répétitions de suffixes dans cette répartition (ainsi le suffixe adjectival *-eux* peut s'attacher soit à un verbe, soit à un substantif), mais cette répétition est assez rare. Il faut noter que beaucoup de substantifs (*un Français, le français*) peuvent aussi être employés comme adjectifs (*un film français*). Ce qui paraît être une répétition du même suffixe (*-ais*) est plutôt un usage double du même mot. Ces suffixes figurent donc sur les deux listes, par soucis d'être aussi complet que possible, mais on ne peut pas les considérer comme des suffixes distincts. Comme pour la liste des préfixes, le but n'est pas que le lecteur apprenne la liste des suffixes par cœur, mais qu'il comprenne mieux la création et l'évolution de la langue française. Cette liste n'est certainement pas exhaustive.

4.3.1.1.4 Le Suffixe adverbial

Il n'y a qu'un seul suffixe adverbial en français: -*ment*. Ce suffixe s'ajoute toujours à un adjectif, qui est normalement au féminin. Cependant, le suffixe féminin est ici ce que l'on appelle un *morphème vide* — il n'apporte aucune information essentielle à la compréhension: les adverbes ont pour fonction de qualifier les verbes, les adjectifs, et d'autres adverbes, et n'ont pas de genre. Mais de nos jours, on ne trouve nulle part dans *lentement* l'idée du féminin. Ce suffixe féminin existe tout simplement pour des raisons grammaticales existantes en latin mais perdues en français moderne. Ceci est démontré aussi par les adjectifs qui se terminent par une voyelle — ces adjectifs restent normalement au masculin lors de la formation de l'adverbe, comme dans le numéro 221:

221. infini: infiniment

Pour d'autres adverbes dits irréguliers (qui se terminent en -*emment* ou -*amment*), ce marqueur du féminin manque aussi, mais nous avons toujours la même signification:

222. patient: patiemment
223. élégant: élégamment

Il existe aussi d'autres adverbes qui ne sont pas dérivés: *très, vite,* etc., et qui ne portent ni le -*e* de l'adjectif féminin, ni le suffixe adverbial, mais qui modifient tout de même le sens exprimé par le verbe, l'adjectif, ou l'adverbe. Tous ces adverbes montrent que l'ajout du -*e* du féminin ne se fait pas pour des raisons significatives et ne doit pas être considéré dans l'analyse morphologique des adverbes.

4.3.1.2 La Dérivation sans affixation

Il existe aussi en français quelques cas de dérivation qui se font sans aucune affixation. Dans ce cas, le mot en question change de sens et de classe grammaticale (et donc d'usage) sans l'aide d'un affixe quelconque. Quelques linguistes réfèrent à ce phénomène par le terme *dérivation impropre*. Mais ce terme suggère que ce type de dérivation est incorrect, et comme il n'y a rien d'incorrect dans la dérivation sans affixation, on évite ce terme en général. La dérivation sans affixation se fait le plus fréquemment par l'addition d'un article au mot en question et a pour effet de changer la classe grammaticale de ce mot, comme on le voit dans les exemples ci-dessous:

224. un infinitif: pouvoir devient donc le pouvoir, devoir donne le(s) devoir(s);

225. un adjectif: rouge devient le rouge pour parler de toute la catégorie de cette couleur; un homme sourd-muet devient un sourd-muet;

226. une préposition: le pour et le contre;

227. un pronom: dans la psychanalyse de Freud, on parle du moi;

228. un nom propre: le docteur Guillotin a inventé *la guillotine;* le trésorier général de Louis XV, Étienne de Silhouette, a tellement appauvri le peuple par ses taxes qu'il n'en restait que des spectres, nommés ensuite des *silhouettes;*

229. un participe passé ou présent, devenu d'abord adjectif et ensuite nom: un homme qui a été condamné à mort est souvent appelé un condamné; une personne promise en mariage est appelé le/la fiancé(e); les corps résistants pendant les guerres sont connus comme les résistants;

230. un adverbe: le bien et le mal;

232. une phrase entière: Cette personne a un je ne sais quoi.

Les substantifs peuvent aussi changer de classe grammaticale; ce changement est souvent marqué par un changement de position dans la phrase. Quelques noms de fleurs et d'aliments sont donc devenus aussi adjectifs de couleur:

233. violet(te), rose, orange, marron

Les grammariens notent que la qualité spéciale des adjectifs dérivant d'aliments est maintenue et qu'ils restent donc invariables. Le français actuel, par contre, commence à admettre la forme plurielle *oranges,* en analogie avec d'autres adjectifs réguliers. L'adjectif *violet(te)* fournit aussi l'exemple intéressant d'une formation régressive: le substantif *violette* ("petite fleur"–diminutif du latin *viola*) est apparu en français au douzième siècle. Ce n'est qu'au treizième siècle que l'adjectif français *violette* est apparu et que l'on en a dérivé la forme masculine (*violet*), par analogie avec d'autres adjectifs ayant une phonologie semblable: *secret/secrète, discret/discrète.*

Avez-vous compris?

I. Créez des mots dérivés, au moyen de la préfixation, en partant des radicaux donnés. Essayez de trouver des réponses originales. Vérifiez vos créations dans un dictionnaire pour être certain qu'elles existent.

a. gramme

b. porter

c. centrique

d. patriote

e. frère

f. biologie

g. démocratique
h. heureux
i. paraître
j. mettre

k. mensuel
l. battre
m. mètre
n. sphère

II. Créez des mots dérivés, au moyen de la suffixation, en partant des radicaux suivants.

a. couper
b. jour
c. maison
d. jardin
e. Mexique
f. France
g. fiction
h. jaune
i. blanc
j. noir
k. large

l. rare
m. manger
n. danser
o. finir
p. vendre
q. composer
r. calculer
s. argent
t. déterminer
u. argument
v. cent

III. Formez un adverbe à partir de chaque adjectif donné ci-dessous. Ensuite, faites une analyse morphologique de chaque adverbe, en notant les morphèmes libres, liés, et vides.

a. indépendant
b. joli
c. passionné
d. silencieux
e. large

f. grand
g. honnête
h. intelligent
i. ambitieux

IV. Donnez deux exemples d'adverbes qui ne sont pas dérivés, autres que les exemples donnés ci-dessus dans le texte.

V. Donnez quatre exemples de dérivation sans affixation, autres que les exemples donnés ci-dessus dans le texte.

4.3.1.3 La Composition

La *composition* représente une autre façon de créer de nouveaux mots dans la langue. Contrairement à la dérivation par affixation, la composition implique la combinaison de deux radicaux, c'est-à-dire, de deux morphèmes libres. La composition joint ces morphèmes libres pour créer un mot (ou une expression) avec une signification différente des mots d'origine. Une *belle-mère* n'est donc pas une mère qui est belle; cette expression composée prend un sens spécifique qui n'est pas représenté (normalement) par d'autres mots dans la langue.

En français, les mots composés tendent à garder leur autonomie, au moins du point de vue graphique. Tandis qu'en anglais et en allemand les compositions s'écrivent souvent comme un seul mot (*blackboard,* par exemple), en français ils s'écrivent plutôt comme des mots séparés (voir l'exemple 234) ou joints d'un trait d'union (235):

234. navette spatiale
235. belle-mère

Le lecteur notera bien qu'en français on utilise le terme *mot composé* même pour les expressions plus longues lorsqu'elles se combinent pour créer un sens spécifique, comme dans les numéros 236 et 237:

236. pomme de terre
237. arc-en-ciel

Ceci crée encore des problèmes pour notre définition de *mot* (voir ci-dessus). Est-ce que *pomme de terre* représente un mot ou trois? Du point de vue sens, ce n'est qu'un seul mot, mais du point de vue graphique, il y en a trois. Pour ceux qui apprennent le français, cette autonomie peut aussi être un peu trompeuse: on a tendance à lire littéralement les mots individuels, mais il faut comprendre les mots et expressions composés comme une seule unité, avec un sens individuel. De plus, ce sens est souvent difficile à deviner. Les *pommes de terre* ne ressemblent pas à des *pommes* et ne sont pas de la même classe biologique non plus; un *pourboire* n'est pas quelque chose servant à boire, mais doit son origine à l'argent donné au serveur pour lui permettre l'achat d'une boisson après avoir accompli le travail. C'est un côté très figuratif de la langue et l'expérience compte nécessairement pour beaucoup dans la compréhension des mots composés.

La composition est actuellement, pour de nombreuses raisons, très vivace en français. D'abord, il existe beaucoup de nouvelles inventions scientifiques et technologiques pour lesquelles il faut une terminologie spécialisée. Le vocabulaire scientifique en français date surtout de la période classique et ne dispose pas toujours des radicaux et des affixes nécessaires pour exprimer les notions des nouvelles technologies. Puisque les affixes constituent une classe fermée dans la langue, on ne peut pas en créer de nouveau. On se voit donc forcé de combiner des mots pleins, déjà existants, pour former ce lexique. De ces compositions, on voit des créations telles que:

238. lecteur de CD
239. machine à écrire

240. chaîne stéréo

Une deuxième explication pour la croissance récente de la composition est qu'un bon nombre de ces inventions viennent d'autres pays, où elles ont déjà un nom. Ce nom consiste souvent en un mot composé, qui, s'il est simplement traduit en français, crée une nouvelle composition en français aussi. C'est le cas des mots suivants, qui ont été traduits de l'anglais:

241. lecteur multi-CD
242. traitement de texte

Cela ne veut pas dire que tout néologisme en français résulte de la composition. Il y a aussi beaucoup de nouveaux termes simples (*pédaleur, minuteur, manette,* etc.), mais la composition semble de plus en plus populaire.

En français, la composition peut se faire à partir de plusieurs classes grammaticales. On trouve surtout les combinaisons suivantes:

243. Substantif + substantif:
     a. point-virgule
     b. station-service
244. Substantif + adjectif ou vice versa:
     a. belle-mère
     b. navette spatiale
245. Substantif + préposition + substantif:
     a. pomme de terre
     b. arc-en-ciel
246. Adverbe + substantif:
     a. outre-mer
247. Préposition + substantif:
     a. sans-abris
     b. entre deux guerres
248. Verbe + substantif:
     a. lèche-vitrine
     b. réveil-matin
249. Verbe + préposition + substantif:
     a. coucher de soleil
     b. lever du jour
250. Verbe + verbe:
     a. savoir-faire
     b. laisser-aller
251. Préposition + verbe:
     a. pourboire

Le lecteur aura noté que ce qui est commun à la plupart de ces compositions est la présence d'un substantif. La composition sert surtout à la création de nouveaux noms, et il y en a donc un dans presque toutes les formes composées. Les deux exceptions sont les compositions rares entre deux verbes (*savoir-faire*) ou entre un verbe et une préposition (*pourboire*), qui produisent, néanmoins, des substantifs.

Avez-vous compris?

I. Voici plusieurs nouveaux termes composés technologiques tirés du catalogue *La Redoute*. Essayez d'expliquer le sens de chacun. Pour vous aider, les mots sont groupés par thème.

le téléphone:
- a. téléphone interrogeable à distance
- b. téléphone mains libres
- c. touche rappel
- d. touche SOS

l'ordinateur:
- a. machine à traitement de textes portable
- b. microprocesseurs
- c. multi-prises anti-foudre

pour la cuisine:
- a. aspirateur-balai
- b. aspirateur-laveur
- c. nettoyeur vapeur
- d. grille tous pains
- e. four-gril
- f. range-légumes
- g. range-bouteilles
- h. cache-plaques
- i. machine à pain

pour l'exercices physique:
- a. tapis de jogging électronique
- b. banc de musculation
- c. pédaleur-rameur

II. Pour les numéros 1–5, ajoutez l'adjectif ou l'adverbe donné à chaque mot composé. Pour les numéros 6–10, essayez de remplacer la partie soulignée par un synonyme. Quelles généralisations pouvez-vous faire concernant les mots composés, d'après ce que vous découvrez en faisant ces exercices?

1. une belle-mère   (jolie)
2. un appareil-photo   (automatique)
3. le savoir-faire   (bon/bien)
4. un sans-abris   (permanent)

5. entre deux guerres   (mondiales)
6. une *pomme* de terre
7. une pomme de *terre*
8. *laisser*-faire
9. lèche-*vitrines*
10. outre-*mer*

4.4 La Flexion

Comme noté auparavant, le terme *flexion* se réfère aux marqueurs grammaticaux obligatoires employés par une langue. Ces catégories obligatoires diffèrent d'une langue à l'autre; en latin, par exemple, on marquait toujours le cas des noms et des adjectifs avec des suffixes pour montrer leur rôle grammatical dans une phrase. Il y avait un marqueur différent selon qu'un nom était le sujet de la phrase, le complément d'objet direct ou indirect, l'objet d'une préposition, etc. Ces marqueurs de cas n'existent plus en français, mais la langue a gardé deux autres catégories grammaticales pour les noms: le genre et le nombre. Les adjectifs marquent aussi ces mêmes catégories, tandis que les verbes marquent le nombre (mais pas le genre), la personne, le temps, l'aspect, la voie, et le mode. L'étude des flexions s'intéresse donc aux significations grammaticales apportées par les différents marqueurs qui se trouvent sur les noms, les adjectives, et les verbes.

4.4.1 La Flexion nominale

En français, les noms portent toujours la marque du genre et du nombre. Ces deux catégories sont obligatoires, mais elles sont marquées différemment dans la langue orale et dans la langue écrite. La langue écrite a normalement plus de marques explicites que la langue orale, où les consonnes finales se prononcent rarement.

4.4.1.1 Le Genre grammatical

Le genre grammatical est une catégorie *inhérente* au nom; c'est-à-dire qu'il est normalement déterminé par la structure du nom, et n'est donc pas laissé au choix du locuteur. Chaque nom, qu'il soit animé ou inanimé, a un genre. Pour les êtres animés, il y a souvent une coïncidence entre le genre grammatical et le genre biologique. Pour les êtres humains et les animaux domestiques, il existe le plus souvent une forme au masculin pour les hommes et les mâles et une autre au féminin pour les femmes et les femelles. Cela peut se faire par deux formes distinctes du même nom, comme dans les numéros 252 et 253, ou par deux noms différents, comme dans les exemples 254–257:

252. un étudiant/une étudiante
253. un chien/une chienne

254. un homme/une femme
255. un fils/une fille
256. un coq/une poule
257. un cheval/une jument

Pour les animaux non-domestiques, par contre, dont le comportement n'a pas une grande importance dans la vie des locuteurs, cette différenciation de sexe existe rarement; on dit toujours:

258. une grenouille
259. un crocodile
260. une abeille
261. un zèbre

Si le sexe est vraiment important (ce qui n'est pas normalement le cas), on est obligé d'ajouter les termes *mâle* ou *femelle* pour le différencier:

258b. une grenouille mâle
259b. un crocodile femelle

On dit que le genre est inhérent parce que, dans tous ces cas, c'est la langue qui le détermine. Même dans les cas où il y a une coïncidence entre genre et sexe, le genre est normalement déterminé par la langue (et surtout par la terminaison phonologique). *Grenouille* et *abeille* sont donc toujours féminins, mais *tigre* et *crocodile* sont masculins.

Il n'y a qu'une situation où le choix du genre n'est pas prédéterminé: c'est le cas des *noms épicènes*. Les noms épicènes ont une seule forme pour le masculin et le féminin; la différence de genre n'est marquée que par les déterminatifs. Ces noms ont la même signification de base mais peuvent être masculins ou féminins, sans changement au radical. Le locuteur peut donc choisir entre masculin et féminin, selon le sens qu'il veut transmettre:

262. un Belge/une Belge
263. un enfant/une enfant
264. un dentiste/une dentiste

Il existe d'autres mots qui ne se distinguent que par leur genre grammatical; ils ont des sens différents et ne sont pas des épicènes. Dans les numéros 265 et 266, il s'agit de deux radicaux différents, dont le genre est inhérent:

265a. le poêle (utilisé pour chauffer la maison)
265b. la poêle (utilisé pour faire frire les pommes de terre)
266a. le livre (manuscrit publié)
266b. la livre (unité de mesure anglaise/monnaie anglaise)

Le choix de genre pour ces mots est entièrement déterminé par le sens que l'on veut donner; le locuteur n'y est pour rien. Il faut bien distinguer les homophones comme ceux-ci, qui ont des significations différentes, des noms épicènes, qui ont le même sens, et où le locuteur peut alors choisir le genre.

Les êtres humains et les animaux domestiques à part, le genre grammatical n'a normalement rien à voir avec le genre biologique (le sexe). Comment est-ce que cette catégorie est déterminée? Plusieurs manuels de français nous laissent entendre que c'est le déterminatif (les articles, les adjectifs possessifs et démonstratifs, etc.) qui détermine le genre, mais cette analyse est fausse. Le déterminatif *marque* normalement le genre, mais ne le détermine pas. La preuve de cela, s'il en faut une, c'est que le genre d'un nom ne change pas même quand le déterminant n'est plus présent, ou quand il ne montre pas clairement le genre, comme dans les séries suivantes:

267a. la ville
267b. en ville
267c. les villes
268a. une amie
268b. mon amie
268c. des amies

Ville et *amie* restent féminins dans toutes ces expressions, parce que le genre est inhérent aux noms, et non pas parce qu'il est marqué par le déterminant. C'est plutôt la phonologie du nom lui-même qui détermine s'il est masculin ou féminin. A partir des années soixante, des chercheurs canadiens (Tucker, Lambert, et Rigault, 1969) ont étudié la coïncidence entre la terminaison phonologique d'un nom et son genre. Ils ont pu démontrer que c'est la terminaison du nom qui est responsable du genre dans la majorité des cas. Par exemple, Tucker et ses collègues ont démontré que la terminaison -*age* est masculine dans 99.2% des cas. Cette terminaison inclut les suffixes comme dans les numéros 269a–c, mais elle est encore plus globale, comme on voit dans les mots 270a–b, qui n'ont pas de suffixe. Dans ces derniers cas, c'est la terminaison qui fait partie du radical même qui détermine le genre:

269a. le dressage
269b. le pilotage
269c. le moulage
270a. un âge
270b. un sage

Tucker et ses collègues ont établi une liste de terminaisons masculines et féminines, dont je note les plus régulières, ainsi que leur pourcentage d'occurrence (cf. Tucker, Lambert, et Rigault, 1977, pour la liste complète). Parmi les irrégularités, il

Tableau 4.1.   Liste des terminaisons masculines et féminines

Terminaisons	Degré d'occurrence (%)
masculines	
[ism] (pessimisme, absolutisme)	100.0
[tœʀ] (ventilateur, calculateur)	99.0
[aʒ] (pilotage, moulage)	99.2
[ʀo] (bureau, croc)	99.0
[ɔm] (homme, calcium)	98.2
[je] (escalier, chocolatier)	98.0
féminines	
[œz] (chanteuse, emballeuse)	100.0
[sjõ] (nation, natation)	99.98
[it] (calcite, hydrolithe)	98.8
[tyʀ] (filature, ossature)	98.2
[ʒ] (biologie, psychologie)	98.0
[ãs] (indépendance, décence)	97.3

s'agit souvent de noms empruntés à d'autres langues, aussi bien que de noms qui ont changé de forme phonétique et/ou orthographique après que leurs genres se sont fixés. Par exemple, le mot *bastion* (m.) semble être une exception à la règle, la terminaison [tjõ] étant normalement un marqueur féminin. Mais si l'on regarde l'étymologie de ce mot, on découvre qu'à l'origine il s'écrivait *bastillon* et qu'il ne constitue donc pas vraiment une exception—selon Tucker et ses collègues [ijõ] est un marqueur typique du masculin (1977, 61). Les changements orthographiques et phonétiques du mot sont venus bien après que son genre a été déterminé.

On devrait, cependant, souligner que le genre reste dans l'ensemble un sujet inconscient pour les locuteurs francophones. Le locuteur typique (qui n'a pas étudié la linguistique ou n'est pas professeur de langue) ignore probablement cette coïncidence entre genre et terminaison phonologique. Il a peut-être remarqué que les noms qui riment ont souvent le même genre, mais il ne sait pas nécessairement que c'est justement à cause de cette terminaison qu'ils ont ce genre spécifique. Beaucoup de locuteurs attribuent correctement le genre grammatical mais ignorent le rôle de celui-ci dans leur propre langue. Ils savent que les éénoms sont masculins ou féminins (ou neutres, dans certaines langues), sans savoir pourquoi. Ceci souligne les propriétés surtout inconscientes de la langue; on l'apprend en bas âge, sans se demander pourquoi on fait telle ou telle chose.

4.4.1.1.1 Le Genre dans la structure profonde

Puisque le genre est une catégorie inhérente au nom, il n'est pas du tout surprenant qu'il soit représenté dans la structure profonde du mot. En fait, c'est justement cette représentation qui explique les différences phonétiques entre quelques noms qui présentent deux formes: une forme masculine et une autre féminine. Prenons comme exemple 271:

271. étudiant /étudiante

On dit que la forme phonologique sous-jacente de ce nom est /e ty djāT/. (Le lecteur se souviendra que c'est le même radical que celui qui a été proposé dans le chapitre concernant la phonologie.) Maintenant, on ajoute des marqueurs de genre à cette forme. Pour le féminin, on choisit comme marqueur un E latent: /e ty djāT.E/. Ce marqueur est ajouté en transcription phonémique après le nom, séparé par un point, pour montrer qu'il ne fait pas partie du nom lui-même, mais que c'est une catégorie obligatoire qui s'ajoute au nom. L'effet d'un E latent est de rendre stable la consonne latente qui le précède; nous attestons bien [e ty djāt] comme la prononciation de surface de ce mot.

Pour le masculin, par contre, on utilise comme marqueur un o. Ceci veut dire que le marqueur n'a pas de représentation concrète. Ce marqueur n'a aucun effet sur les consonnes latentes qui le précèdent, donc la forme de surface de /e ty djāT.o/ reste [e ty djā]. Le zéro ici a un sens abstrait: il signale le masculin et est en opposition avec le féminin, E. Puisque le genre est une catégorie obligatoire en français, il faut que chaque nom soit marqué de l'une ou l'autre de ces deux marques. Examinons les représentations sous-jacente et de surface des mots suivants:

272.	maison	/mɛ zõ. E/	[mɛ zõ]
273.	terminaison	/tɛr mi ne zõ. E/	[tɛr mi nɛ zõ]
274.	limonade	/li mɔ nad. E/	[li mɔ nad]
275.	légume	/le gym. o/	[le gym]
276.	bureau	/by ʀo. o/	[by ʀo]

Le lecteur notera que les affixes dérivationnels se distinguent des affixes flexionnels dans la représentation sous-jacente: les premiers font partie du radical lui-même, tandis que les seconds viennent s'ajouter après le nom. Nous trouvons donc toujours les affixes de flexion à la fin, et séparables du reste du mot.

4.4.1.1.2 Les Déterminants

Les déterminants sont souvent analysés commes des marqueurs de genre, et il est vrai qu'ils le marquent de façon régulière et concrète. En fait, à part la phonologie, il n'y a souvent que les déterminants qui montrent le genre d'un nom, mais leur rôle est encore plus global. Il existe plusieurs déterminants différents en français, chacun avec un sens spécifique. (Voir le tableau 4.2 pour les formes et fonctions de ces déterminants singuliers en français, aussi bien dans la langue écrite que dans la langue orale.) Le lecteur notera que tous ces déterminants font une distinction de genre dans la langue écrite et que la plupart d'entre eux le font aussi dans la

Tableau 4.2. Forme et fonction des déterminants au singulier

Type	Forme écrite	Forme orale	Fonction	Marqueur de genre clair
Article				
défini	le / la / l'	[lə] / [la] / [l]	spécifier	devant une consonne
indéfini	un / une	[œ̃] / [yn]	introduire	toujours
partitif	du / de la / de l'	[dy] / [də la] / [də l]	indiquer partie	devant une consonne
Adjectif				
possessif	mon / ma	[mõ] / [ma]	indiquer possession	devant une consonne
interrogatif	quel / quelle	[kɛl]	interroger	toujours àl'écrit, jamais à l'oral
démonstratif	ce / cette / cet	[sə / [sɛt]	montrer	devant une consonne

langue orale, surtout devant une consonne. Devant une voyelle, par contre, cette distinction est le plus souvent neutralisée: *le* et *la* deviennent tous les deux *l'*, *ma* prend la forme *mon* devant une voyelle, etc.[1] Ce système est donc assez imparfait comme marqueur de genre, en particulier pour la langue parlée.

Il est tentant de proposer que ces déterminants sont devenus des affixes flexionnels de genre en français, puisque c'est le déterminant qui porte le plus souvent la marque du genre. Par ailleurs, ces déterminants sont devenus de plus en plus obligatoires dans la langue. C'est exactement ce que l'on s'attendrait à observer s'ils étaient des affixes flexionnels. Cette analyse est tentante, mais elle n'est pas juste. D'abord, on peut toujours trouver des cas où le déterminant est absent, ce qui ne serait pas possible s'il était un affixe flexionnel. Considérons, par exemple, des propositions avec la préposition *sans:*

277. Il est venu sans argent.

ou au négatif:

278. Il n'a ni voiture ni bicyclette.

Dans ces deux cas, l'article ne peut être utilisé, mais le genre des noms, qualité inhérente, est maintenu, comme on voit à l'aide d'un adjectif:

279. Il n'a aucune voiture.

De plus, tandis que les affixes sont liés directement au nom, les déterminants peuvent toujours être séparés par des adjectifs:

280. J'ai acheté une jolie petite nouvelle maison.

Il faut dire que les déterminants singuliers sont des marqueurs de genre, mais ils ne sont pas des affixes flexionnels. De plus, le fait que tous ces déterminants différents apportent un sens spécifique à la phrase suggère qu'ils ne deviendront jamais de simples affixes de flexion mais maintiendront toujours une certaine autonomie.

Avez-vous compris?

I. Donnez les formes sous-jacente et superficielle des noms suivants. N'oubliez pas la flexion de genre dans la forme sous-jacente.

a. avocat	g. cabine
b. avocate	h. peinture
c. Français	i. Danoise
d. Française	j. Allemande
e. canapé	k. calendrier
f. téléviseur	l. enfant

4.4.1.2 Le Nombre

Tandis que le genre est une catégorie inhérente aux noms, le nombre est plutôt une catégorie *non-permanente;* c'est-à-dire que le locuteur a généralement le choix du singulier ou du pluriel quand il emploie un substantif. Quand on parle, on choisit, d'après le sens que l'on veut communiquer, le nombre du nom: c'est donc le locuteur qui détermine le nombre, et non pas quelque caractéristique inhérente. Il y a quand même quelques noms qui n'ont pas normalement de pluriel (qui sont singuliers de façon inhérente), comme on voit dans les exemples 281 et 282:

281. la justice
282. le deuil

De la même façon, il y a des substantifs qui n'ont pas de singulier, qui s'emploient toujours au pluriel, et qui sont donc intrinsèquement pluriels:

283. les mœurs
284. les obsèques

Ces noms représentent quand même une minorité parmi tous les noms de la langue.

De plus, il y a aussi des noms qui existent normalement au singulier et que l'on ne peut pas compter. Ce noms *non-comptables* exigent normalement un article partitif:

285. du sable
286. de la farine

L'expression *du sucre* (qui montre la quantité) contraste avec le singulier *le sucre*, qui désigne le concept plutôt qu'un vrai singulier. Il existe aussi des pluriels pour quelques-uns de ces noms non-comptables, mais qui sont rarement employés. L'expression *les sucres* désigne tous les différents types de sucre (sucre de betterave, sucre de canne, sucre raffiné, sucre cristallisé, sucre semoule, etc.) mais n'est utilisée que par les épiciers, les livres de cuisine, ou les marchands de sucre. En général, donc, on dit que le mot *sucre* est un nom non-comptable.

En français, on distingue seulement entre le *singulier* et le *pluriel,* mais d'autres langues connaissent aussi d'autres nombres. Par exemple, quelques langues amérindiennes connaissent un *duel* qui est utilisé pour les choses qui se trouvent normalement en paires: les yeux, les bras, les jambes, etc. La conception de nombre est donc un caractère sémantique de la langue et varie légèrement d'une langue à l'autre.

En français, le nombre se marque presque toujours orthographiquement sur le nom, mais il ne s'entend que rarement. À l'exception des noms dits *irréguliers,* le nombre est marqué par une consonne latente, qui ne se prononce que dans les cas de liaison. La différence entre ces deux formes ne s'entend presque plus sur le nom lui-même; c'est encore une fois le déterminatif qui apporte l'information essentielle. Contrastez les exemples ci-dessous:

287. livre/livres   [livʀ(ə)]/[livʀ(ə)]
288. cassette/cassettes [ka sɛt]/[ka sɛt]
289. cheval/chevaux   [ʃə val]/[ʃə vo]

Notez bien cependant que les substantifs nouvellement admis dans la langue ont tendance à être réguliers, quelles ques soient leurs terminaisons (comparez *travail/travaux* et *détail/détails,* par exemple), annulant encore plus le marqueur oral du pluriel sur le nom lui-même. En général, c'est la voyelle du déterminant qui signale le singulier ou le pluriel à l'oral. On voit donc le contraste oral entre *le/la/les, mon/ma/mes, du/de la/des,* etc., où le nombre est marqué clairement par la voyelle du déterminant; il n'y a que pour le pronom interrogatif (*quel/quels*) que ce contraste ne s'entend pas.[2] Pour les étudiants de français langue étrangère, cela veut dire qu'ils doivent s'habituer à écouter le début du mot, et non pas la fin, pour identifier l'information concernant le nombre aussi bien que le genre. Bien que les déterminants signalent le nombre en langue parlée, ce sont des mots grammaticaux autonomes qui ne se sont pas affixés au nom, et on peut toujours trouver des occurrences où l'article n'est pas présent mais où le nombre est tout de même signalé. Ces déterminants ne constituent donc pas des affixes. Le pluriel est marqué directement sur le nom par un affixe flexionnel, même si celui-ci ne s'entend pas toujours. Les marqueurs que portent les articles sont largement redondants, en particulier à l'écrit. Dans l'expression 290, comme dans la plupart des autres en français qui consistent en un déterminant et un substantif, nous voyons deux marqueurs de nombre, un sur l'article défini, l'autre sur le substantif:

290. les livres

À l'oral, cette redondance est réduite, mais cela ne nie pas le fait que le nom est marqué, lui aussi.

4.4.1.2.1 Le Nombre dans la structure profonde

Revenons à la structure profonde du nom pour mieux comprendre les marqueurs de nombre (écrits et oraux) qui s'y rattache. Le nombre de chaque nom est marqué. Puisque c'est une catégorie obligatoire, il faut que le nom soit singulier ou pluriel et que ce nombre soit marqué dans sa représentation sous-jacente. En français, le singulier n'a normalement pas de marqueur concret; donc, tout comme on l'a fait pour le genre, on représente le singulier avec un zéro (o). Encore une fois, ce zéro ne signale pas l'absence de la catégorie mais plutôt l'absence d'un marqueur concret. Le pluriel, par contre, sera signalé par un Z. Le Z a été choisi plutôt que le S parce que c'est [z] qui s'entend en liaison, ce qui représente vraiment le pluriel de façon oral, tandis que -s le marque de façon écrite. Ces marqueurs de nombre viennent s'ajouter au nom, mais toujours après les marqueurs de genre. Reprenons notre exemple 287, *le livre/les livres,* dont nous trouverons les deux représentations sous-jacentes suivantes:

291. le livre: lə.o.o livrE.o.o   les livres: le.o.Z livrE.o.Z

Le lecteur notera qu'au singulier il y a deux o: l'un qui marque le masculin et l'autre qui marque le féminin. Au pluriel, le o du masculin subsiste et se met avant le Z du pluriel.[3] *Les cassettes,* par contre, aurait la représentation suivante:

292. le.E.Z kasɛt.E.Z

Entre la représentation sous-jacente et la représentation phonétique (concrète), les zéros tombent, les E latents font prononcer les consonnes latentes qui les précèdent, et les consonnes latentes finales tombent si elles ne sont pas nécessaires à la liaison. Cela nous donne les représentations concrètes finales montrées dans les exemples 293 et 294:

293. le livre: [lə livr(ə)]/les livres [le livr(ə)]
294. les cassettes: [le kasɛt]

Il est important de toujours marquer le genre avant le nombre; sinon, une distinction importante pourrait nous échapper:

295. des Américains   vs.   des Américaines:
     /de.o.Z a me ri kɛ̃N.o.Z/   /de.E.Z a me ri kɛ̃N.E.Z/
     [de za me ri kɛ̃]   [de za me ri kɛn]

Si l'on avait marqué le nombre avant le genre, on aurait entendu le marqueur du pluriel plutôt que le marqueur du féminin dans le féminin pluriel *[de za me ri kɛz], et la différence entre hommes et femmes aurait été perdue.

4.4.1.2.2 Les Noms avec des pluriels irréguliers

Les marqueurs sous-jacents réguliers du pluriel peuvent aussi expliquer les noms au pluriel irrégulier, du type *cheval/chevaux*. Quand les consonnes finales étaient toujours prononcées, on observait des changements phonétiques chaque fois que le [z] venait en contact avec un [l]. Au Moyen Âge, le pluriel du mot *cheval* s'écrivait couramment *chevals* (représentation sous-jacente: /ʃə val.o.z/). Le contact du [l] et [z] produisait une consonne palatalisée, qui avait ensuite une influence sur la voyelle précédente, produisant une sorte de diphtongaison [aw]. La diphtongue s'est réduite, la consonne finale est devenue latente, et *chevals* a résulté en [ʃə vo]. L'orthographe a ensuite changé pour refléter la nouvelle prononciation. Il faut donc dire que certains noms que l'on enseigne comme irréguliers ne l'étaient pas à l'origine. Ils ont tout simplement subi des changements phonétiques causés par le contact entre certains phonèmes.

4.4.2 La Flexion adjectivale

Tout comme les noms, les adjectifs sont marqués pour le genre et le nombre. De plus, ces deux catégories sont ici obligatoires: chaque adjectif doit avoir un genre et un nombre. Par opposition avec les noms, le genre n'est pas une catégorie inhérente aux adjectifs mais varie selon le genre du nom modifié. Le rôle d'un adjectif est de modifier le nom; en conséquence, les catégories de genre et de nombre varient selon le nom. Ainsi ces deux catégories sont non-permanentes pour les adjectifs — en fait, elles varient toujours. Le locuteur n'a donc pas le choix du genre ou du nombre de l'adjectif; il faut qu'il adopte le même genre et nombre que le nom qu'il modifie. On ne trouve jamais d'adjectif sans substantif: celui-ci est au moins sous-entendu, et normalement présent; le genre et le nombre exigés sont donc clairs. Dans la grande majorité des cas, les adjectifs peuvent être soit féminins soit masculins, soit singuliers, soit pluriels, selon les besoins, mais il existe quelques rares adjectifs pour lesquels un des genres ou nombres n'est pas possible. *Enceinte,* par exemple, n'a pas de forme masculine; c'est un adjectif qui décrit l'état de la grossesse et qui n'est donc possible que pour les femmes. À cause de son sens, une forme masculine n'a jamais été développée, mais cela pourrait toujours se faire par analogie. En anglais, par contre, on a commencé à employer cet adjectif pour les choses inanimées également ("a pregnant pause," par exemple). Si cela se faisait en français, on aurait peut-être besoin d'un masculin, que l'on créerait certainement par formation régressive (*enceint*). On peut très bien imaginer la forme qu'aurait ce masculin, bien qu'elle n'ait pas encore été attestée dans la langue.

On entend souvent une distinction entre le masculin et le féminin des adjectifs, le féminin étant le plus souvent marqué par un E latent qui rend claire la consonne latente du masculin. C'est à cause de ce marqueur féminin que l'on entend une distinction entre les formes masculine et féminine dans les mots suivants:

296. intelligent   et   intelligente
    /ɛ̃ tɛ li ʒãT.O/   /ɛ̃ tɛ li ʒãT.E/
    [ɛ̃ tɛ li ʒã]   [ɛ̃ tɛ li ʒãt]
297. danois   et   danoise
    /da nwaZ.o/   /da nwaZ.E/
    [da nwa]   [da nwaz]

Dans d'autres cas, il s'agit d'affixes dérivationnels différents pour le masculin et le féminin. Alors que l'affixe du masculin porte une consonne stable, celle-ci est changée pour une autre au féminin.

298. travailleur   et   travailleuse
    /tʀa va jœR.o/   /tʀa va jøz.E/

Dans d'autres cas encore (plus rares, il est vrai), il n'y a aucune distinction entre le masculin et le féminin. C'est le cas surtout où le masculin se termine déjà avec une consonne stable ou un E-caduc:

299. naturel   et   naturelle
    /na ty ʀɛl.o/   /na ty ʀɛl.E/
300. belge   et   belge
    /bɛlʒ.o/   /bɛlʒ.E/

Dans l'exemple 299, le lecteur notera que la distinction se maintient toujours dans la langue écrite, tandis qu'elle ne se voit pas dans l'exemple 300. Elle existe toujours, cependant, dans la forme sous-jacente de l'adjectif. Tandis qu'il y a une neutralisation du point de vue phonétique et/ou orthographique entre le masculin et le féminin de cet adjectif, on a l'impression qu'il est soit l'un, soit l'autre. Puisque l'adjectif prend toujours son genre et son nombre du nom qu'il modifie, il porte les mêmes marques que le nom, qui, dans ce dernier exemple, sont clairement le *féminin* et le *singulier*.

Il y a néanmoins quelques exceptions. D'abord, examinons le cas des professions en français. Malgré le "Rapport sur la féminisation des noms de métier, fonction, grade ou titre" de 1998, qui a proposé (mais pas imposé) des formes féminines pour toutes les professions, il existe toujours quelques termes en français (de France) qui ne sont pas fréquemment utilisés au féminin: *le médecin, l'écrivain,* etc.[4] Ces termes posent des problèmes pour les Français qui veulent parler d'une femme qui exerce cette profession, d'autant plus quand ils veulent se servir d'un adjectif. La question devient toujours: Est-ce que l'adjectif modifie le nom (sujet grammatical) ou la personne (sujet sémantique). Ceci explique pourquoi on entend quelquefois des phrases telles que les suivantes:

301. Cet écrivain, dont j'oublie le nom, est américaine.
302. Le médecin m'a serré la main et s'est introduite.

Dans ces cas, l'adjectif (ou le participe passé) prend le genre de la personne, plutôt que celui de la profession. Ces formes sont de plus en plus acceptées en français: l'adjectif modifie le nom, mais c'est le sujet réel plutôt que le sujet grammatical qui le gouverne. Le gouvernement du Canada, de son côté, a imposé l'usage des formes féminines beaucoup plus strictement, par sa législation sur la féminisation des titres. À cause de cette législation, les formes sont plus intégrées dans la langue; au Canada on ne voit pas de phrases contradictoires telles qu'un *écrivain canadienne,* puisque la forme *une écrivaine* existe maintenant. Le problème du sujet réel vs. le sujet grammatical y est donc résolu dans la plupart des cas.

Il y a une dernière exception à notre affirmation qu'il existe toujours un nom qui gouverne le genre et le nombre d'un adjectif: c'est le cas où l'adjectif représente toute une phrase. En réponse à la question:

303. Vous venez ce soir?

on peut répondre:

304. Non, c'est impossible.

ou bien:

305. Oui, ce sera amusant.

Dans un tel cas, l'adjectif prend toujours la forme masculine. L'adjectif ne se réfère à aucun substantif, concret ou sous-entendu, mais plutôt à la phrase entière, qui n'a pas de genre. L'adjectif prend donc sa forme non-marquée, c'est-à-dire, la forme avec le moins de marques sémantiques (ou le plus de zéros). La forme non-marquée est le masculin singulier. Le féminin ne représente que les choses féminines, tandis que le masculin représente les choses masculines, aussi bien que les combinaisons de masculin et féminin. Le masculin est donc la forme non-marquée, qui se généralise le plus facilement, et c'est lui qui est utilisé en réponse à une phrase entière.[5]

Avez-vous compris?
I. Donnez la forme a) sous-jacente et b) de surface de chacune des propositions

suivantes. N'oubliez pas les flexions de genre et de nombre dans la forme sous-jacente.

a. une histoire amusante

b. un camion marron

c. ma petite amie

d. de longues vacances

e. une excuse incroyable

f. des cartons ouverts

g. la grande maison

h. les meilleures chanteuses

i. un éléphant femelle

j. son acteur favori

k. des exercices difficiles

l. une journée interminable

4.4.3 La Flexion verbale

Pour décrire la flexion verbale, il faut d'abord distinguer entre la tradition grammaticale et la description linguistique. Dans la tradition grammaticale (c'est-à-dire, l'analyse produite par les grammairiens), il y a seize *temps* verbaux en français, dont le présent de l'indicatif, le présent du conditionnel, le présent du subjonctif, le passé simple de l'indicatif, le passé composé de l'indicatif, le futur, etc. Cette description marque tout simplement les différentes formes (aussi appelées *tiroirs* par les grammairiens) que peut prendre un verbe:

306. je chante/je chanterais/que je chante/je chantai/j'ai chanté/je chanterai, etc.

Elle ne distingue pas les temps des modes ni des aspects et n'explique donc rien dans l'analyse de la langue.

De plus, ces catégories sont souvent trompeuses: un temps *simple* n'est pas nécessairement facile à comprendre (l'imparfait, par exemple, est un des temps dont l'usage est le plus complexe en français); sa simplicité dérive seulement du fait qu'il n'y a qu'un seul verbe, par contraste avec les temps complexes, qui exigent un verbe auxiliaire en plus du verbe principal. Une analyse linguistique rejette donc cette terminologie trompeuse en faveur d'une explication plus descriptive, capable de faire les distinctions nécessaires pour bien expliquer pourquoi on choisit une certaine forme verbale: le passé composé, par exemple, plutôt que l'imparfait, ou le passé simple plutôt que le passé composé.

L'analyse linguistique ne propose que trois possibilités pour représenter le temps d'une action: le passé, le présent, et le futur. Toute autre distinction doit s'expliquer par une différence d'aspect ou de mode et essaie donc d'exprimer non pas le temps de l'action mais son déroulement (continu ou terminé) ou sa réalité (action réelle ou virtuelle). Dans les pages qui suivent, la question de la flexion verbale sera examinée à partir de cette analyse linguistique, qui démontre beaucoup plus clairement la perspective du locuteur dans le choix de la forme verbale que ne le fait la tradition grammaticale. Il faut, cependant, avouer que même cette analyse est loin d'être sans controverse. Elle propose, suivant la terminologie linguistique traditionnelle, trois temps, deux aspects et cinq modes (ou six—voir plus loin). Le problème, c'est que les temps, les modes, et les aspects se croisent et s'entrecoupent souvent. Ce que l'on appelle régulièrement *temps* en termes traditionnels est quelquefois mieux catégorisé comme *aspect* ou *mode,* et vice versa. Le comportement des verbes en français est beaucoup plus compliqué que l'analyse traditionnelle ne le laisse supposer et a ainsi été à la base de beaucoup d'études (et de disputes!). Je commence avec ce qu'il y a de plus clair, la personne, le nombre, et la voix, avant de passer aux questions plus difficiles, concernant le mode, le temps, et l'aspect.

4.4.3.1 La Personne/Le Nombre

Le verbe est marqué pour la personne et le nombre, mais non pour le genre.[6] Ces deux catégories se réfèrent à la forme que prend le verbe conjugué selon son sujet. À la différence des noms ou des adjectifs, dont la flexion est souvent déterminée par des catégories inhérentes ou par un accord obligatoire, le choix de la personne et du nombre du verbe est laissé à la discretion du locuteur—elle dépend surtout du sujet qu'il choisit.

Dans une analyse linguistique, on dit qu'il y a six personnes, que l'on appelle couramment première, deuxième, et troisième personnes du singulier et du pluriel.[7] La forme du verbe varie selon la personne et le nombre choisis; elle varie aussi selon le temps, le mode, et l'aspect choisis par le locuteur, comme on le verra plus loin.

4.4.3.1.1 La Personne et le nombre en français parlé vs. en français écrit

Nulle part dans la langue française n'y a-t-il autant de différence entre la langue écrite et la langue orale que dans la flexion verbale. Selon la tradition grammaticale, chaque verbe a six formes pour marquer ces distinctions de personne et de nombre. En français parlé, par contre, ces distinctions ne s'entendent presque plus qu'à l'aide des pronoms sujets. Examinons, par exemple, les formes écrites et orales d'un verbe du premier groupe, *parler:*

307.	Singulier		Pluriel	
1[e]	(je) parle	[parl]	(nous) parlons	[parlō]
2[e]	(tu) parles	[parl]	(vous) parlez	[parle]
3	(il/elle/on) parle	[parl]	(ils/elles) parlent	[parl]

Le lecteur notera qu'à l'oral il n'y a plus six formes distinctes, comme au Moyen Âge, ni même cinq formes différentes comme dans la langue écrite, mais seulement trois formes distinctes. Si l'on considère que la première personne du pluriel, *nous,* est remplacé de plus en plus souvent en français parlé par la troisième personne du singulier, *on,* nous ne trouvons maintenant que deux formes différentes: [parl] et [parle].

Pour les verbes des deuxième et troisième groupes (les verbes en -*ir* et -*re,* respectivement), ainsi qu'un bon nombre de verbes irréguliers, la situation est semblable, mais il existe de nos jours quatre formes distinctes à l'oral, la différence entre les troisièmes personnes du singulier et du pluriel étant toujours marquée:

308. il finit/ils finissent
309. elle vend/elles vendent
310. il fait/ils font.

Même les verbes les plus irréguliers, *être* et *avoir,* montrent une neutralisation d'au moins deux personnes à l'oral. Il n'y a plus de verbe en français qui ait gardé les six formes distinctes du latin classique dans la langue parlée.

On dit donc que la flexion verbale tend à disparaître de la fin du verbe à l'oral. Par contre, elle continue à être maintenue dans la langue écrite. Les pronoms sujets sont essentiels à la compréhension de la personne; ils prennent, d'une certaine façon, le même rôle que les déterminants ont pris dans le syntagme nominal. C'est surtout en écoutant le début de la phrase verbale, et non la fin, que nous reconnaissons la personne et le nombre représentés par le verbe oral. Comme pour les déterminants, quelques analyses ont essayé de démontrer que le pronom sujet est devenu un affixe obligatoire représentant ces deux catégories obligatoires. Les linguistes ayant proposé ces analyses se sont servi des phrases avec un redoublement du sujet nominal et du pronom sujet comme preuve de leur argument. Ils considèrent des phrases comme les suivantes, tirées du français oral:

311. Mon frère, il habite à New York.
312. Mes amis et moi, nous sortons souvent.

C'est la preuve, selon ces linguistes, que le pronom sujet est devenu un affixe verbal, plutôt que le sujet de la phrase. Ils prétendent donc que ce pronom sujet est devenu obligatoire, même quand il y a un autre sujet dans la phrase, pour marquer la personne et le nombre sur le verbe plutôt que pour représenter le sujet lui-même. Mais une fois encore, tout comme l'analyse qui voulait que les déterminants soient vus comme des affixes nominaux, cette analyse est problématique. Il existe toujours des phrases sans *pronom* sujet en français:

313. Mon frère habite à New York.

De plus, il y a d'autres pronoms qui peuvent séparer les pronoms sujets du verbe, et cela ne serait pas possible si le pronom sujet était vraiment un affixe flexionnel. Les compléments d'objet directs et indirects viennent normalement avant le verbe conjugué et le sépare ainsi du pronom sujet, ce qui ne serait pas possible si ce dernier était affixé au verbe comme marqueur de personne et de nombre:

314. Ma voiture? Je la vend à mon frère.

De plus, comme on voit dans l'exemple 315, la particule négative *ne* se place aussi entre le pronom sujet et le verbe, ce qui ne serait pas possible si le pronom sujet était affixé au verbe:[8]

315. Il ne vient pas souvent me voir.

Comme preuve finale que les pronoms sujets sont des marqueurs de personne et de nombre, et non des affixes, mentionnons aussi qu'au mode impératif le pronom sujet s'efface complètement et que, cependant, il n'y a aucun doute concernant la personne et le nombre du verbe. Il n'y a aucun verbe en français où la distinction entre singulier et pluriel n'est pas marqué à la deuxième personne. La troisième personne du singulier (*on*), quant à elle, ne se substitue jamais pour la première personne du pluriel (*nous*) à l'impératif. Comme on le voit dans les numéros 316 et 317, les différentes formes de l'impératif sont donc distinctes même sans pronom sujet:

316. Sois gentil/soyons gentil/soyez gentil
317. Parle lentement/parlez lentement

Il faut donc conclure que ces pronoms sujets ne sont pas des affixes. Bien qu'ils soient quelquefois le seul marqueur oral de personne et de nombre du verbe, ils sont loin d'être des affixes. L'étudiant en français langue étrangère doit s'habituer à écouter le début du syntagme verbal pour percevoir ces deux catégories, tandis que les autres catégories obligatoires (temps, aspect et mode) viennent toujours à la fin du verbe. Dans la langue écrite on trouve également des marqueurs de personne et de nombre à la fin du verbe, et malgré quelques neutralizations, ce sont ces marqueurs qui restent les vrais affixes.

4.4.3.2 La Voix

Il existe en français actuel trois voix verbales, que l'on appelle *active, passive,* et *moyenne* (ou *pronominale*). Bien que d'autres langues expriment la voix par des morphèmes liés au verbe, le français utilise des tournures syntaxiques pour représenter ces différentes voix. (On reviendra sur la discussion de la formation de la voix verbale dans le chapitre concernant la syntaxe.) Pour le moment, il suffit de donner une description de l'usage de ces trois voix.

Pour ce faire, il faut distinguer l'*agent* et le *patient* du verbe. L'agent est la personne ou la chose qui provoque l'action du verbe; le patient est la personne ou la chose qui subit cette action. Examinons la phrase suivante:

318a. Mon frère a réparé ma voiture.

Dans cette phrase, *mon frère* est l'agent, c'est lui qui engendre le processus signalé par le verbe. *Ma voiture* est le patient; elle subit cette action. On appelle *active* toute phrase où l'agent du verbe agit comme le sujet grammatical de la phrase. L'exemple cité ci-dessus est donc actif, ainsi que les numéros 319 et 320:

319a. Les étudiants aiment bien ce professeur.
320a. Les convives couperont bientôt le gâteau.

On appelle phrase *passive* toute phrase où le patient est présenté comme sujet grammatical. En français, pour présenter une phrase à la voix passive il faut une tournure syntaxique qui comprend le verbe *être* et le participe passé du verbe original. Les phrases actives 318–320a sont représentées comme suit à la voix passive:

318b. Ma voiture a été réparée par mon frère.
319b. Ce professeur est bien aimé de ses étudiants.
320b. Le gâteau sera bientôt coupé par les convives.

Le lecteur notera que l'agent devient maintenant l'objet d'un syntagme prépositionnel introduit par *par* ou *de*. Dans la transition de la voix active à la voix passive, le verbe *être* adopte le temps du verbe originel.

Il arrive quelquefois que les verbes n'ont pas de patient: c'est le cas des verbes dits *intransitifs,* comme dans l'exemple 321:

321. J'ai bien dormi hier soir.

Faute de patient, ces phrases ne sont jamais susceptibles de s'exprimer à la voix passive.

Si un patient est présent, c'est-à-dire, si le verbe est *transitif,* ce patient peut être direct ou indirect: il peut recevoir l'action du verbe directement, comme dans le numéro 322 ci-dessous, ou indirectement, au moyen d'une préposition, comme dans l'exemple 323:

322. La plupart des étudiants ont déjà lu *ce livre.*
323. J'ai répondu **à** *la lettre.*

Seuls les verbes transitifs directs sont susceptibles en français d'être mis à la voix passive. Les verbes transitifs indirects, tout comme les verbes intransitifs, ne se trouvent jamais à la voix passive. Des trois dernières phrases citées précédemment, il n'y a donc que la phrase 322 (transformée ici comme le 322b) qui puisse être exprimée au passif:

322b. Ce livre *a* déjà *été lu* par la plupart des étudiants.

Pour l'étudiant anglophone, il est important de saisir la différence entre la voix passive en anglais et en français. L'anglais permet l'usage de ce que l'on appelle un *faux passif,* c'est-à-dire qu'il permet à un patient *indirect* de devenir sujet grammatical d'une phrase passive, comme dans la phrase 324a:

324a. Jules *was given* this book (by someone) for his birthday.

Si l'on regarde la phrase active équivalente, cependant, il devient clair en anglais comme en français que le patient direct de cette phrase est le livre et non pas la personne qui a reçu le livre:

324b. Someone gave *this book* **to** Jules for his birthday. // Someone gave Jules this book for his birthday.

324c. On a donné *ce livre* **à** Jules pour son anniversaire.

Le français ne permet pas de phrases passives de cette sorte; la seule possibilité pour rendre cette phrase passive est de transférer le patient direct en sujet grammatical (ce qui est aussi permis en anglais):

324d. *Ce livre* a été donné à Jules pour son anniversaire.

324e. *This book* was given to Jules for his birthday.

Il faut donc toujours considérer la phrase active équivalente en français pour savoir si la tournure passive est permise; considérer la phrase en anglais peut souvent causer des problèmes, à cause de ce faux passif qui existe en anglais, comme nous l'avons vu dans le numéro 324a.

La troisième voix en français est la voix *moyenne* ou *pronominale;* dans cette voix, le sujet grammatical est à la fois agent et patient du verbe. Ceci se trouve le plus souvent avec les verbes pronominaux, d'où le nom *voix pronominale.* Contrastons les deux phrases suivantes:

325. Les enfants lavent le chien.

326. Les enfants se lavent.

Dans le numéro 325, les enfants sont l'agent du verbe *laver,* mais c'est le chien qui subit l'action de ce verbe et qui est donc le patient. Par contre, dans la phrase 326, l'action du verbe *laver* se fait sur les enfants eux-mêmes, qui sont donc en même temps agents et patients. Cette phrase est exprimée à la voix moyenne. Comme le lecteur devinera, elle n'est pas susceptible de se mettre à la voix passive.

Avez-vous compris?

I. Identifiez la voix de chacune des phrases suivantes. S'il y a plus d'un verbe, identifiez la voix de chaque proposition.

1. Ma mère se lève à sept heures chaque matin.
2. Elle va ensuite dans la cuisine et elle prépare son café.
3. Puis elle téléphone à ma grand-mère pour lui dire bonjour.
4. Ma grand-mère est souvent réveillée par ce coup de téléphone, mais elle ne se plaint pas.
5. J'attends que ma mère m'appelle, et puis je descends prendre le petit déjeuner.
6. Ensuite, je me douche et je me prépare pour aller en classe.
7. Je suis souvent surpris par l'arrivée des mes amis; nous allons ensemble à la fac et ils doivent souvent m'attendre.

II. Traduisez les phrases suivantes en français, en maintenant la voix passive de la phrase d'origine, quand c'est possible. Si ce n'est pas possible de la maintenir, dites pourquoi, et puis trouvez une traduction acceptable en français.

1. This number was dialed by mistake.
2. He was sent a letter from the bank on the first of the month.
3. This cake was baked at the best bakery in town.
4. My sister was given a new watch to commemorate twenty-five years of service with the same company.
5. The woman was accompanied by her husband and three children.

4.4.3.3 Le Mode

Selon les linguistes que l'on consulte, il y a six ou sept modes différents dans le système verbal français. La question la plus difficile concerne la classification du conditionnel (est-ce un mode ou un temps?), mais d'autres questions se posent aussi pour chacun de ces modes. On distingue tout d'abord les *modes impersonnels* des *modes personnels*. Les modes impersonnels, représentés par l'*infinitif*, le *participe passé*, et le *participe présent*, ne donnent aucune indication de nombre ni de personne et sont considérés comme des formes non-conjuguées du verbe, d'où le terme *impersonnel*. Il y a trois modes *personnels*, dont le rôle principal est d'exprimer l'attitude du locuteur. Ces modes personnels sont l'*indicatif*, le *subjonctif*, l'*impératif*. (Certains linguistes ajoutent aussi le *conditionnel* à la liste des modes personnels et en dénomment ainsi quatre—cf. la discussion de cette question, section 4.4.3.7.)

Les temps et les aspects servent à fixer une action dans le temps et à nous dire si cette action est accomplie ou non. Les modes, par contre, fournissent des détails concernant le point de vue du locuteur quant à l'action énoncée par le verbe. Pour cette raison, un seul mode peut couvrir plusieurs temps et aspects, en y ajoutant des détails sur le point de vue de la personne qui parle. (La question de l'usage des différents modes sera examinée dans la section concernant la sémantique verbale; pour le moment, c'est la formation de ces modes qui nous préoccupe.)

4.4.3.3.1 L'Infinitif

L'infinitif est la forme de base de tout verbe; il n'exprime que la notion sémantique du verbe, sans fournir aucune autre indication sur ce processus ni sur la personne ou le nombre. L'infinitif est le seul mode en français qui ne contienne pas de marqueur de temps. Pour ces raisons, l'infinitif est toujours invariable. L'infinitif est employé seul, comme on le voit au numéro 327, ainsi qu'après un verbe conjugué (qui, lui, porte la marque de la personne, du nombre, du temps, de l'aspect, du mode, et de la voix), précédé ou non d'une préposition, comme dans les numéros 328 et 329:

> 327. *Être* ou ne pas *être* . . .
> 328. J'aime *manger* au restaurant.
> 329. Il est important de bien *se soigner,* pour *rester* en bonne santé.

Dans tous ces cas, l'infinitif contient l'ensemble de l'information sémantique du verbe, mais sans préciser le temps, la personne, ou le nombre. Cette information est valable à n'importe quel moment, pour l'infini (d'où son nom).

Les infinitifs en français se divisent en plusieurs groupes: d'un côté, les verbes réguliers, soit les verbes en *-er,* en *-ir,* en *-re,* et en *-oir(e);* de l'autre côté, les verbes avec une conjugaison irrégulière (avec deux ou trois radicaux, ou complètement irrégulière). Comme on le verra plus loin, la conjugaison du verbe varie selon son infinitif.

Il existe aussi en français ce que l'on appelle traditionnellement l'*infinitif passé,* qui est constitué de la forme infinitive d'un verbe auxiliaire (*avoir* ou *être*), plus un participe passé. Dans ce cas, cependant, ce n'est pas vraiment l'infinitif qui est au passé, comme son nom l'implique, mais le verbe exprimé par le participe. La combinaison de ces deux formes marque une action qui a eu lieu dans le passé par rapport à un certain point de référence (voir la discussion de *temps* dans le chapitre concernant la sémantique verbale) mais qui ne marque ni la personne ni le nombre. Cette forme est employée pour plusieurs raisons: parce que la conjonction choisie exige un infinitif, comme dans le numéro 330, ou pour éviter une répétition, comme dans l'exemple 331:

> 330. Merci *d'être venu.*
> 331. Après *avoir mangé,* je me suis brossé les dents.

4.4.3.3.2 Le Participe présent et le gérondif

Le participe présent est basé sur le radical du verbe, auquel *-ant* est ajouté. Il s'emploie de façon verbale, pour montrer le processus d'un verbe, sans le fixer dans le temps, aussi bien que de façon adjectivale, comme épithète ou attribut d'un nom. Comme verbe, le participe présent est invariable en français. Comme adjectif, il s'accorde en genre et en nombre avec le nom qu'il modifie. Il est donc important de pouvoir distinguer entre ces deux usages, puisque la forme du participe présent varie aussi. Quand il s'agit d'un participe présent utilisé comme forme verbale, on se concentre alors sur la progression d'une action, et on répond à la question *"Qu'est-ce qui se passe/se passait?"* Les exemples 332 et 333 démontrent bien l'usage de ce participe comme verbe:

332. J'ai passé l'après-midi lisant le journal.
333. Glissant sur le trottoir, il a failli tomber.

Comme adjectif, par contre, on répond à la question *"Comment est cette personne/cette chose?"* On explique donc l'état plutôt que l'action, comme on voit dans les exemples 334 et 335:

334. un chien menaçant
335. de l'eau bouillante

Mise à part la question de l'invariabilité du verbe et de la variabilité de l'adjectif, il y a également d'autres différences entre un participe présent utilisé comme verbe et comme adjectif. Les formes verbales peuvent être précédées de la particule négative *ne:*

336. Ne sachant quoi faire, j'ai téléphoné à ma mère.

ou d'un pronom personnel:

337. Il m'a dit bonjour en me serrant la main.

Le participe présent qui sert comme verbe peut aussi être suivi d'un adverbe qui modifie l'action verbale:

338. Les ouvriers, travaillant dur, méritent une meilleure rémunération.

ou d'un complément d'objet direct:

339. En faisant leurs devoirs, les étudiants ont finalement compris la théorie.

Cette forme verbale garde toujours l'orthographe du verbe, tandis que l'adjectif change souvent la terminaison *-ant* en *-ent,* et le radical des verbes en *-quer* et *-guer* en *-cant* et *gant, respectivement.* Comparons les exemples suivants:

340. formes verbales: différant, négligeant, communiquant, fatiguant
341. formes adjectivales: différent, négligent, communicant, fatigant

Quand le participe présent est précédé de la préposition *en,* il est traditionnellement connu sur le nom de gérondif et a comme fonction de montrer la simultanéité de deux actions (comme dans les numéros 339, 342) ou d'expliquer la manière dont on les fait (337, 343).

342. En allant au supermarché, j'ai vu un accident.
343. Il est entré dans la salle en courant.

Il ne sert jamais d'adjectif dans ce cas. La grammaire traditionnelle a tendance à distinguer entre le gérondif et le participe présent utilisé comme verbe, mais étant donné que leur usage est semblable, on n'insiste pas ici sur cette distinction.

4.4.3.3.3 Le Participe passé

Le *participe passé* en français a, lui aussi, plusieurs usages, comme forme verbale ou adjectivale. Comme forme verbale, il s'emploie dans les temps composés aussi bien qu'à la voix passive; comme forme adjectivale, il peut servir d'épithète ou d'attribut. La formation du participe passé est basée sur la catégorie de verbe à laquelle il appartient. Comme forme verbale, il s'accorde en genre et en nombre avec le sujet quand il est utilisé avec le verbe auxiliaire *être* (y compris à la voix passive) et avec un complément d'objet direct précédant quand il est employé avec le verbe *avoir*. Comme adjectif, il s'accorde toujours avec le nom qu'il modifie. Faites bien attention à l'accord du participe passé dans les phrases 344 à 348:

344. Ma fiancée et moi, nous sommes allés au cinéma le week-end dernier.
345. Elle s'est bien amusée.
346. Au milieu du film, les portes de la salle ont été ouvertes par le vent.
347. Après le film, je lui ai montré les photos que j'avais prises en Europe.
348. Elle les a aimées.

Avez-vous compris?
Pour les phrases ci-dessous, soulignez le(s) participe(s) présent(s), et dites s'il(s) joue(nt) un rôle verbal ou adjectival.

1. Au-dessous ne régnaient, comme on eût pu le croire, ni l'agitation des hommes, ni le tumulte, ni le vivant charroi des villes, mais un silence plus absolu encore, une paix plus définitive. (Saint-Exupéry, *Terre des hommes*)
2. Il s'en fut au placard chercher le porto et les verres, puis revint à moi, souriant toujours. (Saint-Exupéry, *Terre des hommes*)
3. Il ne me parlait pas de Lorca, mais d'une simple ferme près de Lorca. D'une ferme vivante. Et de son fermier. Et de sa fermière. (Saint-Exupéry, *Terre des hommes*)
4. Une demi-heure plus tard, assis sur ma petite valise, j'attendais à mon tour sur le trottoir luisant de pluie, que l'omnibus passât me prendre. (Saint-Exupéry, *Terre des hommes*)

5. Il leur fallait bien sauver le prestige, et ils hochaient la tête en nous dévisageant avec une pitié un peu gênante, comme s'ils plaignaient en nous une innocente candeur. (Saint-Exupéry, *Terre des hommes*)

6. Et Mermoz poursuivit sa route à travers ces ruines inhabitées, obliquant d'un chenal de lumière à l'autre, contournant ces piliers géants où, sans doute, grondait l'ascension de la mer, marchant quatre heures, le long de ces coulées de lune, vers la sortie du temple. (Saint-Exupéry, *Terre des hommes*)

7. En sortant du presbytère, un heureux hasard fit que Julien rencontra M. Valenod, auquel il se hâta de raconter l'augmentation de ses appointements. (Stendhal, *Le Rouge et le noir*)

8. Pour se délivrer du regard fixe de sa femme de chambre, elle lui ordonna de lire le journal, et ce fut au bruit monotone de la voix de cette fille, lisant un long article de la *Quotidienne*, que madame de Rênal prit la résolution vertueuse de traiter Julien avec une froideur parfaite quand elle le reverrait. (Stendhal, *Le Rouge et le noir*)

9. Il éprouvait un violent dépit d'avoir pu retarder son départ de plus d'une heure pour recevoir un accueil aussi humiliant. (Stendhal, *Le Rouge et le noir*)

10. Toutefois, levant la tête, ce n'est pas la puissante machine que je vis arriver, mais la branlante pyramide de notre déménagement. (Pagnol, *La Gloire de mon père*)

4.4.3.3.4 L'Indicatif

L'*indicatif* est le mode non-marqué en français; il sert à affirmer (ou indiquer) des faits réels ou réalisables. Pour cette raison, c'est le mode qui s'emploie le plus souvent et qui présente le plus de formes différentes. Il peut marquer des activités passées, présentes, ou futures. La conjugaison des verbes au présent de l'indicatif est déterminée par la catégorie à laquelle appartient l'infinitif; on fait la distinction entre des verbes à un, deux, ou trois radicaux et des verbes irréguliers. Les verbes en -er (*chanter*) et en -re (du type *rendre*) présentent un seul radical, les verbes en -ir (des types *choisir* et *dormir*) ont deux radicaux, tandis que les verbes en -oir(e) peuvent présenter deux radicaux (*croire*) ou même trois (*devoir*). Les terminaisons de ces verbes au présent de l'indicatif sont assez régulières (et donc prédisibles) mais diffèrent selon le type d'infinitif. Les verbes irréguliers comme *avoir*, *faire* ou *être* peuvent avoir encore plus de radicaux, aussi bien que des terminaisons irrégulières.

Au passé, l'indicatif présente plusieurs formes, avec des formations et des usages différents. (Pour la question d'emploi des temps du passé, voir la section 6.3 concernant la sémantique verbale.) La grammaire traditionnelle appelle ces formes passé composé, imparfait, passé simple, passé antérieur, etc. Pourtant, ce qui est marqué avec ces différents temps verbaux n'est pas du tout une question temporelle, mais une question d'aspect, comme on le verra dans les sections sur le temps et l'aspect. On ne fait donc pas de distinction ici — tous ces termes seront regroupées sous le vocable *passé*. Ces formes peuvent être des formes simples (radical plus terminaisons) ou des formes composées ou même sur-composées. Les formes composées emploient un verbe auxiliaire plus le participe passé. Le verbe auxiliaire s'accorde en personne et en nombre avec le sujet, tandis que le participe passé suit ces propres règles d'accord (voir Le Participe passé, ci-dessus).

Au *futur* de l'indicatif, une forme en -r est employée comme radical. Pour la plupart des verbes cette forme est basée sur l'infinitif et pour les verbes irréguliers sur un radical irrégulier qui se termine en -r. Tous les verbes utilisent ensuite les mêmes terminaisons comme indicateurs de personne et de nombre, à savoir: *-ai, -as, -a, -ons, -ez, -ont*. Cette forme est utilisée pour parler d'actions postérieures à d'autres actions dans un récit. (On précisera cet emploi dans le chapitre 6.)

Le fait que le présent du conditionnel en français emploie les mêmes radicaux que le futur et les mêmes terminaisons qu'un temps du passé (l'*imparfait*, pour emprunter un terme à la grammaire traditionnelle) ajoute à l'argument que le conditionnel est un temps de l'indicatif, lié directement au futur, plutôt qu'un mode à part. (On reviendra à cette question dans le chapitre 6, lors de la discussion de la sémantique verbale, mais pour le moment on le considère comme un temps de l'indicatif.)

Avez-vous compris?

I. Conjuguez les verbes suivants au présent de l'indicatif, en notant leurs formes écrite et orale. Soulignez ensuite le(s) radical/aux. À partir de cette information, dites à quel groupe appartient chaque verbe.

a. adorer
b. prendre
c. boire
d. croire

e. partir
f. vouloir
g. descendre
h. réussir

II. Quels sont les autres formes verbales qui appartiennent à l'indicatif? Donnez leurs noms en grammaire traditionnelle et expliquez comment elles sont formées. Est-ce qu'il y a une série de désinences pour tous les infinitifs, ou est-ce que les désinences varient selon l'infinitif comme pour le présent?

4.4.3.3.5 Le Subjonctif

Le *subjonctif* marque des actions virtuelles, en y ajoutant des informations concernant l'attitude du locuteur vis-à-vis de ces actions. Il s'emploie le plus souvent en combinaison avec une expression de doute, de volonté, de nécessité, ou d'émotion. Puisque l'accent est sur l'attitude du locuteur, et non sur l'accomplissement des actions, le subjonctif présente beaucoup moins de formes que l'indicatif. Il existe toujours un présent et un passé du subjonctif, mais pas de futur. (Il y a aussi un imparfait du subjonctif et un plus-que-parfait du subjonctif, qui ne sont utilisés qu'en littérature.)

Tout comme le présent de l'indicatif, la forme du présent du subjonctif varie selon le type de verbe que l'on utilise. Tous les verbes sauf *avoir* et *être* utilisent les mêmes terminaisons au présent du subjonctif, à savoir: *-e, -es, -e, -ions, -iez, -ent*. Cependant, le radical utilisé varie selon le verbe. Les verbes à radical unique ont toujours un seul radical au subjonctif, mais ceux avec deux radicaux peuvent utiliser un seul radical au subjonctif (comme *finir*, par exemple), ou les deux (comme *voir*). Les verbes à trois radicaux (*devoir* ou *boire*, par exemple) réduisent ce nombre à deux au subjonctif. Il y a aussi des verbes avec un radical irrégulier spécifique, qui n'est employé que pour le subjonctif (*pouvoir — puiss-; savoir — sach-; faire — fass-*), d'autres qui emploient une combinaison de radicaux irréguliers et réguliers pour le subjonctif (*aller — aill-/all-; vouloir — veuill-/voul-*), et des verbes qui sont complètement irréguliers à ce mode (*avoir* et *être*).

Le passé du subjonctif est un temps composé, où le verbe auxiliaire se conjugue au présent du subjonctif et est suivi du participe passé du verbe principal. L'imparfait du subjonctif, quant à lui, est un temps simple.

Avez-vous compris?

I. Conjuguez les verbes suivants au présent du subjonctif, en notant le(s) radical/aux utilisé(s) pour chaque verbe.

a. adorer	e. partir
b. prendre	f. vouloir
c. boire	g. descendre
d. croire	h. réussir

II. De quelle manière est formé le passé du subjonctif? Et l'imparfait, est-ce que vous savez? Est-ce que vous l'utilisez? Si oui, dans quelles circonstances? Sinon, pourquoi pas? Qu'est-ce que cela suggère à propos du subjonctif en général?

4.4.3.3.6 L'Impératif

L'impératif est le mode qui s'emploie pour exprimer des ordres. Il n'existe qu'au présent et est seulement conjugué à la première personne du pluriel et aux deuxièmes personnes. On forme normalement l'impératif en omettant le pronom sujet du verbe conjugué au présent de l'indicatif. Pour les verbes de la première conjugaison et le verbe *aller,* on omet aussi le -*s* de la deuxième personne du singulier, mais cette chute représente tout simplement une convention orthographique; le -*s* ne se prononçant plus depuis longtemps. Puisque cette chute ne représente pas de changement important (surtout à l'oral), elle n'est pas analysée comme signe de l'impératif; c'est plutôt l'absence du pronom sujet qui signale ce mode aux interlocuteurs. Ce n'est donc pas une terminaison verbale spécifique qui marque l'impératif, mais l'absence du pronom sujet.

Dans le cas de quelques verbes irréguliers, il y a une forme impérative irrégulière qui dérive le plus souvent du subjonctif. Ceci n'a rien de surprenant, étant donné que le subjonctif s'emploie pour exprimer la nécessité et la volonté. Un ordre est précisément cela: un désir, exprimé directement, qu'une personne fasse quelque chose:

349. *Fais* tes devoirs!
350. *Asseyez*-vous.
351. *Soyons* patients.

Le français se distingue de certaines autres langues par la présence d'un impératif à la première personne du pluriel, c'est-à-dire, par un ordre qui inclut le locuteur. Dans quelques autres langues cette forme n'existe pas, et il faut l'exprimer avec une expression syntaxique, comme en anglais: *Let's be patient.* Le sens de cet impératif à la première personne du pluriel est plutôt une suggestion qu'un ordre strict. Il représente toujours la volonté du locuteur, alors que celui-ci s'inclut dans l'action désirée. Il s'agit toujours d'un impératif, mais avec un sens moins strict qu'à la deuxième personne.

Il est tentant de proposer la présence d'un impératif à la troisième personne, en se servant des exemples suivants:

352a. Qu'elle s'en aille!
353a. Qu'ils mangent de la brioche! (La fameuse phrase qu'aurait
    prononcée Marie-Antoinette.)

L'effet produit par ces phrases est peut-être un ordre, mais je n'accepte pas l'analyse qui en fait des impératifs. La présence de la conjonction *que,* aussi bien que la forme verbale, suggère qu'il s'agit plutôt d'un subjonctif, où il y a ellipse du sujet et du verbe de la proposition principale. On pourrait élargir les exemples 352a et 353a d'en haut à:

352b. (Je veux) qu'elle s'en aille.
353b. (Il faut) qu'ils mangent de la brioche.

Grevisse (1986) note que le subjonctif à la troisième personne *remplace* l'impératif au besoin, mais il n'utilise pas le terme *impératif* pour le décrire.

Avez-vous compris?

I. Dans le passage suivant, indiquez le mode des verbes en italique. Pour les participes passés et présents, dites aussi s'ils jouent un rôle verbal ou adjectival dans la phrase.

Si, aujourd'hui, la peste vous *regarde,* c'est que le moment de *réfléchir est venu.* Les justes *peuvent* craindre cela, mais les méchants ont raison de trembler. Dans l'univers, le fléau implacable *battra* le blé humain jusqu'à ce que la paille *soit séparée* du grain. Il y aura plus de paille que de grain, plus d'appelés que d'élus, et ce malheur *n'a pas été voulu* par Dieu. Trop longtemps, ce monde a composé avec le mal, trop longtemps, il *s'est reposé* sur la miséricorde divine. Il *suffisait* de repentir, tout était *permis.* Et pour repentir, chacun *se sentait* fort. Le moment venu, on l'*éprouverait* assurément. D'ici là, le plus facile était de se laisser aller, la miséricorde divine ferait le reste. . . .

Paneloux *tendit* ici se deux bras courts dans la direction du parvis, comme s'il montrait quelque chose derrière le rideau *mouvant* de la pluie: "Mes frères, dit-il avec force, c'est la même chasse mortelle qui se courre aujourd'hui dans nos rues. *Voyez*-le, cet ange de la peste, beau comme Lucifer et *brillant* comme le mal lui-même, *dressé* au-dessus de sa tête, la main gauche *désignant* l'une de vos maisons. . . . Cette main qu'elle vous *tendra,* nulle puissance terrestre et pas même, *sachez*-le bien, la vaine science humaine, ne peut faire que vous l'*évitiez.* Et battus sur l'aire sanglante de la douleur, vous serez rejetés avec la paille." (Camus, *La Peste*)

4.4.3.4 Le Temps

La question des temps est complexe, beaucoup plus complexe que ne le laissent croire la plupart des manuels de grammaire. Pour aborder cette question, il faut faire la distinction entre la formation des différents temps linguistiques et leurs usages. Dans ce chapitre, on traite de la question de leur formation. (La question de leur usage sera examinée dans le chapitre 6, qui concerne la sémantique verbale.) Il faut aussi distinguer la description donnée par la grammaire traditionnelle de celle offerte par la linguistique. La grammaire traditionnelle décrit seize temps verbaux en français, mais en vérité on y trouve un mélange de temps, de modes, et d'aspects que cette description ne distingue pas. Selon une description strictement linguistique, il n'y a que trois temps: le *passé,* le *présent,* et le *futur.*[9]

Le présent représente le temps non-marqué du français et s'emploie pour les actions qui ont lieu au moment de la parole, aussi bien que pour les actions génériques. Puisqu'il est la forme non-marquée, le présent peut s'employer pour des usages plus généraux aussi, comme, par exemple, dans le présent historique ou dans des emplois futurs. Cela ne change en rien le fait que, du point de vue morphologique, il reste un présent, et sa forme ne change pas. La formation du présent varie selon le type d'infinitif sur lequel le verbe est basé. Les marqueurs de personne et de nombre (qui varient selon les verbes) sont ajoutés directement au radical/aux radicaux du verbe, sans marqueur de temps concret. Pour cette raison, il peut quelquefois y avoir confusion entre le Présent de l'Indicatif et d'autres formes verbales, comme, par exemple, par le Présent du Subjonctif (354) ou le Passé Simple (355). Dans ces cas, c'est le contexte qui clarifie le temps et/ou le mode voulu.

354. ils finissent (Pr. de l'Ind.)   /*qu'ils finissent* (Pr. du Subj.)
355. il dit (Pr. de l'Ind.)   /*il dit* (Passé Simple)

Sont représentées au passé les actions qui précèdent le moment de la parole (ou tout autre moment de repère dans le discours—voir La Sémantique verbale au chapitre 6). Toutes les formes que la grammaire traditionnelle distingue comme temps différents (le Passé Composé, l'Imparfait, le Plus-que-parfait, le Passé Simple, le Passé Antérieur, le Passé Surcomposé, le Passé du Subjonctif et l'Imparfait du Subjonctif) appartiennent vraiment à un seul temps linguistique: le passé. Ce qui distingue ces formes verbales, ce n'est pas vraiment le temps, puisqu'ils s'emploient tous pour se référer à des actions antérieures dans un discours. C'est plutôt une question de mode (indicatif et subjonctif) ou d'aspect (action complétée ou non), comme on le verra dans la prochaine section. Ces formes peuvent être simples ou composées. Pour toutes les formes simples, le marqueurs de temps, de personne, et de nombre s'ajoutent au radical; pour les temps composés, ces marqueurs s'ajoutent à un verbe auxiliaire. Pour quelques-unes de ces formes, les marqueurs sont les mêmes pour tous les verbes (l'Imparfait, par exemple); pour d'autres (le Passé Simple), ces marqueurs varient selon le type de verbe auquel ils sont ajoutés.

Le futur s'emploie pour représenter des actions postérieures à d'autres actions dans le récit. Ce temps linguistique regroupe donc ce que la grammaire traditionnelle appelle le Futur et le Futur Antérieur. De plus, on y ajoute souvent le Conditionnel, surtout quand ce Conditionnel remplace un Futur dans le discours rapporté (voir la section 4.4.3.7). Le Futur se forme avec les mêmes terminaisons (marqueurs de personne et de nombre) pour tous les verbes, quelque soit leur infinitif. Ces terminaisons s'ajoutent à un radical qui se termine en -r et qui n'est utilisé que pour représenter les formes du futur.

4.4.3.5 L'Aspect

En linguistique, on considère chaque verbe comme représentant un processus (une action ou un état) qui a nécessairement un commencement et une fin. En utilisant le verbe en contexte, on doit décider si l'on veut se concentrer sur le déroulement total ou partiel de ce procès. Il est essentiel de discuter ici de cette question de l'aspect. Cependant, il ne faut pas confondre l'aspect linguistique avec la qualité lexicale des verbes. Les verbes ont, en eux-mêmes, une qualité lexicale qui les rend plutôt ponctuels (*entrer* ou *manger*) ou duratifs (*dormir* ou *vivre*). On *entre* à un certain moment, mais on *vit* pendant longtemps; le verbe lui-même peut donc suggérer un processus plus ou moins long. Ceci étant donné, on peut néanmoins décider, dans presque tous les cas, de se concentrer sur le déroulement de ce processus (c'est-à-dire, de le voir en cours de route, de se concentrer sur la durée de l'action) ou de se concentrer plutôt sur le fait qu'il a eu lieu (c'est-à-dire, de le voir comme accompli, de prendre en compte son commencement et sa fin). Ceci explique le fait que nous pouvons trouver presque n'importe quel verbe exprimé des deux façons—pendant son déroulement:

356.   Je *dormais* quand mon mari est rentré.

357.   Elle *entrait* au moment même que le téléphone a sonné.

ou dans sa totalité:

358.   J'ai *dormi* tard ce matin.

359.   Elle *est entrée* juste avant le début de l'examen.

Les temps linguistiques sont encore sous-divisés en deux aspects en français: le *parfait* et l'*imparfait*. Le parfait marque la nature accomplie (ou achevée) d'une action; l'imparfait, par contre, insiste sur la nature non-accomplie (ou inachevée) d'une action. Sur une ligne temporelle, on note que l'aspect parfait est représenté principalement par des limites de chaque côté de la ligne: le commencement et la fin de l'action sont clairs; l'action est vue dans sa totalité:

360. |_____ (8h)\------------\ (10h)_____|
        Hier soir,   *j'ai lu*   pendant deux heures.

Avec l'aspect imparfait, par contre, l'une des deux limites n'est pas claire, et cela peut être ou le commencement ou la fin, ou même les deux ensemble:

361. |_____----------------\8h_____|
        Tous les soirs je *lis* le journal jusqu'à huit heures.

362. |_____ 8h\--------------------_____|
        A partir de huit heures tous les soirs, je *lis* le journal.

363. |_____--------8h--------_____|
        A huit heures hier soir je *lisais* le journal.

En français, on note surtout la présence de cette opposition achevé/inachevé dans les formes verbales passées, mais elle existe aussi pour les autres temps. Par

Tableau 4.3. Délimitations entre "temps" verbaux et aspects, selon Choi-Jonin et Delhay (1998, 123)

	Valeur aspectuelle	
Valeur temporelle	Accompli	Inaccompli
Futur	futur antérieur conditionnel passé	futur conditionnel
Présent	passé composé 1	présent
Passé	passé surcomposé plus-que-parfait passé antérieur	passé composé 2 imparfait passé simple

exemple, la différence entre le Futur et le Futur Antérieur n'est pas une question de mode (ils sont tous les deux des indicatifs) ni de temps (ils sont tous les deux des futurs), mais d'aspect: le Futur représente une action à venir (donc *imparfait*), tandis que le Futur Antérieur présente une action comme étant déjà accomplie par rapport à une autre action (donc *parfait*), même si elle est toujours à venir. Les marqueurs d'aspect se mélangent souvent aux marqueurs de temps, pour former des morphèmes fusionnés.

Ceci explique pourquoi la grammaire traditionnelle néglige souvent de parler de l'aspect, voulant tout regrouper sous l'étiquette de temps. Choi-Jonin et Delhay expliquent que l'aspect est en fait "une catégorie peu marquée grammaticalement en français, contrairement à ce qui se passe dans d'autres langues" (1998, 121). C'est le contraste entre les formes verbales utilisées, plutôt qu'un marqueur concret ajouté au verbe, qui montre cette distinction entre aspects (voir le tableau 4.3).[10]

Le lecteur notera que le Passé Composé se trouve dans les deux colonnes sur ce tableau; c'est-à-dire qu'il peut représenter un aspect accompli ou inaccompli, selon son usage. L'usage le plus commun du Passé Composé est sans doute celui que Choi-Jonin et Delhay ont appelé *passé composé 1,* que l'on trouve en contraste avec le présent et qui marque le parfait:

364. Je suis *allée* au supermarché, maintenant je *vais* à la banque.

Dans cet usage, les limites sont implicites; on voit le processus comme ayant été achevé pendant une certaine période passée, et on analyse le Passé Composé comme un aspect parfait. Mais il y a un autre usage de ce temps, plus rare, où les limites ne sont pas claires, normalement en combinaison avec le Passé Surcomposé:

365. Quant il *a eu pris* ce médicament, il *s'est senti* immédiatement fatigué.

Dans ce cas, le début de l'activité est assez clair, mais pas nécessairement sa fin. Choi-Jonin et Delhay classifient ce type de Passé Composé comme un imparfait. Ils notent, cependant, citant Walter (1988) que l'usage du Passé Surcomposé est assez rare en français actuel et ne s'entend plus qu'en Provence (où il reste assez fréquent), aussi bien qu'en Suisse (1998, 124, n.12).[11]

Avez-vous compris?
On répète ici un passage de Camus que vous avez déjà lu. Dites cette fois si les verbes en italique marquent un aspect parfait ou imparfait.

Si, aujourd'hui, la peste vous *regarde,* c'est que le moment de réfléchir *est venu.* Les justes *peuvent* craindre cela, mais les méchants ont raison de trembler. Dans l'univers, le fléau implacable *battra* le blé humain jusqu'à ce que la paille *soit séparée* du grain. Il y aura plus de paille que de grain, plus d'appelés que d'élus, et ce malheur *n'a pas été voulu* par Dieu. Trop longtemps, ce monde a composé avec le mal, trop longtemps, il *s'est reposé* sur la miséricorde divine. Il *suffisait* de repentir, tout était *permis.* Et pour repentir, chacun *se sentait* fort. Le moment venu, on l'éprouverait assurément. D'ici là, le plus facile était de se laisser aller, la miséricorde divine ferait le reste. . . .

Paneloux *tendit* ici se deux bras courts dans la direction du parvis, comme s'il montrait quelque chose derrière le rideau mouvant de la pluie: "Mes frères, *dit-*il avec force, c'est la même chasse mortelle qui se courre aujourd'hui dans nos rues. *Voyez*-le, cet ange de la peste, beau comme Lucifer et brillant comme le mal lui-même, dressé au-dessus de sa tête, la main gauche désignant l'une de vos maisons. . . . Cette main qu'elle vous *tendra,* nulle puissance terrestre et pas même, *sachez*-le bien, la vaine science humaine, ne peut faire que vous l'*évitiez.* Et battus sur l'aire sanglante de la douleur, vous *serez rejetés* avec la paille." (Camus, *La Peste*)

4.4.3.6 Les Formes analytiques vs. les formes synthétiques

Pour bien comprendre les différentes formes verbales, il faut faire une autre distinction: celle des formes analytiques et des formes synthétiques. Les formes verbales *analytiques* consistent en deux ou plusieurs morphèmes autonomes, qui ensemble prennent un sens spécifique, mais sans fusion des morphèmes. Tous les temps dits composés sont des formes analytiques, aussi bien que le futur proche (*aller* + infinitif) et le passé immédiat (*venir de* + infinitif). À côté de ces formes analytiques, il existe aussi des formes *synthétiques,* où deux ou plusieurs morphèmes sont fusionnés dans un seul mot, pour prendre un sens spécifique. Les temps dits simples (le Présent, le Passé Simple, le Conditionnel, etc.) sont des formes synthétiques, où le radical du verbe, aussi bien que les marqueurs de personne/nombre/temps/aspect/mode se lient dans une seule forme écrite.

Le Futur représente un cas intéressant, et montre la progression d'une langue au cours de plusieurs siècles. En latin, le Futur était un temps synthétique; mais au cours de l'évolution du latin vers le français, il est devenu analytique (c'est-à-dire, composé), représenté par l'infinitif suivi de l'auxiliaire *haber* (*avoir*) conjugué. Pour représenter l'idée *j'aimerai* en latin vulgaire, on se servait de la forme suivante:

366. amare habeo

Ces morphèmes se sont ensuite fusionnés, pour produire une nouvelle forme synthétique: *je chanterai, il finira,* etc., qui garde, dans l'ensemble, les formes conjuguées du verbe *avoir,* mais fusionnées avec le radical pour donner un seul mot. Mais depuis assez longtemps, il y a une nouvelle forme analytique qui fait concurrence au futur synthétique du français: c'est ce que l'on appelle le Futur Proche. Cette forme, qui est constituée du verbe *aller,* conjugué au présent, suivi d'un infinitif, était utilisée au début pour exprimer le futur immédiat (comme c'est toujours le cas en italien). C'est-à-dire que l'on devait vraiment être en train de partir pour pouvoir dire la phrase 367:

367. Je vais voyager en France.

C'était une forme verbale qui indiquait, par sa nature même, le mouvement, et ainsi son résultat éventuel. Mais de nos jours, le Futur Proche remplace de plus en plus souvent le Futur Simple, même pour les actions qui auront lieu très loin dans l'avenir. S'il y a une différence entre les deux formes, c'est que le Futur Proche s'utilise surtout pour les événements considérés comme inéluctables. Nous trouvons donc des phrases telles que les numéros 368 et 369 au Futur Proche aussi souvent qu'au Futur Simple:

368. L'an prochain, je vais voyager en France.
369. Dans dix ans, il va être seul au monde.

Est-ce que cette forme analytique deviendra synthétique? Est-ce qu'elle remplacera complètement le Futur Simple? Il est impossible de répondre avec certitude à ces questions, mais on sait que les systèmes linguistiques sont dirigés surtout par l'efficacité, et il est plus efficace de conjuguer un seul verbe, suivi d'un infinitif, que de devoir apprendre tous les radicaux irréguliers du Futur. C'est certainement un aspect de la langue française à observer dans les décennies à venir.

4.4.3.7 La Question du conditionnel

Le *conditionnel* est, depuis longtemps, l'objet de beaucoup de discussions en linguistique française. Est-ce plutôt un mode, avec l'indicatif, le subjonctif, et l'impératif, ou plutôt un temps, parmi les autres temps de l'indicatif? Les linguistes qui veulent voir dans le conditionnel un mode à part entière (Curat, par exemple) font référence à son usage pour parler des actions hypothétiques, c'est-à-dire, irréelles ou non-réalisables. Ils le voient comme contrastant avec l'indicatif, plutôt que comme faisant partie de ce mode. Ceux qui l'analysent comme un des temps de l'indicatif (Béchade, Choi-Jonin et Delhay, Confais, et Gardes-Tamine, parmi beaucoup d'autres) font référence à sa ressemblance avec le Futur (dont il partage le radical) aussi bien qu'avec l'Imparfait (dont il partage les désinences), qui sont tous les deux des temps de l'indicatif. Ils notent aussi que le concept d'hypothèse ne change en rien le fait que le processus pourrait se réaliser, si les conditions de cette réalisation étaient propices. Ils voient la phrase 370 comme équivalent temporellement à la phrase 371; ce qui les distingue, c'est l'ajout de l'irréalité (mais non de l'irréalisabilité) dans la première.

370. S'il faisait beau, nous *irions* au parc.

371. S'il fait beau, nous *irons* au parc.

Ces linguistes citent aussi l'emploi du conditionnel pour remplacer le futur dans le discours rapporté:

372. Il dit qu'il *viendra*.

373. Il a dit qu'il *viendrait*.

Gardes-Tamine ajoute que les morphèmes temporels ont aussi des valeurs aspectuelles et modales (2002, 71). On peut donc concevoir le conditionnel comme un temps (souvent équivalent au futur), mais avec des usages modaux particuliers. Un de ces usages est cet emploi hypothétique qui vient d'être examiné.

Le conditionnel sert aussi à atténuer l'affirmation du locuteur sur des faits supposés mais pas encore vérifiés. Dans ce cas, le conditionnel communique une supposition. On croit savoir ce qui se passe (ou s'est passé), mais on n'est pas tout à fait certain, donc on atténue ce que l'on dit en utilisant le conditionnel. Ceci constitue un aspect modal du conditionnel, au même titre que son emploi pour exprimer des hypothèses. On rencontre souvent cet usage dans la presse écrite et parlée, surtout dans les cas où l'on présente des informations incertaines ou non-vérifiées. Cette différence se voit dans les numéros 374 et 375, où le passé laisse comprendre que l'on sait exactement ce qui s'est passé, tandis que le conditionnel suggère quelques doutes.

374. La police dit que le voleur *serait entré* par une fenêtre ouverte.

375. La police dit que le voleur *est entré* par une fenêtre ouverte.

Dans la première phrase, le conditionnel sert de passé pour expliquer les événements, tout en exprimant un doute sur leur véracité; dans la deuxième, on sait qu'on a raison, et on utilise directement un passé sans devoir nuancer ses propos.

Avez-vous compris?

I. Dans les phrases suivantes, identifiez les usages temporaux du conditionnel (où le conditionnel remplace le futur) et les usages modaux (l'information supposée mais non vérifiée et les actions hypothétiques, en distinguant entre ces deux derniers).

1. Paul, à demi fou, avait donné l'ordre d'arrêter, à partir de neuf heures, tous les passants, sauf les sages-femmes et les médecins. Faut-il croire l'absurde légende selon laquelle Rollebon aurait dû se déguiser en sage-femme pour parvenir jusqu'au palais? (Sartre, *La Nausée*)

2. Quand je suis revenu de voyage, j'aurais pu tout aussi bien me fixer à Paris ou à Marseille. (Sartre, *La Nausée*)

3. [À Catherine de Médicis] Michel de Nostradamus, l'astrologue le plus célèbre de son temps, lui avait prédit que trois de ces fils régneraient puis que sa race s'éteindrait. [Ceci est en fait arrivé en 1589.] (Brichant, *La France au cours des âges*, 177)

4. Quant au petit Louis XVII (né en 1785), il mourut, officiellement, en 1795. En réalité, le pauvre être hébété qui mourut au Temple avait probablement été substitué au dauphin. Le vrai Louis XVII aurait été sorti du Temple clandestinement (comment? par qui?) puis il aurait disparu. (Brichant, *La France au cours des âges*, 368, n.16)

5. On estime que la Terreur aurait fait entre 35 000 et 40 000 victimes, sans compter les rebelles tombés en combattant, les exécutions sans jugement, les morts dues au mauvais état sanitaire des prisons, etc. Il y aurait eu environ 300 000 suspects. (Brichant, *La France au cours des âges*, 368–69)

6. Pressés aux fenêtres ou dans les rues, les Parisiens crient sur son passage: "Vive le roi, vivent la paix et la liberté!" Déjà inquiets pour sa sécurité, les amis du monarque voudraient dresser des barrières. "Laissez-les, répond celui-ci. Ils sont affamés de voir un roi!" (Brichant, *La France au cours des âges*, 210)

7. J'espérais que [cette idée] se dissiperait aux lumières. Mais elle est restée là, en moi, pesante et douleureuse. (Sartre, *La Nausée*)

8. La liaison de Louis XV et de la marquise [de Pompadour] aurait commencé en 1745, à un bal masqué donné en l'honneur du mariage du dauphin. (Brichant, *La France au cours des âges*, 310)

9. "L'État c'est moi," aurait déclaré Louis XIV. Vraisemblablement, ce mot "historique" n'a jamais été prononcé par le roi, mais, de façon simpliste, il révèle la philosophie générale du règne. (Brichant, *La France au cours des âges*, 259)

10. "Seul l'avenir dira ce qu'il sortira vraiment du nouveau département que

propose George Bush, un département dont le patron *aurait* rang de minis-
tre. Arme antiterroriste efficace ou monstre bureaucratique, le Homeland
Security Department *reprendrait* 169 000 fonctionnaires, et 37 milliards
de dollars de budget, d'organismes ou de ministères existants." (Philippe
Boulet-Gercourt, "Éléphant blanc ou coup de génie?" *Le Nouvel Observateur*, 13–19 juin 2002.)

4.4.3.8 Morphèmes de personne/nombre/temps/aspect/mode

Il est quelquefois difficile de distinguer clairement les morphèmes du temps/as-
pect/mode de ceux de la personne et du nombre d'un verbe, puisqu'ils sont souvent fusionnés en une seule forme. Regardons, par exemple, les verbes du premier
groupe, au Présent de l'Indicatif. Dans la forme *je parle,* tout le monde est d'accord
que *parl-* représente le radical, et *-e* le seul marqueur. Mais est-ce que c'est un
morphème de temps, d'aspect, de mode, de personne, ou de nombre? Si on prend
ce *-e* comme marqueur du temps, on devrait conclure qu'il n'y a pas de marqueur
explicite pour la personne et le nombre. Ceci est bien possible, étant donné le rôle
des pronoms sujets. Mais comparons cette forme avec la première personne du
pluriel: *nous parlons.* Maintenant, il n'y a pas de *e,* mais on a un marqueur de per-
sonne/de nombre. Est-ce que l'on peut dire que le même verbe marque le temps
mais pas la personne au singulier, et la personne mais pas le temps au pluriel?

Pour compliquer encore la situation, considérons aussi les différences entre la
langue écrite et la langue parlée. Dans la langue parlée, ce *-e* n'existe pas; est-ce
qu'il faut dire que le verbe n'est donc pas marqué pour le temps en langue parlée,
tandis qu'il l'est en langue écrite? Et comment expliquer que le Présent du Subjonctif emploie exactement les mêmes formes à certaines personnes? Est-ce que
cela veut dire que le mode n'est pas marqué sur ces verbes?

En fait, on pourrait essayer de faire des analyses compliquées, où l'on distingue-
rait éventuellement tous ces différents morphèmes verbaux, à l'aide de beaucoup
de zéros, et d'une logique souvent difficile à suivre. (Voir Choi-Jonin et Delhay,
1998, pour un exemple assez clair, mais non moins problématique.) Il est préférable de suggérer que les différents morphèmes verbaux sont souvent fusionnés si
étroitement qu'il est difficile de les distinguer les uns des autres.

Qui plus est, c'est souvent toute la construction syntaxique, et non pas une
simple forme synthétique, qui détermine le sens d'un verbe. C'est en regardant
toute la phrase que l'on peut dire avec certitude que *je chante* est au Présent de
l'Indicatif dans le numéro 376, tandis que cette même forme verbale est au Présent
du Subjonctif dans le numéro 377:

376. Je chante sous la douche.
377. Il veut que je chante.

C'est la présence d'un verbe de volonté et de la conjonction *que* qui nous aide à faire cette analyse, pas la morphologie du verbe lui-même. Est-ce que l'on suggèrerait donc que la conjonction *que* est un morphème de mode? Cela ne peut pas être le cas, parce qu'il y a d'autres usages où cette même conjonction est suivie de l'indicatif. Ce n'est pas la conjonction toute seule, mais l'ensemble de la phrase qui signale le subjonctif dans cet exemple.

Dans d'autres cas, on utilise les mêmes morphèmes, précédés de radicaux différents, pour marquer des temps/des modes distincts. Considérez, par exemple, l'Imparfait et le Conditionnel présent. Pour ces deux formes verbales, les marqueurs de personne/de nombre sont exactement les mêmes, pour tous les verbes de la langue française. Ce qui les distingue n'est donc pas les morphèmes liés mais les radicaux, comme on le voit dans les exemples 378 et 379:

378. je chant*ais* (Imparfait)/je chanter*ais* (Conditionnel Présent)

379. il finiss*ait* (Imparfait)/il finir*ait* (Conditionnel Présent)

On pourrait analyser le Conditionnel comme comprenant un radical *chant-* suivi d'un marqueur de temps/de mode *-er,* et enfin d'un marqueur de personne/de nombre. Mais n'oublions pas que ce marqueur de temps/de mode est le même que pour le Futur. Qu'est-ce qui distingue donc le Futur du Conditionnel? Ce sont les marqueurs de personne/de nombre. Mais comment est-ce que les marqueurs de personne/de nombre peuvent noter une distinction de temps/de mode? Cette argumentation devient de plus en plus incohérent! Souvent, il faut considérer le radical, le(s) morphème(s) lié(s) et aussi tout le reste de la phrase pour arriver à la bonne interprétation. C'est la combinaison de tous ces différents morphèmes qui est importante, pas simplement pour les temps composés mais pour tous les temps verbaux. C'est ce qui donne, en fin de compte, le sens global du verbe. Essayer d'identifier séparément ces morphèmes fusionnés est souvent un exercice futile, qui apporte plus de questions que de réponses. On a donc choisi de ne pas parler de la forme sous-jacente des verbes, dans l'effort d'encourager le lecteur à considérer le verbe globalement, avec tout le reste de la phrase au besoin, pour déterminer le temps, l'aspect, le mode, le nombre, et la personne dont il s'agit.

Avez-vous compris?

Dans le passage suivant, notez la personne, le nombre, le temps, l'aspect, et la voix de chaque verbe en italique.

6 février, 1850. "A bord de la Cange."

C'*était,* je *crois,* le 12 novembre de l'année 1840. Je *revenais* de la Corse (mon premier voyage). La narration écrite en *était achevée,* et je *considérais,* sans les voir, tout étalées sur ma table, quelques feuilles de papier dont je ne savais plus que faire. Autant qu'il m'en *souvient,* c'était du papier à lettres, à teinte bleue, et encore tout divisé par cahiers pour pouvoir tenir dans les ficelles de mon portefeuille de voyage.

Ils *avaient été achetés* à Toulon, par un de ces matins d'appétit littéraire où il semble que l'on a les dents assez longues pour pouvoir écrire démesurément sur n'importe quoi. *J'ai jeté* sur les pages noircies un long regard d'adieu; puis, les repoussant, *j'ai reculé* ma chaise de ma table et je me *suis levé.* Alors j'ai marché de long en large dans ma chambre, les mains dans les poches, le cou dans les épaules, les pieds dans mes chaussons, le cœur dans ma tristesse.

C'était fini. J'étais sorti du collège. Qu'allais-je faire? *J'avais* beaucoup de plans, beaucoup de projets, cent espérances, mille dégoûts déjà. *J'avais* envie d'apprendre le grec. Je regrettais de n'être pas corsaire. J'éprouvais des tentations de me faire renégat, muletier ou camaldule. Je voulais sortir de chez moi, de mon moi, aller n'importe où, partout, avec la fumée de ma cheminée et les feuilles de mon acacia.

Enfin, poussant un long soupir, je me *suis rassis* à ma table. J'ai enfermé sous un quadruple cachet les cahiers de papier blanc, j'ai écrit dessus, avec la date du jour: "Papier réservé pour mon prochain voyage," suivi d'un large point d'interrogation, j'ai poussé cela dans mon tiroir et j'ai tourné la clef.

Dors en paix, sous ta couverture, pauvre papier blanc qui *devais* contenir des débordements d'enthousiasme et les cris de joie de la fantaisie libre. Ton format était trop petit et ta couleur trop tendre. Mes mains plus vieilles *rompront* un jour tes cachets poudreux. Mais qu'*écrirai*-je sur toi? (Flaubert, *Voyage en Orient: Egypte.*)

4.5 La Dérivation et la flexion: résumé

Dans les pages qui précèdent, la dérivation et la flexion ont été considérées séparément. Le lecteur aura noté, cependant, qu'en parlant de la morphologie nominale, adjectivale, ou verbale, il faut examiner ces deux concepts en même temps. On revient donc à ces deux termes, pour les contraster et les synthétiser.

On rappelle ainsi au lecteur que le rôle de la dérivation dans la langue est de créer de nouveaux mots, à partir de morphèmes existants. Ces mots portent, normalement, le sens de tous les morphèmes qui en font partie, mais quelquefois de façon un peu idiosyncratique. La dérivation se fait surtout par affixation et par composition et a pour but d'ajouter un sens à un mot (ce qui se fait par préfixation) ou de changer la classe grammaticale de ce mot. (Ceci s'accomplit par suffixation ou, plus rarement, par dérivation sans affixation.) La flexion, par contre, n'apporte pas de nouveau sens au mot mais spécifie ses catégories grammaticales obligatoires (genre et nombre pour les noms et les adjectifs, temps, mode, personne, et nombre pour les verbes). Ces morphèmes de flexion peuvent avoir un marqueur ouvert ou non: l'absence d'une catégorie signale naturellement la présence d'une autre. Donc, un adjectif qui n'est pas marqué ouvertement pour le féminin est tenu pour masculin et un nom sans marqueur du pluriel est compris au singulier.

De par son rôle, la dérivation n'est pas obligatoire. On n'est jamais obligé de créer de nouveaux mots. On pourrait très bien exprimer la même idée avec un autre mot ou avec une expression syntaxique; la dérivation est donc toujours laissée au choix du locuteur. La flexion, par contre, n'est jamais facultative. Le locuteur n'a aucun choix — chaque fois qu'il se sert d'un adjectif, il faut l'accorder en genre et en nombre avec le nom qu'il modifie; chaque fois qu'il construit une phrase, il faut conjuguer le verbe pour marquer son temps, aspect, et mode, aussi bien que la personne et le nombre de son sujet.

La flexion s'applique surtout aux noms (et leurs déterminants), aux adjectifs, et aux verbes. Les autres classes grammaticales ne connaissent pas de catégories obligatoires et sont donc invariables. Pour les prépositions et les conjonctions, par exemple, il n'y a qu'une seule forme; cette forme subit de temps en temps des changements phonétiques (durant l'élision, par exemple), mais il ne s'agit pas de flexion. Même les adverbes n'ont pas de flexion; ils sont invariables.[12]

Du point de vue de la productivité, la flexion est très productive. Chaque nouveau nom qui est créé trouve aussi une forme plurielle; chaque adjectif a une forme masculine et et une forme féminine (qui sont, quelquefois, phonétiquement semblables) aussi bien qu'une forme singulière et plurielle. On peut conjuguer chaque verbe à tous les temps et modes, et, normalement, aux six personnes. De plus, on peut presque toujours prédire le résultat de la flexion. C'est ainsi que nous arrivons à conjuguer les verbes que nous utilisons pour la première fois ou à deviner le pluriel d'un nom que nous venons de chercher dans le dictionnaire. Il y a bien sûr quelques exceptions, qui sont dues pour la plupart à l'étymologie ou aux changements phonétiques, mais en général, la flexion est facile à prédire. La dérivation est, par contre, moins productive que la flexion, et plus idiosyncratique. Comme nous l'avons dit plus haut, la dérivation n'est pas obligatoire; pour chaque nom il n'existe pas nécessairement un verbe correspondant. D'autre part, la langue accepte moins facilement les néologismes, surtout quand il existe déjà un autre mot pour exprimer la même idée. De plus, il existe en France et au Canada des réglementations pour assurer que les emprunts à d'autres langues n'entrent pas trop facilement en français; ceci exclut donc une source de néologismes et de nouvelles dérivations. Par opposition à la flexion, la dérivation est difficile à prédire; on ne peut pas toujours déterminer à l'avance quel affixe sera choisi, ni quel sera le résultat exact de la combinaison des morphèmes dérivationnels. Nous n'avons qu'à examiner trois verbes, et les noms qui désignent la machine qui fait cette action, pour voir la difficulté à prédire la dérivation. Pour le verbe *calculer* nous retrouvons le nom correspondant *calculatrice—calculateur* ayant été rejeté il y a longtemps pour parler d'une machine à calculer. Pour le verbe *réfrigérer,* par contre, nous trouvons le nom *réfrigérateur,* alors que *réfrigératrice n'existe pas. Enfin, pour le verbe *raser* nous trouvons une forme idiosyncratique, *rasoir,* à côté d'une forme assez régulier, *raseur,* mais avec deux sens différents. Notons que ces verbes sont tous de la première conjugaison. Nous ne pouvons donc pas expliquer ces différences par le type du verbe ou par sa conjugaison, mais simplement par la non-prédictabilité de la dérivation.

Le lecteur notera que la dérivation et la flexion peuvent s'opérer en même temps pour un nom, un adjectif, ou un verbe. Considérez, par exemple, la phrase *je calculais:* ici, il s'agit d'une dérivation du nom *calcul* au verbe *calculer.* Ce verbe subit ensuite la flexion de personne et de nombre, de temps et de mode, pour arriver à *je calculais,* première personne de l'imparfait (de l'indicatif). Il est donc utile de pouvoir distinguer les morphèmes dérivationnels des morphèmes flexionnels. Voici quatre questions simples à poser pour faire cette distinction:

1. Est-ce que le morphème est obligatoire?
2. Est-ce que l'on peut prédire le sens, ou est-ce qu'il est plutôt idiosyncratique?
3. Est-ce que l'on peut prédire la forme du morphème, où est-ce qu'il varie selon le radical?
4. Où se trouve ce morphème? Les morphèmes flexionnels s'ajoutent toujours après les suffixes dérivationnels. La flexion se trouve donc le plus à l'extérieur du mot; elle s'ajoute après tous les autres sens.

4.6   Les Mots grammaticaux

Les *mots grammaticaux* sont des morphèmes libres; ils font partie d'une liste fermée. Ils occupent une position déterminée dans la phrase, mais ils ne sont liés à aucun mot radical. De plus, la plupart des mots grammaticaux sont des *clitiques:* ils ressemblent à des mots indépendants mais n'apparaissent jamais isolés; ils ont donc besoin d'un autre mot pour être employés (*le, ne,* etc.). De cette façon ils sont à la fois libres et liés: ils ne se joignent pas directement au mot radical mais en dépendent pour leur existence. Les prépositions, les pronoms, les auxiliaires, les particules négatives, les conjonctions, etc., sont considérés comme des mots grammaticaux en français.

Ces mots grammaticaux sont, comme nous l'avons dit, des morphèmes libres, même s'ils ressemblent quelquefois à une flexion, étant obligatoires dans certains contextes. On revient à la discussion des déterminants comme marqueurs du genre et du nombre nominal et des pronoms sujets comme marqueurs de la personne et du nombre sur le verbe pour illustrer ce dernier point. On a démontré plus haut que ces morphèmes sont toujours libres, qu'ils ne sont pas encore tout à fait obligatoires, et qu'ils ne peuvent donc pas être considérés comme des flexions. Mais au moment où un mot grammatical devient absolument obligatoire, il se convertit en morphème flexionnel. Les pronoms sujets en français sont déjà devenus des pronoms clitiques; il n'est pas impensable qu'ils soient considérés comme des flexions de personne et de nombre à l'avenir.

Chapitre 5

La Syntaxe

5.1 Le Syntagme

Traditionellement, le terme *syntaxe* se référait au fait de combiner des mots pour former des phrases et se distinguait donc de la morphologie, qui s'intéresse surtout à la formation de mots individuels. Cependant ce terme a été étendu; maintenant le terme syntaxe veut dire plusieurs choses distinctes, mais elles se réfèrent toutes à la structure grammaticale d'une langue: l'ordre des mots dans une phrase, le rôle des flexions obligatoires marquant les relations entre ces mots, la présence et le rôle de mots grammaticaux, etc. En fait, toute la grammaire de la langue — l'accord du verbe avec son sujet, de l'adjectif avec le nom qu'il modifie, et du participe passé avec l'objet direct qui précède — est gouvernée par la syntaxe. Le lecteur notera qu'en décrivant la syntaxe, on est revenu à plusieurs des termes introduits dans le chapitre concernant la morphologie; il y a en fait quelques chevauchements entre ces deux domaines de la linguistique. La grande différence, c'est que la syntaxe s'occupe de la relation entre les différents éléments d'une phrase, la morphologie des mots individuels. De ce fait, c'est la syntaxe qui gouverne la morphologie, et non pas le contraire.

C'est la relation entre les groupes de mots d'une phrase qui détermine notre interprétation de cette phrase; les phrases sont donc regroupées en unités plus petites que l'on appelle *syntagmes*. Un sytagme est un groupe de mots qui fonctionne comme un mot individuel et qui peut donc être remplacé par un seul mot. Divisant la phrase 380 en syntagmes individuels, on trouve deux groupes principaux:

380. La mère met le petit bébé dans le berceau.
     la mère/met le petit bébé dans le berceau

Le fait que l'on peut récrire cette phrase comme le 381:

381. Elle fait (cela).

montre que ces groupes de mots constituent deux syntagmes indépendants. Mais si l'on regarde de plus près le deuxième syntagme, on voit que ce groupe, qui consiste en le verbe et ses objets, peut encore être subdivisé en parties plus petites:

382. (Elle) met/le petit bébé/dans le berceau.

qui peut se récrire de la façon suivante:

383. (Elle) l'y place.

C'est par ces *tests de commutation* que l'on détermine quels sont les syntagmes d'une phrase. Chaque syntagme peut se récrire par un seul mot et peut, dans le cas des syntagmes verbaux surtout, incorporer d'autres syntagmes plus petits.

Le regroupement en syntagmes nous aide à interpréter une phrase; la syntaxe existe dans une langue pour mieux clarifier les relations des mots les uns avec les autres et pour réduire l'ambiguïté autant que possible. Considérez maintenant le contraste entre les phrases suivantes:

384. Aujourd'hui, j'ai rencontré un homme et une femme ambitieux.
385. Aujourd'hui, j'ai rencontré un homme et une femme ambitieuse.

Dans le 384, l'accord de l'adjectif montre clairement que l'homme et la femme sont tous les deux ambitieux. Dans l'exemple 385, par contre, nous ne commentons que sur la femme; la personnalité de l'homme est peut-être inconnue, peut-être sans importance. Il devient clair, donc, que la syntaxe joue un rôle important dans la compréhension globale de toute la phrase et surpasse la morphologie, qui ne touche que le mot. La flexion doit donc être considérée comme appartenant à la fois à la morphologie et à la syntaxe.

Avez-vous compris?

I. Coupez les phrases suivantes en syntagmes. Commencez par les plus grands syntagmes que vous pouvez trouver, et puis, quand possible, subdivisez ces syntagmes.

Modèle: *Hier soir, nous avons regarder un bon film à la télévision.*
   Hier soir | nous | avons regardé un bon film | à la télévision.
   Hier soir | nous | avons regardé | un bon film | à la télévision.

1. Sa beauté inspire les artistes.
2. Ma mère a préparé mon repas préféré dimanche dernier.
3. Le week-end dernier, l'homme et sa femme sont allés au cinéma.
4. À Tahiti, la température est toujours parfaite.
5. Les amoureux viennent en nombre à Paris.
6. Le bus s'arrête souvent en ville pour prendre des passagers.

7. Dans les montagnes, les oiseaux chantent dès l'aurore et continuent jusqu'à l'aube.
8. Au Sénégal, les gens parlent plusieurs langues.
9. Normalement, je mange un sandwich au déjeuner.

II. Maintenant testez vos hypothèses: pouvez-vous remplacer les syntagmes que vous avez identifiés par un seul mot? Sinon, cherchez des syntagmes encore plus petits.

5.2 La Grammaire générative

Plusieurs théories ont été avancées pour expliquer la syntaxe en langue naturelle. Celle qui a reçu le plus de soutien, cependant, c'est la théorie de la *grammaire générative*, avancée par Noam Chomsky à partir des années cinquante. Cette approche propose que toute langue suit des règles de grammaire bien définies qui gouvernent la structure et la forme. Ces règles peuvent ensuite *générer* un nombre infini de phrases; en partant d'un nombre limité de mots, on peut créer à l'infini des nouvelles phrases. Ceci explique la créativité d'une langue, où l'on n'est jamais obligé de répéter une phrase mais où l'on peut toujours en créer une nouvelle. Ces règles représentent donc la structure profonde de la langue (c'est-à-dire, les règles sous-jacentes qui gouvernent la grammaire), tandis que les phrases ne montrent que la structure de surface (c'est-à-dire, une énonciation). À la base de la grammaire générative se trouve la notion de syntagmes, qui se combinent pour former des phrases. Incluse dans cette notion est aussi la notion de la *récursivité*, c'est-à-dire, le concept qu'un syntagme peut contenir un autre syntagme, du même type, pour créer de nouveaux sens.

Cette théorie a beaucoup évolué depuis ses débuts et continue à le faire, mais ses éléments de base nous permettent de comprendre la structure rudimentaire des phrases en français. Je présente ici les bases de cette théorie: les règles de réécriture et les arbres structurels. Avant d'étudier la structure de la phrase elle-même, il faut comprendre la nature de ses éléments constitutifs: les différents types de sytagmes dont sont constituées les phrases.

5.2.1. Le Syntagme nominal

Un *syntagme nominal* consiste obligatoirement en un substantif précédé d'un déterminant. La forme minimale d'un syntagme nominal est donc Déterminant + Nom, comme dans: *le garçon, une fille, ce livre,* etc. Le déterminant peut être supprimé dans le cas d'un nom propre ou avec certains prépositions (*en ville, sans papiers*, etc.), mais son marqueur existe toujours dans la structure profonde. Cette structure profonde s'exprime en règles de réécriture, comme dans le numéro 386a:

386a. SN   →   D N
       Un Syntagme Nominal   se réécrit comme   Déterminant + Nom

Ce syntagme nominal peut aussi être *expansé*, c'est-à-dire, élargi, au moyen d'un adjectif qualificatif ou d'un syntagme prépositionnel. Ces expansions sont toujours représentées après le nom dans la structure profonde, bien que quelques-unes parmi elles se déplacent dans la structure de surface (comparez *une voiture économique* et *mes meilleurs amis,* par exemple). Les parties facultatives d'un syntagme sont exprimées par des parenthèses, comme on le voit dans la nouvelle version de la règle de réécriture, exemple 386b:

386b. SN   →   D N (E)
       Un Syntagme Nominal   se réécrit comme Déterminant + Nom
                                              (Expansé)

Pour expliquer le nom expansé, il nous faut une autre règle de réécriture, qui est, en vérité, un choix entre plusieurs versions possibles:

387. NE → $\begin{cases} \text{N Adj} \\ \text{N SP} \\ \text{N Adj SP} \end{cases}$ une robe bleue
                            une robe en soie
                            une robe bleue en soie

Les accolades { } indiquent que l'on a le choix entre toutes ces possibilités.

Il faut aussi noter que le déterminant peut être précédé par un pré-déterminant (*tous*) ou suivi d'un post-déterminant (*autre, même, trois, cinq,* etc.); c'est ainsi que l'on trouve des syntagmes nominaux tels que: *toutes les autres personnes, mes trois soeurs,* etc. Ces pré- et post-déterminants font partie du déterminant et ne constituent pas des expansions au nom. Ils doivent aussi être représentés dans la règle de réécriture d'un syntagme nominal, comme des constituants facultatifs:

388. SN   →   (Pré-D)   D   (Post-D)   N (E)
                  toutes   les   autres   personnes

Le nom constitue la *tête* du syntagme (aussi appelé le *noyau*), parce que c'est la partie la plus importante. Le déterminant est un constituant obligatoire du syntagme, tandis que l'expansion du nom et les pré- et post-déterminants sont des constituants facultatifs, comme les parenthèses le montrent.

5.2.2 Le Syntagme verbal

Le *syntagme verbal* est plus complexe que le syntagme nominal, puisqu'il offre plus de possibilités. Pour commencer, il peut consister en un verbe, suivi ou non par un complément d'objet direct (c'est-à-dire, par un syntagme nominal):

389. Elle mange.
390. Elle mange un gâteau.

par un complément d'objet indirect (c'est-à-dire, par un syntagme prépositionnel):

391. Il écrit à son frère.

ou par les deux:

392. Il écrit une lettre à son frère.

C'est le verbe qui détermine quels compléments sont nécessaires ou acceptables dans la langue: en discutant de cette notion, on parle de la *valence* des verbes (on utilise ici le terme *sous-catégorisation* aussi). Les verbes *monovalents* ont un seul actant, le sujet, et n'ont pas de complément, comme on voit dans le numéro 393:

393. Je cours.

Les verbes bivalents ont deux actants, le sujet et un complément (direct dans le 394; indirect dans le 395):

394. Elle conduit une nouvelle voiture.
395. Il téléphone à sa mère.

Les verbes trivalents ont nécessairement trois actants; selon le verbe, le troisième actant peut être un complément d'object indirect, comme dans le numéro 396, ou un syntagme prépositionnel signalant le lieu, comme dans l'exemple 397:

396. J'ai donné le livre à mon frère.
397. J'ai mis le livre dans mon bureau.

Dans ce dernier cas, le syntagme prépositionnel est considéré comme un complément obligatoire du verbe, et non pas comme un complément facultatif de la phrase entière, parce que sans ce complément la phrase est aggramaticale:

398. *J'ai mis le livre.

De même, on ne peut pas changer la place de ce syntagme prépositionnel obligatoire, tandis qu'un changement de lieu est possible quand il s'agit d'un complément facultatif de la phrase. Comparez la phrase 399, où le syntagme prépositionnel est sélectionné par le verbe, et la phrase 400, où il fait partie de la phrase entière:

399. J'ai mis le livre dans mon bureau./?Dans mon bureau j'ai mis le livre.[1]
400. J'ai plusieurs livres dans mon bureau./Dans mon bureau j'ai plusieurs livres.

Finalement, on appelle *avalent* les verbes sans actants, aussi appelés les verbes *impersonnels* en français:

401. Il pleut.

Du point de vue grammatical, ces verbes ont un sujet, *il*, mais ce sujet ne fait référence à rien de spécifique et n'exerce aucune influence sur le verbe. Il existe tout simplement parce que le verbe en français exige un marqueur de personne et de nombre mais ne peut pas être considéré comme un actant du verbe.

La valence du verbe est quelquefois stable, mais souvent changeante. Comme on l'a remarqué plus haut, c'est toujours le verbe qui détermine le type d'actant(s) qui peut/peuvent l'accompagner, mais ceci dépend souvent du contexte dans lequel le verbe est utilisé. Tandis qu'il existe des verbes qui n'acceptent pas de complément d'objet direct ou indirect, comme exemplifié dans l'exemple 402, il y en a beaucoup d'autres qui acceptent que le complément soit exprimé ou non, comme on voit dans les phrases 403 et 404:

402. Ils arrivent.
403. Nous mangeons./Nous mangeons un sandwich.
404. Elle parle./Elle parle à son ami./Elle parle à son ami de son prof.

Il faut bien connaître la sous-catégorisation de chaque verbe pour pouvoir bien l'utiliser dans une langue; c'est ce qui détermine s'il faut un complément d'objet direct ou indirect.

En plus des compléments directs ou indirects, le syntagme verbal peut aussi consister en une copule suivie d'un syntagme adverbial (voir le numéro 405), d'un syntagme adjectival (406), ou d'un syntagme nominal (407):

405. Nous sommes en retard.
406. Il devient fatigué.
407. Je suis avocate.

La copule est un verbe qui est, en général, sémantiquement vide, c'est-à-dire qu'elle n'a pas beaucoup de sens en elle-même; son rôle est plutôt de lier un nom et son complément. La copule la plus commune en français est le verbe *être*, mais cette catégorie compte aussi les verbes *devenir, sembler, paraître, se trouver* et *avoir l'air,* entre autres avec approximativement le même sens (*constituer, représenter, tomber, demeurer, rester,* quand ceux-ci sont utilisés avec le sens de *être* ou *devenir*).

La réécriture du syntagme verbal est donc plus compliquée que celle du syntagme nominal, puisqu'il y a plus de possibilités. Toutes ces possibilités sont représentées entre accolades dans le numéro 408:

408. SV →
$$\begin{cases} V \ (SN) \ (SP\text{-}coi) \\ \\ V \ (SN) \ (SP\text{-}loc) \\ \\ V \ (SP\text{-}coi) \ (SP) \\ \\ Cop \ SN \\ Cop \ SAdj \\ Cop \ (SP\text{-}loc) \end{cases}$$

V (SN) (SP-coi)	il chante/
	il chante une chanson/
	il chante pour sa femme/
	il chante une chanson pour sa femme
V (SN) (SP-loc)	nous conduisons/
	nous conduisons la voiture/
	nous conduisons à l'école/
	nous conduisons la voiture à l'école
V (SP-coi) (SP)	vous parlez/
	vous parlez à votre mari/
	vous parlez de vos problèmes/
	vous parlez à votre mari de vos problèmes
Cop SN	elle est professeur
Cop SAdj	ils deviennent impatients
Cop (SP-loc)	je suis dans mon bureau

Notez bien que les éléments entre parenthèses sont facultatifs; la même règle sert à expliquer les syntagmes verbaux avec ou sans ces autres syntagmes facultatifs.

Avez-vous compris?

I. Pour les expressions suivantes, dites s'il s'agit d'un nom simple ou expansé. Ensuite, identifiez les constituants individuels des syntagmes nominaux, utilisant la notation introduite dans la section 5.2.1.

Modèle: *mon frère cadet* Nom expansé; SN → D N Adj

1. une grande amie
2. un problème
3. une veste en cuir
4. son demi-frère
5. une petite voiture économique
6. une chemise en coton confortable
7. le soleil
8. les trois muses
9. ma belle-mère
10. toutes ses autres explications
11. une fenêtre ouverte

II. Donnez la règle de réécriture qui correspond à chacun des syntagmes verbaux suivants. (Ne vous occupez pas des syntagmes nominaux ici.)

1. L'athlète court.

2. Mes parents sont retraités.

3. Annette fait la cuisine.

4. La banque se trouve près d'ici.

5. Georges travaille beaucoup; il devient fatigué.

6. Ce bâtiment est un musée d'art populaire.

7. J'envoie une carte postale à ma mère.

8. Les Belges mettent de la mayonnaise sur leurs frites.

9. Mon avion est en retard.

10. Je dors dans ma chambre.

11. Mon frère téléphone à ma mère.

12. Vous semblez fatigué.

5.2.3 Le Syntagme adjectival

Un *syntagme adjectival* se réécrit comme un adjectif, tout simplement. Quand l'adjectif apparaît seul, après un verbe copule, on parle d'un syntagme adjectival (SV→ Cop SAdj). Il s'agit ici d'un adjectif *attribut* (l'adjectif modifie un nom) mais en est séparé par un verbe copule:

409. SAdj → Adj   Cette femme est ambitieuse.

Charles semble intelligent

Nous devenons découragés.

(L'adjectif compris dans le syntagme nominal, par contre, est un adjectif *épithète,* subordonné directement au nom, et faisant donc partie de ce syntagme SN → N E: *une femme intelligente.* Dans ce cas-là, on ne parle pas de *syntagme* adjectival mais d'un adjectif tout simplement.)

5.2.4 Le Syntagme adverbial

Le *syntagme adverbial,* lui, est plus complexe que le syntagme adjectival. Il peut faire partie d'un syntagme verbal, pour modifier le verbe (phrase 410); d'un syntagme adjectival, pour modifier l'adjectif (411); d'un autre syntagme adverbial, pour modifier l'adverbe (412); ou de la phrase elle-même, pour apporter des informations circonstancielles (413). Dans cette dernière situation, sa position est variable — il peut être placé au début de la phrase, après le verbe, ou à la fin de la phrase. Considérons quelques exemples de syntagme adverbial:

410. J'ai bien répondu à la question.

411. C'est une très grande maison.

412. Il joue assez bien de la clarinette.

413. Normalement, je vais au supermarché le week-end.

Comme le lecteur aura noté, le syntagme adverbial qui fait partie d'un autre syntagme n'est pas mobile; il a une place spécifique dans la phrase et ne peut pas bouger de cette place. Il est donc important de faire une distinction entre les syntagmes adverbiaux qui font partie d'un autre syntagme et ceux qui sont attachés à la phrase entière et qui peuvent donc se déplacer. Un test de commutation sert bien ici: si on peut déplacer l'adverbe sans provoquer des changements de sens, il s'agit d'un syntagme adverbial sélectionné par la phrase entière; si, par contre, ce déplacement provoque des changements de sens ou résulte en des phrases anomales, on dit que le adverbe est sélectionné par un autre syntagme et fait donc partie de ce syntagme. Contrastez les modifications faites aux phrases 412 et 413 précédentes:

412b. *Assez il joue bien de la clarinette.

412c. ? Assez bien il joue de la clarinette.

413b. Je vais normalement au supermarché le week-end.

413c. Je vais au supermarché le week-end, normalement.

La règle de réécriture d'un syntagme adverbial est la suivante:

414. SAdv → Adv.

5.2.5 Le Syntagme prépositionnel

Un *syntagme prépositionnel* consiste nécessairement en une préposition et son complément (qui est toujours un syntagme nominal); il se réécrit donc comme ceci:

415. SP → Prep SN

Si l'on retourne à l'expression *au supermarché* de l'exemple 413, on voit donc que ce syntagme est constitué de trois constituants distincts: *à, le,* et *supermarché.* Le changement phonétique qui est responsable de la contraction *au* ne change en rien le fait que, dans la structure profonde, il y a une préposition, un déterminant, et un nom. Il est à noter que les syntagmes prépositionnels jouent souvent un rôle adverbial dans la phrase, expliquant la manière, le lieu, le temps, ou la cause. Ce sont, tout de même, des syntagmes prépositionnels, malgré leur rôle, puisque la tête du syntagme est une préposition.

Tout comme les syntagmes adverbiaux, les syntagmes prépositionnels peuvent être sélectionnés par un autre syntagme (un nom ou un verbe, par exemple) ou peuvent exister indépendamment. Ceux qui sont sélectionnés par un autre syntagme sont nécessairement liés à ce syntagme; ceux qui ne sont pas sélectionnés sont mobiles dans la phrase. Contrastez les phrases suivantes et leurs modifications:

416a. Elle a acheté une robe en coton.

416b. *En coton elle a acheté une robe.

417a. Il va au bureau.

417b. *Au bureau il va.

418a. Je fais du jogging dans le parc.

418b. Dans le parc je fais du jogging.

L'attribution d'un syntagme à un autre syntagme ou à la phrase entière peut quelquefois entraîner une différence de sens, une ambiguïté qui existe souvent dans la forme de surface, mais qui peut être éclaircie par la structure profonde. Considérons une phrase avec un sens ambigu:

419. Paul a dit bonjour à la femme au téléphone.

Dans l'interprétation de cette phrase, tout dépend de ce que l'on fait avec le dernier syntagme adverbial, *au téléphone*. On peut l'attribuer au syntagme nominal *la femme*, en le voyant comme une expansion du nom, et donc une description de la femme: elle était au téléphone, et Paul lui a dit bonjour en passant. Ou bien, on peut le voir comme un syntagme ayant rapport à toute la phrase: Paul et la femme étaient tous les deux au téléphone, et Paul lui a dit bonjour. Ce n'est que cette dernière interprétation qui permet le déplacement de ce syntagme et qui montre donc son rapport avec la phrase entière:

420. Au téléphone, Paul a dit bonjour à la femme.

On voit bien ici la différence entre un syntagme qui est sélectionné spécifiquement par un autre syntagme de la phrase et un syntagme qui appartient (facultativement) à la phrase entière. Ce n'est que ce dernier qui puisse se déplacer librement.

5.2.6 Le Syntagme temporel

Enfin, le dernier syntagme qu'il faut considérer est le *syntagme temporel*. Ce syntagme gouverne surtout le temps du verbe. Comme dans la morphologie, il n'existe que trois temps dans la syntaxe du français: le passé, le présent, et le futur. C'est ensuite la combinaison de temps et d'aspect qui est responsable des différences entre le passé composé et l'imparfait ou entre le futur et le futur antérieur, par exemple. Il faut noter que des analyses récentes ont changé le nom du syntagme temporel à *auxiliaire* et y considèrent non seulement le temps (et l'aspect) mais aussi la personne et le nombre du verbe et l'auxiliaire choisi. Pour l'analyse ci-dessous, on garde le terme syntagme temporel, tout en reconnaissant que ce que l'on fait ici est nécessairement une simplification de l'analyse syntaxique actuelle. On n'y indique donc que le temps (y compris l'aspect) du verbe principal, la personne et le nombre étant déjà indiqués par le syntagme nominal sujet.

Avez-vous compris?

I. Pour les phrases suivantes, identifiez les syntagmes adjectivaux, adverbiaux, et prépositionnels. Ensuite, indiquez si chaque syntagme appartient à un nom ou à un verbe spécifique (c'est-à-dire, s'il est sélectionné par un autre syntagme) ou s'il appartient à la phrase entière. Expliquez votre réponse.

1. Je vais normalement au supermarché pendant le week-end.
2. Il achète souvent des bonbons au chocolat chez cet épicier.
3. Il porte une veste en cuir en classe.
4. Nous arrivons en France avec des amis.
5. Nous restons chez des amis en France.
6. Je vais descendre du bus au centre commercial.
7. Mes parents veulent absolument acheter une maison en Floride.
8. Il fume rarement des cigares.

II. Montrez la structure des phrases suivantes selon le modèle. Ne montrez que les syntagmes principaux.

Modèle: Jacques travaille souvent dans son bureau.

P → SN   ST (présent)   SV   SAdv   SPrep

1. Mes meilleurs amis habitent en France.
2. Les trois garçons sont allés ensemble au cinéma.
3. Tous les étudiants voulaient une bonne note dans le cours.
4. Il y avait un bon film à la télé hier soir.

5.3   La Phrase simple
5.3.1   Les Éléments obligatoires

Une phrase appelée *simple* consiste en un seul syntagme temporel et en un seul syntagme verbal. Il faut noter que l'expression *un seul syntagme verbal* indique un verbe *principal*. Comme on l'a vu dans le chapitre concernant la morphologie, il y a en français plusieurs temps composés qui sont constitués d'un verbe auxiliaire suivi du participe passé du verbe principal. Ceci constitue un seul syntagme verbal, puisque le verbe auxiliaire appartient au syntagme temporel et le participe passé au syntagme verbal. C'est de la combinaison de ces deux éléments que nous arrivons au sens des temps composés.

La situation est différente pour un verbe conjugué suivi d'un infinitif, où l'on garde pourtant le sens des deux verbes (*je veux partir*, par exemple) et où chaque verbe doit donc être représenté par un syntagme verbal distinct. Ceci constitue une phrase complexe, avec deux syntagmes verbaux.

5.3.2   Les Éléments facultatifs

À la phrase simple (SN, ST, SV), on peut ensuite ajouter des syntagmes adverbiaux, pour indiquer la manière, le lieu, le temps, et la cause de l'action. La place du syntagme prépositionnel de manière est assez libre, mais les trois derniers (de lieu, de temps, et de cause) se trouvent normalement dans cet ordre:

421. Il va en ville le matin pour son café habituel.

L'addition d'un ou de plusieurs syntagmes adverbiaux ou prépositionnels donne ce que quelques linguistes appellent une phrase étendue (voir Dubois et Lagane, 1973), c'est-à-dire, une phrase simple suivie d'éléments non-sélectionnés (et donc non-obligatoires). On garde ici le terme *phrase simple* pour toutes ces phrases, puisque la définition reste toujours juste: une phrase simple est constituée d'un seul syntagme temporel et d'un seul syntagme verbal. La phrase simple se réécrit donc comme ceci:

422. P → SN   ST   SV   (SAdv-m) (SPrep-l) (SPrep-t) (SPrep-c)
Je [ST: présent] m'arrête vite au supermarché ce soir pour une
bouteille de lait.

5.3.3 D'Autres Constituants obligatoires

Il y a ensuite d'autres constituants à considérer qui sont indépendants des syntagmes nominaux, temporaux, et verbaux. Ces constituants sont représentés par l'abréviation CONST, et vont au-delà de la proposition elle-même, pour porter sur la phrase entière. En linguistique, on représente normalement la notion de la phrase entière (CONST plus proposition) par la lettre grècque *sigma* (Σ).[2] Cette phrase globale se réécrit donc comme ceci:

423. Σ → CONST P

Les éléments faisant partie de CONST sont la modalité, la voix, la polarité, et l'emphase.

5.3.3.1 La Modalité

La *modalité* sert à indiquer les sentiments du locuteur. Elle peut être *déclarative, interrogative, impérative,* ou *exclamative.* La nature globale de la modalité a des répercussions sur la prosodie de la phrase aussi bien que sur l'ordre des mots. Cet élément est donc représenté comme indépendant de la proposition principale, mais appartenant à la phrase entière (ayant une place distincte dans la structure profonde dans CONST). Le lecteur notera, pendant l'examen des arbres structurels, que l'ordre des mots reste toujours le même dans la structure profonde, malgré la modalité choisie par le locuteur. C'est le choix de modalité qui détermine l'ordre exact des mots dans la structure de surface (c'est-à dire, la phrase parlée) et qui est donc responsable de l'inversion dans les phrases interrogatives, aussi bien que de la présence ou l'absence d'autres éléments par rapport à des phrases déclaratives (présence de *est-ce que* dans les phrases interrogatives sans inversion, absence du pronom sujet à l'impératif). L'ordre des mots dans la structure profonde reste toujours le même, malgré ces variations en surface.

Le lecteur ne doit pas confondre les phrases impératives et exclamatives, qui ont des fonctions et des structures très différentes. Les phrases impératives servent à communiquer un ordre; elles sont marquées surtout par l'absence du pronom sujet, qui existe dans la structure profonde, mais qui est supprimé dans la structure de surface. L'impératif est souvent, mais pas toujours, marqué par un point d'exclamation, comme on voit dans les exemples suivants:

424. Tais-toi!
425. Asseyez-vous, Madame.
426. Passe les pommes de terre, s'il te plaît.

Les phrases exclamatives, par contre, ne servent pas à communiquer un ordre mais marquent plutôt les sentiments exagérés du locuteur. Les phrases exclamatives ont donc la même structure de surface que les phrases déclaratives (avec un pronom sujet), mais une intonation plus marquée. Elles sont toujours marquées par un point d'exclamation pour les distinguer des phrases déclaratives. Considérez ces exemples:

427a. Ils ont un nouveau bébé.
427b. Ils ont un nouveau bébé!
428a. J'ai perdu mes clés hier soir.
428b. J'ai perdu mes clés hier soir!

La seule distinction entre ces phrases déclaratives et exclamatives est le point d'exclamation (qui représente l'intonation marquée de la phrase orale); sans cette ponctuation, on n'a qu'une phrase déclarative. Sans point d'exclamation à l'impératif, par contre, on a toujours l'impératif, qui est marqué par des changements dans la structure de surface aussi bien que par une intonation souvent exagérée.

5.3.3.2 La Voix

La *voix* est une catégorie grammaticale qui indique la relation entre les constituants principaux de la phrase: le syntagme nominal sujet et le syntagme verbal (et ses compléments). Comme noté dans le chapitre 4, le français distingue la voix *active*, la voix *passive*, et la voix *moyenne*. Le rôle grammatical des actants du verbe (*agent* et *patient*) est déterminé par la voix choisie par l'interlocuteur. Le lecteur notera que la phrase passive a nécessairement un verbe copule, qui est conjugué au même temps que le verbe principal de la phrase active. La structure profonde des phrases reste la même, cependant; il n'est pas nécessaire de montrer la copule dans la structure profonde si on marque cette distinction de voix dans le CONST. Ceci est le cas parce que la structure profonde reflète toujours les relations sémantiques de base entre tous les constituants, et l'agent est toujours le sujet *réel* (ou sémantique) du verbe principal, bien qu'il ne soit pas nécessairement le sujet *grammatical*. C'est en marquant la voix de la phrase dans le CONST que l'on peut ensuite déterminer la structure de surface exacte qu'elle a.

5.3.3.3 La Polarité

Pour chaque proposition il faut aussi marquer la *polarité,* c'est-à-dire, si la proposition est à l'affirmatif ou au négatif. La phrase affirmative ne voit pas de changement entre la structure profonde et la structure de surface; la phrase négative, cependant, voit l'addition des particules négatives (ne . . . pas). Quelques analyses récentes montrent l'addition de ces particules dans la structure profonde, normalement au niveau de l'auxiliaire. Pour garder une analyse simple, cependant, il suffit de noter la polarité dans le CONST, sans la préciser plus loin dans la phrase. Quand il s'agit d'une négation adverbiale par contre (ne . . . plus, ne . . . jamais) ou d'une négation pronominale (ne . . . personne, ne . . . rien), on montre l'adverbe ou le pronom dans la structure profonde. Notez donc la différence entre les phrases 429 et 430:

> 429. Je ne vais pas au cinéma.   P → SN ST SV SP-l
> 430. Je ne vais jamais au cinéma.   P → SN ST SV SAdv-t SP-l

5.3.3.4 L'Emphase

Enfin, le dernier élément de CONST est l'*emphase.* Une phrase *emphatique* comprend une mise en relief d'un de ses éléments, le plus souvent par une focalisation sur cet élément ou par une dislocation de cet élément. Comparons les trois phrases suivantes:

> 431a. J'aime le cinéma.
> 431b. C'est le cinéma que j'aime beaucoup. (Et non autre chose: le cinéma
>   est focalisé ici.)
> 431c. Le cinéma, je l'aime beaucoup. (Le cinéma est disloqué et remplacé
>   dans la phrase par un pronom objet.)

On appelle la première de ces deux phrases une phrase *neutre,* c'est-à-dire, sans emphase particulière. Les deux autres sont des phrases emphatiques, ce qui ne veut pas dire qu'elles se terminent avec un point d'exclamation mais plutôt que l'on a essayé de souligner un élément de la phrase en particulier. La dislocation peut se faire à la droite ou à la gauche de la phrase. Dans l'exemple 431c, elle se fait à gauche, mais on aurait aussi pu la faire à droite, comme on voit dans l'exemple 431d:

> 431d. Je l'aime beaucoup, le cinéma.

Dans les deux phrases, on met l'emphase sur le cinéma, mais l'effet de disloquer à gauche ou à droite est différent: une dislocation à gauche présente l'élément comme nouveau, tandis que la dislocation à droite reprend un élément dont on a déjà parlé. Comme démontré dans la section traitant de phonétique, cette emphase a des répercussions sur l'intonation de la phrase entière; elle doit être comprise comme existant hors de la proposition individuelle et touchant la phrase entière.

La forme non-marquée d'une phrase simple (c'est-à-dire, la forme que l'on trouve le plus souvent et qui apporte les informations les moins spécifiques), c'est la forme déclarative, active, affirmative, et neutre. Pour cette raison, plusieurs linguistes ne trouvent pas essentiel de marquer ces informations dans l'arbre structurel; ils ne marquent la phrase que si elle est impérative/interrogative/exclamative; passive/moyenne; négative ou emphatique. Dans cette analyse, cependant, on marquera tous les éléments de CONST, même quand ils sont des formes non-marquées, pour bien distinguer entre toutes les possibilités.

5.3.4 Résumé

Toutes ces règles sous-jacentes expliquent les nombreuses possibilités qui existent pour créer de nouvelles phrases. En fait, dans la structure profonde il n'y a que des règles, et non pas des phrases. Mais à partir de ces règles abstraites, un nombre infini de phrases peut être généré, tout simplement en variant notre choix de modalité, de temps, de voix, de polarité, et, bien sûr, de vocabulaire. C'est, justement, par un processus appelé *insertion lexicale* (c'est-à-dire, le choix de vocabulaire) que l'on procède des règles abstraites aux phrases variées d'une langue. L'insertion lexicale est, en termes très simples, le choix d'un mot réel pour chaque élément abstrait dans une phrase. Considérez, par exemple, la structure abstraite suivante, qui représente une phrase commune en français. En attribuant un mot à la place de chaque élément, nous arrivons à une phrase:

432. Σ → CONST   SN   ST   SV   SNE
       Déclar, Actif   le garçon (présent) désirer le ballon rouge
       Affirm, Neutre

                Le garçon désire le ballon rouge.

Tous les locuteurs d'une langue se comprennent justement parce qu'ils suivent les même règles abstraites, qui gouvernent la structure de chaque phrase générée. On peut donc créer un nombre infini de phrases en variant ces éléments constants et par insertion lexicale, ce qui permet la création d'un message unique.

Voici une révision brève de toutes les règles de réécriture, en commençant par les règles les plus globales pour arriver aux plus spécifiques:

A) Σ→ CONST P
B) CONST→ modalité, voix, polarité, emphase
C) P→ SN ST SV (SAdv)
D) SN→ (Pré-D) D (Post-D) N(E)

E) ST→ temps, aspect

F) SV→ $\left\{ \begin{array}{l} \text{V (SN) (SP-coi)} \\ \text{V (SN) (SP-l)} \\ \text{V (SP-coi) (SP)} \\ \text{Cop SN} \\ \text{Cop SAdj} \\ \text{Cop SAdv} \end{array} \right\}$

G) SAdj→ Adj

H) SAdv→ Adv

I) SPrep→ Prep SN

5.3.5 Les Axes syntagmatique et paradigmatique

Dans l'étude de la langue, on parle souvent de l'expression sur deux axes: l'*axe paradigmatique* et l'*axe syntagmatique*. Il s'agit ici des deux concepts qui viennent d'être évoqués: l'insertion lexicale (l'axe paradigmatique) et la combinaison de syntagmes pour former des phrases de structures différentes (l'axe syntagmatique). C'est en jouant avec ces deux axes, et les nombreuses possibilités de création qu'ils présentent, qu'un locuteur s'exprime.

L'axe paradigmatique, aussi appelé l'axe vertical, consiste en le choix des mots individuels qui, ensemble, créent un sens. C'est en changeant les mots individuels que nous donnons un sens à chaque syntagme. Pour mieux comprendre cette notion, considérez les colonnes ci-dessous:

le/la/les	fille	jouer	soigneusement
un/une/des	chiens	manger	lentement
ce/cette/ces	écrivain	écrire	bien
mon/ma/mes	ordinateur	fonctionner	vite
etc.	etc.	etc.	etc.

En choisissant un mot de chacune des colonnes verticales, le locuteur peut créer un nombre considérable de phrases distinctes, chacune avec un sens légèrement ou grandement différent. Il s'agit d'abord de l'insertion lexicale, suivie de la flexion nécessaire (en genre, nombre, personne, etc.) pour chaque élément choisi.

L'axe syntagmatique, ou horizontal, concerne plutôt le rôle de la combinaison de différents syntagmes (ou structures) dans la création du sens. Il va de pair avec l'axe paradigmatique (il faut toujours insérer des mots pour créer du sens), mais la structure que l'on donne à une phrase change tout à fait le message créé. Considérons, par exemple, les différentes possibilités avec un seul verbe, *manger*:

433a.	P→ SN ST SV	Paul mange.
433b.	P→ SN ST SV SN	Paul mange un sandwich.
433c.	P→ SN ST SV SAdv (-l)	Paul mange au restaurant.

433d. P→ SN ST SV SAdv (-m)   Paul mange lentement.

433e. P1→ SN ST SV SN/P2 (relative)   Paul mange le sandwich que j'ai
                                       préparé.

Pour bien comprendre comment un auteur écrit, il faut donc considérer non seulement les mots qu'il choisit, mais aussi sa façon de les combiner c'est-à-dire, les
axes paradigmatique et syntagmatique en même temps. De nombreux écrivains
français célèbres sont arrivés à jouer effectivement avec la langue, en changeant
non seulement le registre mais aussi la structure et le lexique, pour dire approximativement la même chose de plusieurs façons différentes. Le lecteur pourra lire
Exercices de style, de Raymond Queneau, pour un bon exemple de ce type de jeu
linguistique.

5.3.6 Avis au lecteur

Le lecteur devrait savoir que la présentation de la grammaire générative faite ici
est une version simplifiée de ce que les linguistes font aujourd'hui. Les syntacti-
ciens continuent à élaborer leur compréhension des systèmes syntaxiques, identifiant d'autres constituants de la phrase qui ne nous concernent pas ici. Les lecteurs
intéressés sont encouragés à consulter leurs ouvrages (y compris Cook, 1996; Culicover, 1997; Haegeman, 1991; et, en français, Choi-Jonin et Delhay, 1998). Pour
nos besoins, cependant, nous nous arrêterons ici, avec une compréhension rudimentaire de la structure des phrases simples en français.

Avez-vous compris?
I. Notez la modalité de chacune des phrases suivantes.

1. Il fait chaud ici!
2. Que veux-tu que j'en fasse?
3. Ouvre la fenêtre, s'il te plaît.
4. D'accord, mais les insectes vont entrer.
5. Alors, qu'est-ce que tu suggères?
6. Moi, je suggère d'aller au cinéma, où il fait plus frais.
7. Que tu es intelligent! Allons-y!

II. Indiquez la voix et la polarité de chaque phrase ci-dessous.

1. La neige couvre les montagnes la majeure partie de l'année.
2. Les premières écoles gratuites en France furent créées par Charlemagne.
3. Je ne me lève jamais avant six heures!
4. Molière avait écrit seize pièces avant son 50e anniversaire.
5. Personne n'est allé au cinéma hier soir.
6. Elle se prépare lentement le matin.

7. Je n'ai pas été averti de ce problème.
8. Nous nous voyons souvent.

III. Changez l'emphase des phrases suivantes. Pour les phrases neutres, créez des phrases emphatiques; pour les phrases emphatiques, créez des phrases neutres.

1. C'est ma meilleure amie qui m'a donné cette recette.
2. Mon père habite près de chez nous.
3. Nous allons souvent au cinéma le week-end.
4. Ma mère, elle travaille à l'hôpital.
5. J'aime bien le chocolat.
6. Mes amis m'ont donné ce cadeau.

IV. Insertion lexicale. Créez des phrases originales à partir des structures données.

1. P→   SN   ST (passé)   SV   SN
2. P→   SN   ST (futur)   Cop   SAdj
3. P→   SN   ST (présent)   SV   SAdv-lieu
4. CONST: passif   P→ SN   ST (présent) SV   SN   SAdv-temps
5. CONST: négatif P→ SN   ST (passé)   SV   SN

5.4 Les Arbres structurels

Pour mieux comprendre la structure profonde des phrases, on utilise souvent un diagramme qui montre les relations hiérarchiques entre les constituants de la phrase. Ce diagramme bi-dimensionnel est appelé un *arbre structurel;* il ressemble en fait à un arbre inversé, puisqu'à chaque niveau il contient plus de branches qu'au niveau précédent. L'arbre structurel a le pouvoir de nous aider à développer, autant que nécessaire ou désiré, l'analyse d'une phrase, en montrant séparément tous les constituants de cette phrase. Comme exemple, prenons une phrase très simple: *Ma mère coupe le gâteau,* qui a l'arbre structurel ci-dessous (434a):

434a.

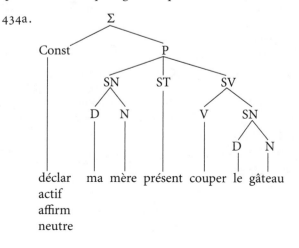

Quelquefois, quand la structure d'un des éléments de la phrase n'est pas très importante, ou n'est pas à étudier dans cette phrase, on remplace la structure exacte par un triangle. Pour revenir à l'exemple précédent: *Ma mère coupe le gâteau,* on aurait pu représenter sa structure par la forme réduite montrée dans l'arbre 434b:

434b.

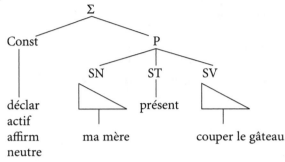

Ceci représente, en fait, la structure profonde d'une phrase minimale en français.

Plus la phrase devient compliquée, plus l'arbre se complique aussi. La phrase *Je vais en ville à pied cet après-midi pour un rendez-vous* aura donc l'arbre suivant:

435.

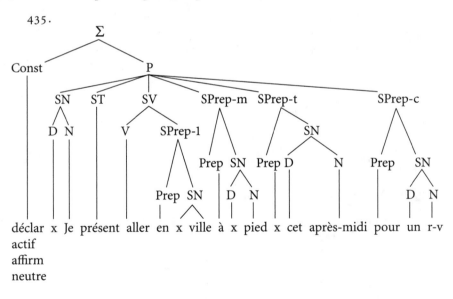

Voici quelques autres exemples d'arbres structurels, qui représentent les différents types de phrases en français. Etudiez-les bien avant de continuer.

436.

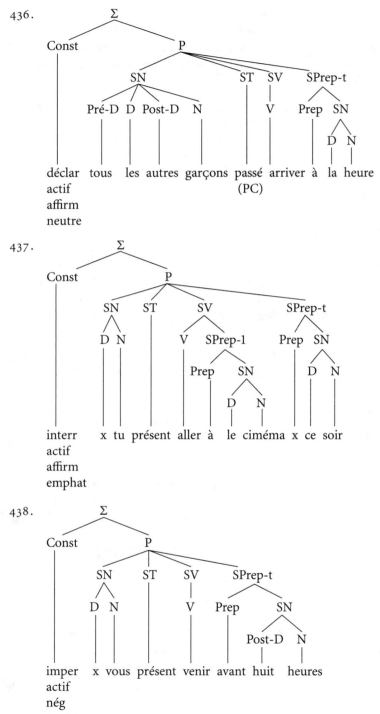

437.

438.

439.

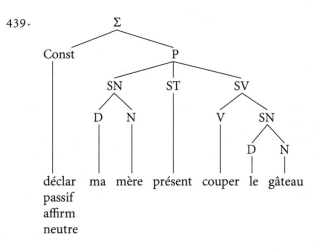

Notez bien que dans la phrase 439, l'agent du verbe est mis à sa place typique, c'est-à-dire, à la place du sujet grammatical, et le patient à la place de l'objet direct. Nous savons bien que dans la structure de surface ces deux éléments changent de place et que nous introduisons le verbe auxiliaire *être* et la préposition *par,* mais pour garder la simplicité des arbres structurels, on ne représente la voix passive que dans le constituant.

C'est en examinant la structure profonde, à l'aide d'arbres structurels, que l'on arrive à comprendre des phrases ambiguës. Revenons à notre phrase ambiguë 419: *Paul a dit bonjour à la femme au téléphone,* qui peut être représentée par deux arbres différents. Dans le premier, on considère que le syntagme *au téléphone* est un syntagme adverbial de lieu, portant sur toute la phrase:

440a.

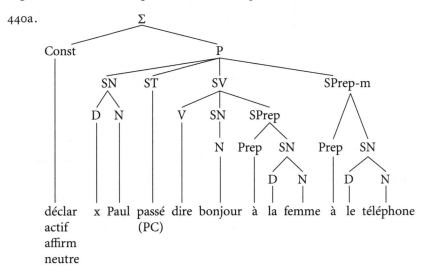

On voit, par cette structure, que ce groupe *au téléphone* porte sur la phrase entière, expliquant donc la nature de la communication entre Paul et la femme, sans commenter sur la femme elle-même. Le syntagme adverbial de manière rend claire la réponse à la question *Comment est-ce que Paul a dit bonjour à la femme? (Au téléphone).* Le fait que ce syntagme porte sur la phrase entière explique son déplacement possible; on pourrait aussi dire *Au téléphone, Paul dit bonjour à la femme* sans changer son interprétation.

Dans le deuxième arbre structurel, par contre, les mots *au téléphone* sont inclus dans le syntagme verbal, comme expansion de son syntagme nominal. La structure de cette phrase nous permet de répondre à la question *À quelle femme est-ce que Paul a dit bonjour? (À la femme au téléphone.)* La structure profonde est donc la suivante:

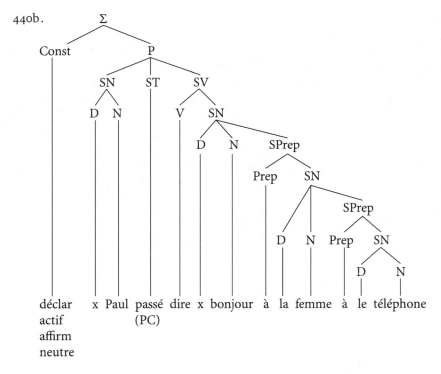

440b.

Cette seule différence de structure change tout à fait notre interprétation de la phrase; elle sera normalement reflétée dans la phonologie aussi bien que dans la structure profonde. Le lecteur notera, cependant, qu'il n'y a pas d'autres changements dans la structure de surface de la phrase (ordre des mots, etc.); c'est donc le contexte et l'intonation de la phrase qui nous aident à l'interpréter correctement. Dans ce cas, il n'y a pas de déplacement possible de ce syntagme *au téléphone*;

tout déplacement change l'interprétation de la phrase, pour laisser entendre la première, citée plus haut.

Avez-vous compris?

I. Insertion lexicale: En utilisant les arbres structurels donnés, créez des phrases originales.

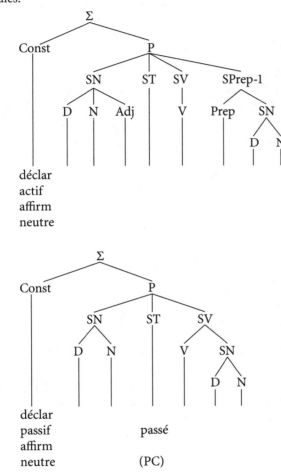

II. Donnez l'arbre structurel de chacune des phrases suivantes. (N'y mettez pas de triangles!)

1. Mes parents arriveront à l'aéroport demain.
2. Est-ce que tu as vu ce film?
3. Allume la radio immédiatement!

4. Jean-Luc n'a pas aimé l'exposition au musée ce mois.
5. Moi, je pars en vacances le mois prochain.
6. Son meilleur ami était parti à la guerre la semaine précédente.
7. Ce nouvel immeuble a été construit par un architecte célèbre.
8. Le méchant garçon a frappé la petite fille avec un livre. (Phrase ambiguë: montrer deux arbres qui résolvent l'ambiguïté de deux façons différentes.)

5.5   La Phrase complexe

La *phrase complexe* est marquée surtout par la présence de deux ou plusieurs syntagmes verbaux; ceci est vrai même si le deuxième verbe est à l'infinitif. (On rappelle au lecteur, cependant, qu'un verbe à un temps composé est considéré comme un seul syntagme verbal.) Même quand le deuxième verbe est un infinitif, on y trouve deux sens distincts, et donc deux propositions. La phrase 441a:

441a. Marie regarde le train partir.

est, pour ainsi dire, une forme abrégée des deux idées illustrées dans l'exemple 441b:

441b. Marie regarde/le train part

et cette phrase représente donc une phrase complexe comme dans les phrases 441c et d:

441c. Le train part et Marie le regarde.
441d. Marie regarde le train qui part.

Les propositions d'une phrase complexe peuvent exister dans une relation de coordination (comme dans la phrase 441c) ou de subordination (comme dans 441d). Suivant l'analyse de nombreux linguistes (voir Soutet, 1989; Deloffre, 1979; et Choi-Jonin et Delhay, 1998, entre autres), toutes ces phrases sont complexes, quelle que soit la relation entre leurs propositions.[3]

Selon cette analyse, l'arbre structurel d'une phrase complexe avec coordination est donc le suivant:

442.

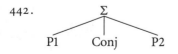

Cet arbre structurel montre clairement la relation hiérarchique entre ces deux propositions: elles sont au même niveau, donc égales l'une à l'autre. Cette égalité entre les deux propositions est montrée par le fait qu'elles peuvent aussi exister séparément et que l'ordre des deux n'est pas important, comme vu dans les phrases 443a et b:

443a. Marie regarde. Le train part.

443b. Le train part. Marie (le) regarde.

L'arbre structurel d'une phrase complexe avec subordination est tout à fait différent: dans le cas de la subordination, l'une des propositions est sélectionnée par l'autre et dépend d'elle pour son existence. L'arbre structurel montre cette relation hiérarchique entre les deux; on y trouve que l'une des propositions est à un niveau plus haut que l'autre:

444.

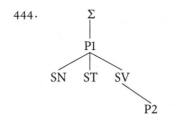

Cette relation hiérarchique est aussi montrée par le fait que la deuxième proposition (celle au niveau le plus bas dans l'arbre) ne peut pas exister sans le support de la première:

445. *Que je l'accompagne chez le docteur.

tandis que la première peut très bien exister sans le seconde, avec le seul ajout d'un complément pour le verbe:

446. Christophe veut quelque chose.

On appelle toute proposition ayant la possibilité d'exister seule une *proposition indépendante* (ou *principale*),[4] et toute proposition qui dépend d'une autre une *proposition subordonnée*. Dans la coordination, donc, il s'agit de deux ou plusieurs propositions indépendantes, tandis que dans la subordination, il y a toujours au moins une proposition subordonnée.

On trouve aussi des *phrases juxtaposées*, c'est-à-dire, deux ou plusieurs phrases autonomes réunies non pas par des conjonctions de coordination mais par des virgules, dans une seule phrase écrite:

447. Cunégonde laissa tomber son mouchoir, Candide le ramassa, elle lui prit innocemment la main, le jeune homme baisa innocemment la main de la jeune demoiselle avec une vivacité, une sensibilité, une grâce toute particulière; leurs bouches se rencontrèrent, leurs yeux

s'enflammèrent, leurs genoux tremblèrent, leurs mains s'égarèrent. (Voltaire, *Candide*).

Ces phrases juxtaposées sont équivalentes à une suite de phrases simples. Il est à noter, cependant, que les phrases juxtaposées subissent souvent une ellipse du pronom sujet; si ces mêmes propositions se présentent indépendamment les unes des autres, il faut remettre le pronom omis. Comparez donc les exemples 448a et b:

448a. Antoine embrasse l'enfant, me serre la main, cligne de l'oeil et, sa serviette de cuir noir à la main, se dirige vers les pistes d'envol. (Bataille, *L'Arbre de Noël*)

448b. [Antoine embrasse l'enfant. Il me serre la main. Il cligne de l'oeil et, sa serviette de cuir noir à la main, il se dirige vers les pistes d'envol. (Bataille, adapté)]

Dans les pages qui suivent, on regardera de près les différents types de coordination et de subordination, mais sans donner les arbres structurels de chacun. On a choisi de ne pas représenter les arbres structurels des phrases complexes ici, parce qu'ils sont trop compliqués pour nos besoins. L'important est que le lecteur comprenne les différences majeures entre la coordination et la subordination, aussi bien que l'information que les différents types de subordination transmettent, et non pas qu'il puisse donner la structure exacte de chacun. Les lecteurs intéressés pourront consulter les ouvrages de Dubois et Lagane (1973) et de Nique (1974) pour plus de détails sur les arbres structurels des phrases complexes.

Avez-vous compris?

Pour les phrases suivantes, dites s'il s'agit d'une phrase simple, complexe, ou juxtaposée.

1. Jadis, en Auvergne, quand j'avais quinze ans, mon père m'a regardé avec chagrin. (Bataille, *L'Arbre de Noël*)

2. Je ne souhaite pas changer le monde. (Bataille, *L'Arbre de Noël*)

3. Ayant étudié la question, il me dit que cette île fera l'affaire. (Bataille, *L'Arbre de Noël*)

4. Par un tendre matin d'octobre, il y avait plusieurs personnes en costumes du dimanche sur la terrasse des Romains. (Pagnol, *Jean de Florette*)

5. C'était par un jour de grand beau temps, en juin, dans un ciel pur au-dessus d'une mer calme. (Bataille, *L'Arbre de Noël*)

6. Le cortège s'organisa, derrière le cercueil que six hommes portaient sur leurs épaules. (Pagnol, *Jean de Florette*)

7. Cependant, la guerre des braconniers s'était calmée au cours des années,

car Crespin avait connu la prospérité, grâce à la découverte d'une mine de lignite, et à un petit canal d'irrigation creusé par les soins du gouvernement. (Pagnol, *Jean de Florette*)

8. "Je suis revenu presque un an après, mais mon père avait raconté la bataille." (Pagnol, *Jean de Florette*)

9. Si elle est vivante, elle va peut-être venir pour l'héritage. (Pagnol, *Jean de Florette*)

10. Puis ils évitèrent de reparler de cela. (Zola, *Les Rougon-Macquart*)

11. Excités par le jeu, les Polynésiens pratiquaient plusieurs activités sportives car le divertissement était leur occupation majeure. (*Journal Français*, août 1998)

12. Mais ces explorations, le couteau à la main, et l'oreille aux aguets, se terminaient souvent par une fuite éperdue vers la maison, à cause de la rencontre inopinée d'un serpent boa, d'un lion ou d'un ours des cavernes. (Pagnol, *La Gloire de mon père*)

13. Quelqu'un se leva, d'ailleurs, à cette table, un homme au visage poupin, à l'oeil rond, à la lèvre souriante. (Simenon, *Le Chien jaune*)

14. Enfin, un jour, les ouvriers ne vinrent plus, la cloche des ateliers ne sonna pas, le puits à roue cessa de grincer, l'eau des grands bassins, dans lesquels on lavait les tissus, demeura immobile, et bientôt, dans toute la fabrique, il ne resta plus que M. et Mme Eysette, la vieille Annou, mon frère Jacques et moi, puis, là-bas, dans le fond, pour garder les ateliers, le concierge Colombe et son fils le petit Rouget. (Daudet, *Le Petit Chose*)

15. Il l'aide à se relever, puis l'accompagne jusqu'à sa chambre, pose ses lèvres sur son front, puis retourne dans son bureau et se jette dans un fauteuil. (Gide, *Les Faux-Monnayeurs*)

16. La famille du père Barbeau augmentait, grâce à ses deux filles aînées qui ne chômaient pas de mettre de beaux enfants au monde. (Sand, *La Petite Fadette*)

17. Le père avait bien du souci aussi pour son compte, et il prépara la chose de loin. (Sand, *La Petite Fadette*)

18. Reste donc, moi je partirai. (Sand, *La Petite Fadette*)

5.5.1 La Coordination

La coordination, c'est-à-dire, la relation égale entre propositions, est marquée par sept conjonctions coordonnantes différentes: *mais, ou, et, donc, or, ni, car*. Ces conjonctions ont des rôles et des comportements différents, selon leurs sens. *Et, ou*, et *ni*, par exemple, peuvent coordonner des propositions dans une phrase complexe:

449. Annette fait la vaisselle et son mari cuisine.

Mais ces mêmes conjonctions peuvent aussi coordonner des noms, des adjectifs, et des adverbes dans une phrase simple:

450. Je n'aime ni le café ni le thé.

Mais, par contre, ne peut pas coordonner des noms, sauf dans une phrase négative:

451. Les garçons ont été invités à la soirée, mais pas les filles.

Il faut comprendre deux propositions distinctes ici: l'une qui est à l'affirmatif, l'autre au négatif:

451b. Les garçons ont été invités; les filles n'ont pas été invitées.

Étant donné le sens de *mais*, il n'est pas surprenant qu'il faille un négatif pour lier deux noms avec cette conjonction. Avec les adjectifs et les adverbes, par contre, le locuteur peut choisir deux termes de sens plus ou moins opposés pour communiquer cette même différence:

452. Ce travailleur est lent, mais minutieux.

Dans tous ces cas de coordination d'un nom, adjectif ou adverbe, il y a une ellipse d'une partie de la phrase. Dans la phrase

453a. Jean et Pierre chantent.

on comprend en vérité deux propositions:

453b. Jean chante et Pierre chante.

En éliminant la redondance dans cette phrase, la phrase complexe est transformée en une phrase simple (avec un seul syntagme temporel et un seul syntagme verbal).

La conjonction *car* ne s'emploie que pour coordonner des propositions entières. Cette conjonction donne une explication pour une des propositions; elle s'emploie surtout pour donner la justification ou la preuve d'un énoncé plutôt que pour marquer la cause réelle. C'est de cette façon que *car* se distingue de *parce que* ou *puisque*: *car* ne répond pas tant à la question *Pourquoi?* qu'à la question *Comment le savez-vous?*:

454. Elle ne travaille pas aujourd'hui, car je viens de la voir au café-bar.

C'est cette distinction de sens qui explique que *car* est une conjonction de coordination, tandis que *parce que* et *puisque* marque la subordination.

La conjonction *or*, quant à elle, marque surtout une insistance, même une opposition. Elle peut s'employer soit pour relancer le récit, soit pour introduire un argument ou une objection à ce qui a été dit. On la trouve souvent donc des phrases simples telles que:

455. Or, lundi matin, elle est rentrée chez elle sans ses enfants.

aussi bien que comme vraie conjonction de coordination entre deux phrases:

456. Il s'est brossé les dents, or il a oublié de se laver le visage.

Donc est la seule des conjonctions de coordination qui puisse se combiner avec d'autres, surtout avec *et, mais,* et *ni:*

457. Il n'a pas du tout dormi hier soir, (et) donc il est très fatigué.

Cette conjonction a comme but de montrer le rapport entre la cause et la conséquence.

5.5.2 La Subordination

Il y a quatre types de *subordination:* la subordination *non-conjonctive* (c'est-à-dire, qui se fait sans conjonction), la subordination *conjonctive* (qui utilise obligatoirement une conjonction de subordination pour introduire la proposition subordonnée), la subordination *relative* (qui se fait au moyen d'un pronom relatif), et la subordination *interrogative* (où la proposition subordonnée est introduite par un pronom interrogatif). Ces différents types se divisent ensuite entre plusieurs *fonctions* jouées par la subordination. Le type de subordination est clairement visible dans la syntaxe de la phrase; les fonctions, quant à elles, doivent être dégagées à partir de la sémantique et de la syntaxe. Ci-dessous, on traite d'abord des différences entre les types de subordination avant d'aborder la question de leur fonctions variées.

5.5.2.1 La Subordination non-conjonctive

La subordination non-conjonctive se fait surtout au moyen d'un infinitif, précédé ou non d'une préposition. La phrase 441a (*Marie regarde le train partir*) est un exemple typique d'une phrase avec subordination non-conjonctive. Ce premier type de subordination se présente de plusieurs autres façons aussi. Il existe non seulement des subordinations non-conjonctives avec infinitif, mais aussi avec participe:

458. Marie partant, Claire restait seule.
459. Le chat parti, les souris dansent.

avec des adverbes d'intensité, surtout *tant* et *tellement:*

460. Elle n'a pas pu bouger, tant sa panique était totale.

et avec une inversion du sujet dans la proposition subordonnée (ce qui sous-entend la conjonction *si*):

461. Eut-il répondu au téléphone, il aurait su que sa femme avait des problèmes de voiture.

Dans beaucoup de ces cas, on peut bien imaginer une subordonnée *conjonctive* avec le même sens, mais la syntaxe permet qu'on puisse aussi formuler la phrase sans conjonction.

5.5.2.2 La Subordination conjonctive

Comme dit précédemment, la subordination conjonctive est celle qui exige une conjonction de subordination. Les deux conjonctions les plus communes en français sont *que* et *si*, *que* étant aussi incluse dans les locutions conjonctives (*parce que*, *afin que*, *de manière que*, etc.). On dit que la conjonction *que* est un pur marqueur de subordination et est en lui-même vide de sens; il ne sert que pour introduire la proposition subordonnée, comme on le voit dans les phrases 462a et b:

462a. Il a dit: "Je viendrai."
462b. Il a dit qu'il viendra.

Si, par contre, a un sens interrogatif, équivalent à *est-ce que* ou à l'inversion dans une phrase simple:

463a. Il voulait savoir: "Est-ce que tu vas aussi venir?"
463b. Il voulait savoir: "Vas-tu venir aussi?"
463c. Il voulait savoir si j'allais venir aussi.

5.5.2.3 La Subordination relative

Les *propositions relatives* servent à éliminer une redondance dans un énoncé. La proposition relative est donc introduite par un pronom qui joue le rôle grammatical de la partie omise: le sujet, le complément d'objet direct, le lieu, ou l'objet d'une préposition. Comme elle élimine cette redondance, la proposition relative se trouve toujours en deuxième position–elle ne peut jamais précéder son antécédent. Les pronoms relatifs ne sont pas à confondre avec des formes analogues qui servent de pronoms interrogatifs; le pronom relatif a toujours un antécédent concret qu'il remplace. Examinons les phrases simples suivantes et les phrases complexes que l'on en dérive, au moyen de la relativisation:

464a. J'ai vu un homme. Cet homme ressemblait à mon grand-père.
464b. J'ai vu un homme *qui* ressemblait à mon grand-père.
465a. Nous achetons une voiture rouge. Nous aimons beaucoup cette voiture.

465b. Nous achetons une voiture rouge *que* nous aimons beaucoup.

466a. Nous achetons une voiture rouge. Nous aimons bien la couleur de cette voiture.

466b. Nous achetons une voiture rouge *dont* nous aimons bien la couleur.

467a. Demain, je retourne à la ville. J'ai grandi dans cette ville.

467b. Demain, je retourne à la ville *où* j'ai grandi.

468a. Mon frère achète un nouvel ordinateur. Il va surfer l'internet avec l'ordinateur.

468b. Mon frère achète un nouvel ordinateur *avec lequel* il va surfer l'internet.

Dans toutes ces phrases relativisées l'antécédent précède le pronom relatif. C'est le cas normal de la relativisation: on annonce une chose et puis on la remplace, pour éviter une répétition dans la phrase. Mais on peut aussi utiliser la relativisation pour éviter tout à fait le nom. Dans certains cas, le nom est déjà connu et n'a donc pas besoin d'être mentionné; dans d'autres cas, cette relativisation a comme effet de mettre l'emphase sur le message principal. Alors, on fait précéder le pronom relatif par *ce* ou par un pronom démonstratif: *celui, ceux,* ou *celles,* qui fait allusion à l'antécédent sans le mentionner directement. Examinons ce type de phrase dans les exemples suivants:

469a. Ce dont j'ai besoin, c'est un bon manuel d'allemand.

470a. Ceux qui savent son secret n'en disent rien.

471a. Celui que tu as rencontré la semaine passée, c'est mon oncle, pas mon père.

Dans toutes ces phrases, il y a une ellipse de l'antécédent exact qui est représenté par un pronom démonstratif. Le lecteur notera, cependant, que l'antécédent reste concret; on pourrait bien remplacer le pronom elliptique avec un substantif:

469b. La chose dont j'ai besoin . . .

470b. Les personnes qui savent . . .

471b. L'homme que tu as rencontré . . .

De cette façon, on note que le pronom relatif suit toujours son antécédent, que ce dernier soit mentionné directement ou compris par les locuteurs.

5.5.2.4 La Subordination interrogative

La subordination interrogative se fait au moyen d'un pronom ou d'un adverbe interrogatif, comme dans les exemples suivants:

472. Il veut savoir qui danse.

473. Je demande quand tu pars.

Ces pronoms et adverbes sont suivis directement par la proposition subordonnée, sans aucune autre conjonction; ils servent donc un rôle à la fois syntaxique et sémantique dans la phrase.

Avez-vous compris?

I. Pour les phrases suivantes, identifiez les cas de coordination et de subordination. Ensuite, pour chaque proposition subordonnée, dites de quel type de subordination il s'agit (*conjonctive, non-conjonctive, relative,* ou *interrogative*).

1. L'homme qui se leva et tendit la main était en tenue de gentilhomme campagnard: culottes de cheval à carreaux, guêtres moulées, sans un grain de boue, cravate-plastron en piqué-blanc. (Simenon, *Le Chien jaune*)
2. Des clients sortirent, car c'était l'heure de dîner. (Simenon, *Le Chien jaune*)
3. J'avais alors six ou sept ans. Comme j'étais très frêle et maladif, mes parents n'avaient pas voulu m'envoyer à l'école. (Daudet, *Le Petit Chose*)
4. Car c'est une lutte comique qui commence entre l'ivrogne, son manteau que le vent veut lui arracher et son chapeau qui fuit le long du trottoir. (Simenon, *Le Chien jaune*)
5. Bloch voulut savoir s'il pouvait s'absenter pour la matinée; on lui fit répondre que oui. (Terrade, *L'Enfant perdu*)
6. Nous vivions ainsi, mon perroquet et moi, dans la plus austère solitude, lorsqu'un matin il m'arriva une chose vraiment extraordinaire. (Daudet, *Le Petit Chose*)
7. Avant de s'en aller, Monsieur Bernard a laissé une lettre pour Monsieur dans le bureau. (Gide, *Les Faux-Monnayeurs*)
8. Le père avait bien du souci aussi pour son compte, et il prépara la chose de loin. (Sand, *La Petite Fadette*)
9. Il arrêta [le vieillard] pour lui demander si quelqu'un occupait actuellement l'appartement à la porte vernissée, au dernier étage. (Terrade, *L'Enfant perdu*)
10. J'aimais à me rendre dans ce lieu où l'on jouit à la fois d'une vue immense et d'une solitude profonde. (Saint-Pierre, *Paul et Virginie*)

5.5.3   Les Fonctions de la subordination
5.5.3.1   La Subordination complétive

Les propositions *complétives* agissent normalement comme le complément d'objet direct du verbe de la proposition principale et répondent aux questions *Qu'est-ce que?* ou *Quoi?* Elles ont donc un rapport étroit avec la proposition principale; la phrase sera même incorrecte sans ces propositions complétives. Elles s'emploient surtout avec des verbes qui exigent un complément d'objet direct:

474. Il veut partir.
475. Qu'est-ce qu'il veut?/Il veut quoi?

Leur rôle est tout simplement de compléter le sens du verbe dans la proposition principale, d'où leur nom. Sans cette proposition, on se voit obligé d'employer un pronom complément d'objet direct; sinon la phrase est incomplète. On n'ose donc pas dire tout simplement:

476. *Il veut.

mais plutôt:

477. Il le veut.

La subordination complétive peut se faire avec ou sans conjonction ou avec un pronom interrogatif, comme vu dans la phrase 472 (Il veut savoir qui danse.). Dans cette phrase, en fait, il y a deux propositions complétives: *savoir,* qui complète *il veut* (Qu'est-ce qu'il veut? Il veut **savoir.**) et *qui danse,* qui complète *savoir* (Qu'est-ce qu'il veut savoir? Il veut savoir **qui danse.**)

Les complétives qui sont le plus souvent introduites par une conjonction sont celles du discours indirect, introduites par *que:*

478a. Elle a dit que son père habitait en Suisse.

et celles de l'interrogation indirecte, introduite par la conjonction *si:*

479a. Il veut savoir si nous allons au cinéma ce soir.

Dans les deux cas, on peut remplacer toute la proposition complétive (y compris la conjonction) par le pronom objet direct *le:*

478b. Elle l'a dit.
479b. Il veut le savoir.

Il ne faut pas confondre ces conjonctions avec les conjonctions relatives ou circonstantielles; leur forme est peut-être la même, mais leur fonction est bien différente.

5.5.3.2 La Subordination circonstantielle

Les *propositions circonstantielles* essaient de répondre à la question *Dans quelles circonstances est-ce que l'action de la proposition principale a lieu?* et se divisent en plusieurs catégories:

Les propositions circonstantielles *temporelles* fournissent des détails sur le temps, en répondant à la question *Quand?:*

480. Lorsqu'il y a eu silence dans la salle, le présentateur a commencé sa communication.

Les propositions *causales,* quant à elles, expliquent la cause, et répondent à la question *Pourquoi?:*

481a. Je ne suis pas venu hier soir, parce que je souffrais d'une migraine terrible.

Comme noté auparavant (section 5.5.2), il s'agit ici non pas de deux phrases autonomes, comme c'est le cas avec *car,* mais d'une proposition indépendante et d'une proposition subordonnée. Dans les phrases complexes subordonnées, la proposition dépendante peut aussi précéder la principale sans changer son sens:

481b. Parce que je souffrais d'une migraine terrible, je ne suis pas venu hier soir.

mais elle reste toujours étroitement liée à la proposition principale. Ceci n'est pas le cas avec les phrases coordonnées par *car;* on peut dire:

482a. Je ne suis pas venu hier soir, car je souffrais d'une migraine terrible.

mais non pas:

482b. *Car je souffrais d'une migraine terrible, je ne suis pas venu hier soir.

La conjonction de coordination ne peut venir qu'entre les deux éléments coordonnés.

Les deux types de propositions circonstantielles suivants partagent certaines conjonctions, et il est donc quelquefois difficile de les distinguer. Les propositions *consécutives* expriment la conséquence d'une action, qui est détaillée dans la proposition principale. Les propositions *finales,* par contre, expriment plutôt le but, le résultat désiré. Malheureusement, il est quelquefois difficile de distinguer un résultat réel d'un résultat désiré—la conséquence arrive quelquefois à cause du but. Comparons les deux phrases suivantes:

483. Il a parlé lentement pour que tout le monde comprenne.
484. Il parle lentement pour que tout le monde comprenne.

Sans autre contexte, ces deux phrases sont peut-être un peu difficiles à distinguer, mais dans la première, on peut supposer que le locuteur a parlé lentement et donc que tout le monde a compris. C'était en même temps le but et la conséquence de son action de parler lentement. Si l'on sait que tout le monde a bien compris, on peut qualifier cette proposition de *consécutive.* Dans la deuxième phrase, par contre, le verbe de la proposition principale est au présent, ce qui laisse deux interprétations possibles. D'abord, on peut comprendre ce présent comme un marqueur de temps: le locuteur est en train de parler maintenant, et il parle lentement. Son but est que tout le monde comprenne sa communication; il s'agit donc d'une proposition *finale*. La deuxième interprétation serait de voir ce verbe au présent comme une remarque générale à propos de ce locuteur: chaque fois qu'il parle, il parle lentement. Dans ce cas, la proposition pourrait être finale ou consécutive, selon que la compréhension a lieu ou non. Dans d'autres cas, la proposition est plus clairement finale:

485. Afin de ne pas dépenser trop d'argent, il ne paie jamais par carte de crédit.

Dans cette phrase, le verbe au présent, combiné avec le négatif *jamais,* signale un état stable et marque donc plutôt le but que la conséquence; on analyse donc cette proposition comme finale.

Les propositions circonstantielles *concessives* expriment une cause inefficace; elles sont le plus souvent employées avec les conjonctions *quoique, bien que, bien même que,* etc.

486. Bien qu'il étudie tous les jours, il n'arrive pas à comprendre le chinois.
487. Elle ne sera jamais élue président du club, quoiqu'elle fasse.

Le lecteur notera que cette proposition subordonnée peut précéder ou suivre la principale. Elle s'emploie le plus souvent avec le subjonctif, qui aide à exprimer l'absence de contrôle du sujet sur la réalité.

Les propositions circonstantielles *hypothétiques* sont très communes; elles expriment, avec la conjonction *si,* une hypothèse:

488. S'il fait beau ce week-end, nous irons au parc.

Cette conjonction s'emploie toujours avec l'indicatif; cela montre la grande probabilité de l'action, si les conditions nécessaires sont remplies.

Il existe aussi des propositions circonstantielles *comparatives,* qui expriment une comparaison entre la première et la deuxième proposition:

489. Il a crié comme crie un lion dans la jungle.
490. À mesure que sa maladie s'aggravait, Paul devenait de plus en plus déraisonnable.

Cette comparaison se fait quelquefois entre des choses dissimilaires: un homme et un lion; quelquefois entre des choses qui vont de pair: la santé et la raison.

Enfin, il y a trois autres catégories de propositions circonstantielles, qui sont moins souvent citées mais qui doivent être mentionnées dans toute explication complète. Les propositions circonstantielles de *manière* sont le plus souvent introduites par *comme* ou *sans que;* elles indiquent, comme leur nom le suggère, la manière de laquelle on agit, et répondent ainsi à la question *Comment?*

491. Il est parti sans que je m'en sois aperçue.

Les circonstantielles d'*addition* marquent des informations additionnelles à considérer; elles s'emploient le plus souvent avec les conjonctions *outre le fait que* ou *sans compter que:*

492. Outre le fait qu'il est tombé malade pendant la dernière semaine du voyage, il a aussi perdu son passeport en Afrique.

Finalement, il y a aussi des propositions circonstantielles d'*exception,* qui marquent, comme leur nom l'indique, des exceptions à la proposition principale:

493. Elle a bien réussi à ses examens oraux, sauf qu'elle n'a pas pu répondre à la toute dernière question.

Ces propositions sont le plus souvent introduites par *sauf que* ou *excepté que.*

5.5.3.3 La Fonction des propositions relatives

La proposition relative a deux fonctions importantes dans la langue, autre que d'éviter la redondance. Il existe deux types différents de relativisation: la proposition *relative explicative* et la proposition *relative déterminative,* dont les rôles sont exactement ce qui est indiqué par leurs titres. Les relatives explicatives donnent des informations additionnelles sur leur antécédent. Les relatives déterminatives, par contre, essaient d'établir une distinction entre leur antécédent et d'autres antécédents possibles ou semblables. Regardons, à titre d'exemple, les deux phrases suivantes:

494a. Les étudiants de cette université, qui sont très sérieux, passent
      beaucoup de temps à la bibliothèque.
494b. Les étudiants de cette université qui sont très sérieux passent
      beaucoup de temps à la bibliothèque.

Dans le premier exemple, on parle de tous les étudiants, et l'on donne des informations additionnelles comme explication: tous les étudiants sont très sérieux; il travaillent à la bibliothèque. Dans le deuxième exemple, par contre, on parle d'un groupe limité d'étudiants, et l'on utilise la proposition relative pour déterminer les limites de ces groupes: seulement les étudiants sérieux (et non tous les étudiants) travaillent à la bibliothèque. On entend cette différence de fonction dans le rythme de la phrase, tout comme on la voit dans la ponctuation.

Avez-vous compris?

I. Dans les phrases suivantes, soulignez le(s) proposition(s) indépendante(s). Ensuite, indiquez s'il s'agit d'une phrase simple, d'une phrase juxtaposée, ou d'une phrase complexe. Finalement, dans le cas des phrases complexes, indiquez s'il s'agit de coordination ou de subordination, et, pour chaque proposition subordonnée, le rôle spécifique de cette subordination.

1. Mais ces explorations, le couteau à la main, et l'oreille aux aguets, se terminaient souvent par une fuite éperdue vers la maison, à cause de la rencontre inopinée d'un serpent boa, d'un lion ou d'un ours des cavernes. (Pagnol, *La Gloire de mon père*)
2. Quelqu'un se leva, d'ailleurs, à cette table, un homme au visage poupin, à l'oeil rond, à la lèvre souriante. (Simenon, *Le Chien jaune*)
3. L'homme qui se leva et tendit la main était en tenue de gentilhomme campagnard: culottes de cheval à carreaux, guêtres moulées, sans un grain de boue, cravate-plastron en piqué-blanc. (Simenon, *Le Chien jaune*)
4. Il l'aide à se relever, puis l'accompagne jusqu'à sa chambre, pose ses lèvres sur son front, puis retourne dans son bureau et se jette dans un fauteuil. (Gide, *Les Faux-Monnayeurs*)
5. Seules les trois fenêtres de l'hôtel de l'Amiral, à l'angle de la place et du quai, sont encore éclairées. (Simenon, *Le Chien jaune*)
6. Au premier moment, on ne faisait point entre eux de différence et on croyait voir un oeuf et un oeuf. (Sand, *La Petite Fadette*)
7. Des clients sortirent, car c'était l'heure de dîner. (Simenon, *Le Chien jaune*)
8. [Daniel explique les problèmes de ses parents.] Du jour de ma naissance, d'incroyables malheurs les assaillirent par vingt endroits. D'abord nous eûmes donc la mort du client de Marseille, puis deux fois le feu dans la même année, puis la grève des ourdisseuses, puis notre brouille avec l'oncle Baptiste, puis un procès très coûteux avec nos marchands de couleurs, puis, enfin, la Révolution de 18 . . . , qui nous donna le coup de grâce. (Daudet, *Le Petit Chose*)
9. Enfin, un jour, les ouvriers ne vinrent plus, la cloche des ateliers ne sonna pas, le puits à roue cessa de grincer, l'eau des grands bassins, dans lesquels on lavait les tissus, demeura immobile, et bientôt, dans toute la fabrique, il ne resta plus que M. et Mme Eysette, la vieille Annou, mon frère Jacques et moi, puis, là-bas, dans le fond, pour garder les ateliers, le concierge Colombe et son fils le petit Rouget. (Daudet, *Le Petit Chose*)

II. Dites si les propositions relatives dans les phrases suivantes jouent un rôle explicatif ou déterminatif.

1. Le temps, qui détruit si rapidement les monuments des empires, semble respecter dans ces déserts ceux de l'amitié pour perpétuer mes regrets jusqu'à la fin de ma vie. (Saint-Pierre, *Paul et Virginie*)

2. La mairie, où se trouve le poste de police, est à deux pas. (Simenon, *Le Chien jaune*)

3. Il cultivait indifféremment sur les deux habitations les terrains qui lui semblaient les plus fertiles, et il y mettait les semences qui leur convenaient le mieux. (Saint-Pierre, *Paul et Virginie*)

4. Elles lisaient dans les yeux de leurs esclaves la joie qu'ils avaient de les revoir. (Saint-Pierre, *Paul et Virginie*)

5. L'enfance, qui connaît des caresses plus tendres, ne connaît point de plus doux noms. (Saint-Pierre, *Paul et Virginie*)

6. Ainsi se passa leur première enfance comme une belle aube qui annonce un plus beau jour. (Saint-Pierre, *Paul et Virginie*)

7. L'horloge lumineuse de la vieille ville, qu'on aperçoit au-dessus des remparts, marque onze heures moins cinq. (Simenon, *Le Chien jaune*)

8. Sur le côté oriental de la montagne qui s'élève derrière le Pont-Louis de l'Ile de France, on voit, dans un terrain jadis cultivé, les ruines de deux petites cabanes. (Saint-Pierre, *Paul et Virginie*)

III. Lisez les passages suivants, en analysant chaque phrase. Pour chaque phrase, dites s'il s'agit d'une phrase simple, juxtaposée ou complexe, et, dans le cas des phrases complexes, le type exact de complexité. Ensuite, analysez l'effet global de la syntaxe sur le rythme du texte.

Tout de suite après mon arrestation, j'ai été interrogé plusieurs fois. Mais il s'agissait d'interrogatoires d'identité qui n'ont pas duré longtemps. La première fois au commissariat, mon affaire semblait n'intéresser personne. Huit jours après, le juge d'instruction, au contraire, m'a regardé avec curiosité. Mais pour commencer, il m'a seulement demandé mon nom et mon adresse, ma profession, la date et le lieu de ma naissance. Puis il a voulu savoir si j'avais choisi un avocat. J'ai reconnu que non et je l'ai questionné pour savoir s'il était absolument nécessaire d'en avoir un. "Pourquoi?" a-t-il dit. J'ai répondu que je trouvais mon affaire très simple. Il a souri en disant: "C'est un avis. Pourtant, la loi est là. Si vous ne choisissez pas d'avocat, nous en désignerons un d'office." J'ai trouvé qu'il était très commode que la justice se chargeât de ces détails. Je le lui ai dit. Il m'a approuvé et a conclu que la loi était bien faite.

Au début, je ne l'ai pas pris au sérieux. Il m'a reçu dans une pièce tendue de rideaux, il avait sur son bureau une seule lampe qui éclairait le fauteuil où il m'a fait asseoir pendant que lui-même restait dans l'ombre. J'avais déjà lu une description semblable dans des livres et tout cela m'a paru un jeu. Après notre conversation, par contre, je l'ai regardé et j'ai vu un homme aux traits fins, aux yeux bleus enfoncés, grand, avec une longue moustache grise et d'abondants cheveux presque blancs. (Camus, L'*Étranger*)

Je ne quittais pas ma mère des yeux, je savais que quand on serait à table, on ne me permettrait pas de rester pendant toute la durée du dîner et que, pour ne pas contrarier mon père, maman ne me laisserait pas l'embrasser à plusieurs reprises devant le monde, comme si ç'avait été dans ma chambre. Aussi je me promettais, dans la salle à manger, pendant qu'on commencerait à dîner et que je sentirais approcher l'heure, de faire d'avance de ce baiser qui serait si court et furtif, tout ce que j'en pouvais faire seul, de choisir avec mon regard la place de la joue que j'embrasserais, de préparer ma pensée pour pouvoir grâce à ce commencement mental de baiser consacrer toute la minute que m'accorderait maman à sentir sa joue contre mes lèvres, comme un peintre qui ne peut obtenir que de courtes séances de pose, prépare sa palette, et a fait d'avance de souvenir, d'après ses notes, tout ce pour quoi à la rigueur il pouvait se passer de la présence du modèle. Mais voici qu'avant que le dîner fût sonné mon grand-père eut la férocité inconsciente de dire: "Le petit a l'air fatigué, il devrait monter se coucher. On dîne tard ce soir." Et mon père, qui ne gardait pas aussi scrupuleusement que ma grand-mère et que ma mère la fois des traités, dit: "Oui, allons, va te coucher." Je voulus embrasser maman, à cet instant on entendit la cloche du dîner. "Mais non, voyons, laisse ta mère, vous vous êtes déjà dit bonsoir comme cela, ces manifestations sont ridicules. Allons, monte!" Et il me fallut partir sans viatique; il me fallut monter chaque marche de l'escalier, comme dit l'expression populaire, à "contre-cœur," montant contre mon coeur qui voulait retourner près de ma mère parce qu'elle ne lui avait pas, en m'embrassant, donné licence de me suivre. (Proust, *Du Côté de chez Swann*)

La Sémantique

6.1 Le Sens et la sémantique lexicale

Jusqu'ici on a parlé de tous les différents constituants linguistiques, sauf peut-être du plus important: le sens. Dans l'étude de la morphologie, le morphème a été défini comme l'unité minimale de sens, mais le sens dépasse largement le morphème individuel (où il s'agit surtout d'un sens grammatical—nombre, genre, personne, etc.), pour couvrir le mot ou la phrase entière.[1] En fait, nous pouvons penser à un nombre infini de phrases inacceptables dans la langue, non pas parce qu'elles sont grammaticalement incorrectes mais parce qu'elles n'ont pas de sens, comme dans les exemples 495 et 496:

495. Le mur descend de la chaise.
496. L'arbre mord le chien sur la cassette.

On appelle ce type de phrase une *anomalie:* la phrase est parfaitement correcte du point de vue de la grammaire et de la syntaxe, mais elle n'a pas de sens parce que ces mots sont incompatibles. Elle est donc incompréhensible, ou anomale. L'exemple le plus souvent cité d'une anomalie est probablement la phrase créée par le linguiste Noam Chomsky (1966, 15): "Colorless green ideas sleep furiously." Cette phrase montre l'importance de la sémantique dans la langue; sans un sens logique, on est incapable d'interpréter le message, si bien formé qu'il soit.

Le rôle de la sémantique dans la langue peut être expliqué en retournant d'abord au mot individuel: c'est-à-dire, à la *sémantique lexicale.* Chaque mot dans la langue a un sens individuel, et ce sens détermine comment il peut se combiner avec d'autres mots dans la langue. Les noms inanimés ne peuvent pas normalement se combiner avec des verbes tels que *parler, chanter, mordre,* etc., parce que ces verbes demandent un agent animé. (Une exception à cette dernière règle concerne les objets personnifiés, quand on attribue des caractéristiques humaines aux êtres non-animés ou aux animaux. On trouve ces personnifications surtout dans les films animés et dans la poésie.)

6.1.1 Le Signe linguistique

Un des premiers linguistes à avoir étudié de façon systématique la sémantique, Ferdinand de Saussure, a défini le *signe linguistique* (c'est-à-dire, le mot indi-

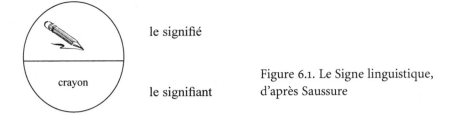

le signifié

le signifiant

Figure 6.1. Le Signe linguistique,
d'après Saussure

crayon

viduel) comme étant composé de deux parties: la forme acoustique/écrite, qu'il appelle le *signifiant,* et la forme mentale/conceptuelle, qu'il appelle le *signifié.* Utilisant un diagramme, Saussure représente ce signe linguistique et fait allusion à la relation réciproque entre ces deux parties (voir la figure 6.1). Saussure a expliqué, dans son traité de linguistique, que ces deux parties sont comme les deux faces d'une pièce de monnaie: on peut les examiner toutes les deux, mais on ne peut pas les séparer; aucune d'elles n'existe sans l'autre.

Cette conception du mot explique son comportement. En enjoutant de nouveaux mots à nos lexiques, nous faisons plus qu'apprendre leurs définitions: nous apprenons leurs formes acoustiques, leurs formes conceptuelles, et des règles de combinaison de ces mots avec d'autres mots.[2] C'est ainsi que nous savons que la phrase 496 est une anomalie:

497.   La maison chante.

Nous avons spécifié dans notre lexique que *maison* est non-animée et donc ne peut pas se combiner avec certains verbes. De la même façon, nous ajoutons pour chaque verbe s'il exige un complément d'objet direct ou indirect, un locatif, etc., et c'est à cause de ce marqueur sémantique/syntaxique que nous savons que la phrase *Il met* n'est pas complète — *mettre* demande au moins un complément d'objet direct (quand il agit comme synonyme de *porter*) et, normalement, aussi un syntagme prépositionnel (quand il agit comme synonyme de *placer*):

498.   Il met un costume.
499.   Il met le livre sur son bureau.

Pour retourner au signe linguistique, il faut donc dire que le concept n'existe pas dans un système linguistique sans une forme acoustique pour l'exprimer, et la forme acoustique n'existe pas sans concept auquel la lier. C'est ce qui sépare le babillage enfantin de la langue véritable. Les petits enfants jouent beaucoup avec la langue pendant leurs deux premières années; ils produisent tous les sons individuels possibles et même des syllabes et des chaînes plus longues, mais ils ne gardent pas ces *mots* parce qu'ils n'ont pas de sens — le signe linguistique n'est pas complet. Pour le compléter, ils adaptent finalement une forme qui ressemble (avec plus ou moins de succès) à la norme adulte, et qui lie forme et concept. C'est cette relation entre signifiant et signifié qui aboutit à la *signification* et qui rend possible la communication entre deux personnes. Nous savons, bien sûr, que la forme varie selon la langue parlée; il faut noter que le concept peut aussi être différent d'une culture à une autre. Cette différence est quelquefois assez légère, quelquefois prononcée; et ceci peut amener à des malentendus. Considérons, par exemple, le signe linguistique *pain*. Ce signe a approximativement la même signification que le mot *bread* en anglais, et nous croyons nous comprendre, mais si nous examinons de près le concept lié à ces deux formes, nous trouvons beaucoup de différences. Le pain français ressemble très peu au pain américain; il n'est pas normalement coupé d'avance, il s'achète frais presque tous les jours, et il est soit rond (un pain de campagne), soit long et mince (une baguette). Le pain américain, par contre, est enveloppé d'un sac en plastique, il est normalement coupé d'avance, il est mou, et on peut l'acheter jusqu'à une semaine avant de le manger. L'Américain qui va chercher du pain pour la première fois en France (ou vice versa) trouve qu'il ne ressemble pas tellement à son concept mental. Il est donc forcé de changer sa représentation, et donc la signification de ce signe linguistique. C'est à ce moment qu'il se rend compte que la langue n'est pas simplement une liste de mots mais une combinaison de formes et de concepts qui peuvent changer d'une langue à une autre.

Selon Saussure, le signifiant est complètement arbitraire. Il n'y a rien qui détermine (sauf la tradition) que l'on dit *chien* en français, *dog* en anglais, *Hund* en allemand, et *cane* en italien pour exprimer la même idée. On aurait pu choisir, au début, le mot *chat* ou *maison* ou même *voiture* pour exprimer le même concept. Saussure prétend que la forme acoustique du mot n'est donc pas motivé; il n'y a rien dans le concept

qui détermine que sa forme acoustique est *crayon*. Ceci est vrai dans la majorité des cas, mais Waugh et Belzai (1993) ont démontré que la langue est moins arbitraire qu'on ne l'a pensé. Elle fait appel à la redondance de certains sons ou affixes dans la langue qui font entendre le même sens. Si la langue était vraiment arbitraire, cette redondance de forme-sens n'existerait pas. Par exemple, les syllabes avec voyelles hautes (i, y, u) sont surtout utilisées pour se référer à des choses *petites*, tandis que les voyelles basses (o, a) se réfèrent plutôt à des choses *grandes*. De plus, tous les affixes que nous avons étudiés dans le chapitre 4 se retrouvent avec régularité, ce qui suggère qu'il y a un mécanisme quelconque dans la langue qui n'est pas tout à fait arbitraire. Waugh prétend que la langue est en quelque partie motivée.

Une autre partie essentielle de la sémantique de Saussure est que la langue existe seulement par convention: on n'est pas libre de changer la langue, sans l'accord de ses interlocuteurs. Saussure appelle cette caractéristique l'*immutabilité de la langue;* nous ne pouvons pas choisir tout seuls d'appeler les *chiens* les *brunds,* sans l'accord de la communauté. Saussure ne parle pas ici de l'innovation linguistique. En fait, l'innovation industrielle et technologique nécessite la création de beaucoup de nouveaux mots dans une langue; ces mots sont généralement introduits par la publicité du produit et/ou par l'usage de ce produit dans un environnement spécifique. Introduire une nouvelle forme acoustique pour un nouveau concept est tout de même très différent de changer la forme acoustique d'un concept déjà en existence, et c'est de ce dernier que Saussure parle. Cela se fait de temps en temps, mais il est rare que la nouvelle forme soit utilisée par toute la population.[3] Pour éviter la confusion totale, il faut normalement qu'un mot garde la même signification (signifiant et signifié). La langue est de cette façon immuable.

6.1.2   La Dénotation et la connotation

Quand on considère la signification d'un mot, il faut aussi considérer sa dénotation et sa connotation. La *dénotation* d'un mot est sa définition littérale; c'est le signifié qui accompagne le signifiant. La *connotation* est une autre signification qui s'attache au signe linguistique et qui vient des valeurs culturelles et des jugements que l'on attache à un mot. Prenons, par exemple, le mot *cigarette.* Sa dénotation est assez simple: c'est un papier rempli de tabac que l'on fume (voir la figure 6.2). Mais sa connotation est beaucoup plus compliquée. Si l'on fume, la cigarette représente probablement aussi la détente, le saveur, et le plaisir, et ces concepts sont liés intégralement au mot *cigarette* (voir la figure 6.3). Si, par contre, l'on ne fume pas la connotation change. Les concepts liés à ce signe linguistique sont plutôt l'odeur, la dépense, et le cancer (voir la figure 6.4). Pour les médecins la connotation change encore, la cigarette représente la maladie, le cancer, la

Figure 6.2. Signe
linguistique
de *cigarette*

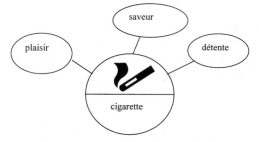

Figure 6.3. Signe linguistique de *cigarette*
avec ses connotations pour un fumeur

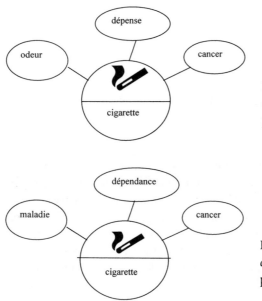

Figure 6.4. Signe linguistique de *cigarette* avec ses connotations pour un non-fumeur

Figure 6.5. Signe linguistique de *cigarette* avec ses connotations pour un médecin

dépendance (voir la figure 6.5). Il est difficile de séparer la connotation du signe linguistique. Que nous le voulions ou non, ces jugements et valeurs accompagnent tout notre vocabulaire et influencent notre façon de nous exprimer. La connotation change selon l'individu (comme dans notre exemple de *cigarette*) mais aussi selon la culture (pensez, par exemple, à la connotation du mot *communisme* aux États-Unis et en Russie).

Pour chaque mot, il y a donc en vérité deux signifiés: un signifié dénotatif et un signifié connotatif. Ceci est un point essentiel pour les étudiants de toute langue étrangère, car en apprenant une autre langue, ils apprennent souvent la dénotation des mots mais pas nécessairement leurs connotations. Ce manque de connaissances, à la fois linguistique et culturel, amène souvent à des malentendus, parce que l'étudiant ne se rend pas compte de la nuance culturelle de ce qu'il dit et, ce qui est pire, ne peut pas trouver ce type de renseignements dans un dictionnaire. Ce n'est qu'en observant la langue en usage (dans la littérature, dans la société, etc.) que l'on apprend la dénotation et la connotation des mots de son lexique.

6.1.3 La Synonymie, l'antonymie, et l'homonymie

Dans toute discussion de sémantique lexicale (c'est-à-dire, du mot isolé), il faut aussi examiner la *synonymie*, l'*homonymie*, et l'*antonymie*. On connaît ces trois mots depuis l'école primaire, mais nous allons les regarder de plus près, en faisant référence au signe linguistique. Deux mots d'une même langue sont dits *synony-*

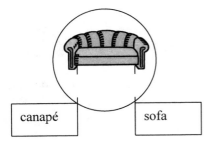

canapé   sofa

Figure 6.6. Signe linguistique
de mots synonymes

mes s'ils ont des signifiants différents, mais le même signifié (voir la figure 6.6). En fait, les vrais synonymes sont rares dans une langue; la langue étant marquée surtout par l'économie du système, il est rare qu'il y ait deux mots avec exactement le même sens (dénotation, connotation, et usage). L'un de ces deux noms s'emploient normalement au détriment de l'autre, qui cesse d'exister. On peut mentionner quelques mots ayant à peu près le même sens, que les non-linguistes appellent donc synonymes, mais, en les examinant de plus près, on trouve qu'il y a des nuances de sens (c'est-à-dire, des différences de connotation) qui distinguent ces deux mots et qui ne sont donc pas des synonymes parfaits. C'est le cas des verbes *redouter, craindre, avoir peur,* etc., qui, malgré leurs similarités de sens, ont aussi des différences importantes.

Le cas le plus commun de synonymie en français existe à cause de mots empruntés. En médecine, par exemple, il y a souvent un mot commun et un mot savant qui se réfèrent tous les deux à la même maladie, au même processus, ou à la même plante médicinale; l'un est employé par les médecins et l'autre par ceux qui ne sont pas médecins. Dans ce cas, il s'agit d'un vocabulaire technique plutôt que de vraie synonymie, puisqu'il n'y a que les médecins qui connaissent les deux termes et qui choisissent entre les deux, selon leurs interlocuteurs. Dans le domaine de la technologie, par contre, le cas est un peu différent. On atteste en français actuellement un grand nombre de termes venus de l'anglais qui trouvent une place importante dans la langue. En même temps, on a aussi créé des termes français pour se référer à ces mêmes concepts, et les deux termes existent côte à côte. C'est le cas de *disque compact/CD, courriel/mél/e-mail,* etc. On doit se demander si l'économie du système n'aura pas bientôt son effet ici, éliminant un de ces termes synonymes.

À côté des synonymes, il existe dans chaque langue des *antonymes.* Deux mots sont dits antonymes s'ils ont des signifiés opposés, comme par exemple *entrer* et *sortir.* Ce dernier exemple représente ce que l'on appelle des antonymes *polaires* (ou *totaux*), puisqu'ils représentent les deux extrêmes. Tout comme il y a peu de synonymes exacts dans une langue, il y a aussi peu d'antonymes polaires. L'opposition entre termes tend plutôt à exister sur un continuum: *grand, moyen, petit; mince, moyen, costaud, obèse,* etc. On appelle ces derniers des antonymes *scalaires,* mais il est discutable qu'ils soient de vrais antonymes. En vérité, tout mot existe dans la langue en opposition aux autres; il se définit vis-à-vis des autres mots, tout comme les phonèmes existent parce qu'ils entrent en opposition avec d'autres phonèmes. Crystal (1991) encourage donc un emploi prudent de ce terme, qui est utilisé trop facilement, et pour des termes différents, mais pas vraiment opposés.

Les *homonymes* sont plus faciles à identifier et existent en plus grande quantité. On appelle homonymes deux mots qui ont la même forme (le même signifiant) mais des signifiés différents. La ressemblance de forme peut être purement acoustique (le cas des *homophones: pair, père,* par exemple) ou aussi graphique (le cas des *homographes: ton* [article possessif] et *ton* [la qualité de son]). Les homonymes sont souvent à la base des jeux de mots, à cause du double sens qu'ils produisent, qui ont souvent un effet comique. Ils peuvent pour la même raison être la source des malentendus. Il se peut que l'histoire de Cendrillon a été changé essentiellement à cause d'un homonyme. On suggère que les pantoufles de Cendrillon n'étaient pas faites de *verre,* comme tout le monde le comprend (ce qui lui aurait fait mal aux pieds et aurait sans doute été facilement brisé), mais plutôt de *vair,* forme littéraire ancienne, une fourrure qui aurait produit des pantoufles souples, douces, et beaucoup moins fragiles!

Les *homographes* qui sont de la même classe grammaticale produisent aussi des *ambiguïtés lexicales,* chose très importante dans la construction de la signification. Dans ce cas, il s'agit de deux mots qui s'emploient dans les mêmes situations, mais qui ont des significations différentes; c'est l'interlocuteur qui doit donc déterminer le sens voulu par le locuteur. À titre d'exemple de ce type d'ambiguïté, examinons la phrase 500:

500. Elle regarde le tableau.

Le mot *tableau* a plusieurs sens en français, dont on ne va mentionner que trois. D'abord, un tableau est une œuvre d'art, une peinture; deuxièmement, c'est un panneau portant des informations; et, troisièmement, ce mot représente aussi une série de donnés, écrite en lignes et en colonnes. Il est impossible de savoir, dans la phrase précédente, lequel de ces trois sens a été choisi par le locuteur. C'est donc à l'interlocuteur, à l'aide du contexte, d'essayer de résoudre cette ambiguïté. Notez bien comment le sens change si on ajoute une autre phrase à cette première, ou encore une expansion au nom *tableau:*

501. Dans le musée, elle s'arrête et regarde le tableau. "C'est magnifique!"
502. En entrant dans la gare, elle regarde le tableau des départs—son train partira du quai numéro 12.

503. Elle regarde longtemps le tableau dans le manuel, mais elle ne
comprend toujours pas sa signification.

Cependant, il n'y a pas d'ambiguïté parmi les deux mots *ton,* mentionnés ci-dessus.
Lorsque l'un de ces mots est un adjectif possessif et l'autre un substantif, leurs sens
deviennent tout à fait clairs à l'usage:

504. Ton café est prêt.
505. J'aime le ton de ce violon.

Avez-vous compris?

I. Complétez les signes linguistiques suivants:

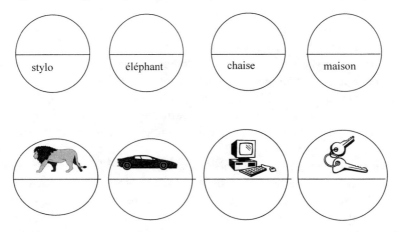

II. Donnez *votre* connotation pour les mots suivants. Quels sont les images que
vous associez, consciemment ou inconsciemment, à ces mots?

1. voiture de sport
2. université
3. hôpital
4. train

Maintenant, essayez de penser à ces mêmes mots d'un autre point de vue (euro-
péen, asiatique, sud-américain, etc.). Quelles seront alors vos connotations?

6.1.4 Les Traits sémantiques distinctifs

Comme nous l'avons dit plus haut, les différents mots d'une langue existent parce
qu'ils se distinguent les uns des autres. Ils existent en opposition, chacun appor-

Tableau 6.1. Les Traits distinctifs des animaux

Animal	Domestiqué	Reptile	Bipède	Ovipare	Carnivore	Vertébré
Serpent	±	+	−	+	+	+
Oiseau	±	−	+	+	±	+
Chien	±	−	−	−	+	+
Vache	±	−	−	−	−	+
Loup	−	−	−	−	+	+
Éléphant	±	−	−	−	−	+
Alligator	−	+	−	+	+	+

tant une différence de sens (même légère), tout comme les phonèmes existent parce qu'ils se distinguent les uns des autres. Pour effectuer cette distinction de sens, il faut donc que les mots aient des traits distinctifs qui, ensemble, leur donnent des sens exacts. Ces traits sont quelquefois assez faciles à énumérer, mais souvent plus compliqués qu'on ne le penserait. De plus, ces traits sont déterminés par la culture aussi bien que par la nature, et ils varieront donc d'une langue à l'autre et d'une culture à l'autre. Prenons comme exemple le monde animal. Pour déterminer les différents traits distinctifs qui nous aident à classifier les animaux, on fait une *décomposition sémantique,* qui nous donne un tableau assez familier (à revoir: la phonologie et les traits distinctifs). On peut penser à plusieurs traits biologiques qui distinguent les animaux donnés, et en revenant à notre système binaire, on marque avec + un trait qui est présent chez l'animal, et avec − un trait qui est absent (voir le tableau 6.1). Le lecteur notera que quelques caractéristiques sont marquées +/- puisque, selon la culture (et quelquefois l'espèce exacte de l'animal), ce trait peut s'appliquer ou non. Ceci est une difficulté que l'on ne rencontre pas en phonologie, où il y a moins de variation strictement culturelle.

Le lecteur aura noté que on aurait pu inclure d'autres catégories, et en fait, il faudrait le faire pour vraiment différencier les animaux les uns des autres. Des catégories peuvent être redondantes, et il faut donc bien les choisir. Ainsi, il n'est pas nécessaire d'ajouter la catégorie *vivipare* parce que dans le monde animal ce qui est *non-ovipare* est nécessairement *vivipare,* et vice versa. Mais en analysant ce tableau, on note qu'il n'y a rien qui distingue l'éléphant de la vache—ils ont jusqu'ici exactement les mêmes traits. Mais un éléphant n'est certainement pas une vache! Comment donc les différencier? Quelles sont les catégories qui permettent cette distinction?

Toutes ces catégories sont marquées quelque part dans nos lexiques; si elles font partie de notre compréhension du monde, elles font partie aussi, nécessairement, de l'entrée lexicale de chaque mot de notre vocabulaire. Il est vraiment étonnant de voir combien d'information est inclue dans ce que l'on appelle un mot simple!

6.1.5 Les Champs sémantiques

On doit maintenant se demander comment toute cette information peut être organisée dans nos systèmes linguistiques. Dans les années 1930, on a développé une explication à cette question, en parlant des *champs sémantiques*. Cette théorie prétend que les mots n'existent pas dans nos lexiques mentaux tels quels, ou en ordre alphabétique, comme dans un dictionnaire, mais qu'ils sont organisés selon leurs classes (ou champs). Selon cette théorie, tous les mots qui partagent quelques traits distinctifs se trouvent donc ensemble dans un champ plus grand: les animaux dans un champ, les fruits dans un autre, les meubles dans un troisième, etc. C'est ainsi que l'on trouve très facile de nommer plusieurs légumes de suite. Pour en évoquer un, il faut faire appel à son champ sémantique; une fois que ceci est fait, tous les autres membres de ce champ sont aussi accessibles. Il est quelquefois difficile d'organiser ainsi les mots — on a longtemps discuté du statut de la tomate: est-ce un fruit ou un légume? Mais dans l'ensemble, la notion de champ sémantique est solide. Le lecteur remarquera d'ailleurs que les manuels de langues étrangères et les dictionnaires pictoraux pour enfants sont organisés par thèmes — c'est-à-dire, par champs sémantiques. Il est plus facile d'apprendre les mots d'un même champ sémantique en même temps que séparément.

6.1.6 Les Prototypes

Pour chaque grande catégorie dans un champs sémantique, il existe une espèce qui représente cette catégorie mieux que les autres — elle contient les traits distinctifs les plus importants dans cette classe. C'est ce que l'on appelle un *prototype*. Lorsqu'on nous dit *oiseau,* par exemple, on pense probablement à un rouge-gorge plutôt qu'à un manchot ou à une autruche. C'est parce qu'un trait distinctif important chez les oiseaux est leur capacité à voler; les oiseaux qui ne volent pas sont des exceptions (ils sont pourtant des oiseaux, parce qu'ils ont d'autres traits spécifiques à cette classe qui les distinguent des autres classes). On ne pense pas normalement aux exceptions en premier lieu. Le prototype est peut-être ce qu'il y a de plus déterminé culturellement; si l'on habite en Antartique, on pense peut-être bien au manchot comme prototype d'un oiseau, tandis que dans le Sud-Ouest des États-Unis, on pense plutôt à l'aigle. Pour cette raison, l'idée des prototypes a été un peu moins bien acceptée que celle des champs sémantiques, mais elle reste un facteur important dans l'acquisition d'une langue (première ou seconde) et dans l'établissement des rapports entre les lexèmes de cette langue.

Pour résumer, donc, les mots isolés de chaque langue consistent en une collection d'informations qui sont toutes essentielles à la compréhension du mot. Chaque mot a un signifiant, c'est-à-dire, une forme, qui est acoustique et souvent aussi graphique. Il a aussi un signifié dénotatif et un signifié connotatif. À ce niveau on retrouve également la classe grammaticale du mot (nom, verbe, etc.) qui détermine son usage possible. Les mots existent simultanément en relation et en opposition les uns avec les autres, et leurs signifiés peuvent être décomposés en traits distinctifs. Ces traits distinctifs reflètent souvent comment le locuteur voit le monde et varient donc (quelquefois grandement) d'une culture à une autre. Le lexique que l'on établit en apprenant une langue est donc tout autre qu'une liste quelconque, comme le prouve l'existence des champs sémantiques.

Avez-vous compris?
I. Vous trouverez reproduite ici la décomposition sémantique traitant des animaux. Complétez ce tableau, d'abord en indiquant les traits pour les autres animaux donnés. Ensuite, ajoutez d'autres catégories nécessaires pour mieux distinguer certains de ces animaux. Quels traits faut-il ajouter pour distinguer entre une vache et un éléphant, un chat et un chien, un serpent et un alligator, une souris et un chat, etc.? Faites autant de distinctions que possible.

Animal	Domestique	Reptile	Bipède	Ovipare	Carnivore	Vertébré				
Serpent	±	+	−	+	+	+				
Oiseau	±	−	+	+	±	+				
Chien	±	−	−	−	+	+				
Vache	±	−	−	−	−	+				
Loup	−	−	−	−	+	+				
Éléphant	±	−	−	−	−	+				
Alligator	−	+	−	+	+	+				
Chat										
Girafe										
Cheval										
Tigre										
Souris										

II. Faites une décomposition sémantique pour les moyens de transports ci-dessous. Qu'est-ce qui relie ces différents moyens? Qu'est-ce qui les distingue?

Véhicule								
Automobile								
Camion								
Bateau								
Bicyclette								
Avion								
Camionette								
Motocyclette								

III. Prototypes: Imaginez que vous allez créer un dictionnaire visuel contenant les mots suivants. Donnez la première représentation qui vous vient à l'esprit quand vous lisez chacun des mots suivants. Dessinez-la si possible, ou, si vous n'êtes pas artiste, donnez l'espèce spécifique de chaque mot.

1. chaise
2. arbre
3. voiture
4. fruit

5. chien
6. légume
7. maison
8. animal domestiqué

6.2 Le Sens littéral et non-littéral

Jusqu'ici on a parlé de l'usage littéral des mots, mais il faut aussi considérer l'usage non-littéral, qui peut entrer en jeu pour exprimer l'ironie et le sarcasme, et l'usage figuratif, qui s'emploie pour exprimer la métaphore et la métonymie. Cette question sera reprise d'une façon plus détaillée lors de la discussion de la sémantique compositionnelle, mais il faut noter ici qu'un mot isolé peut très bien être employé de façon non-littérale. Il y a plus d'un adolescent, par exemple, qui a répondu à ces parents avec sarcasme:

506. "Nettoie ta chambre avant de sortir."
      "Oh, super!"

Dans cette brève conversation, l'adolescent trouve que cet ordre est tout autre que *super;* il emploie ce mot pour laisser entendre l'opposé. C'est un emploi non-littéral du mot isolé, qui doit aussi être inclu dans notre considération du lexique d'une langue.

6.2.1 La Sémantique compositionnelle

À côté de la sémantique lexicale, où l'on considère le sens du mot isolé, il faut aussi examiner la *sémantique compositionnelle*, qui se concentre sur le sens des syntagmes et des propositions. Dans ce cas, ce n'est pas le sens des mots isolés, mais plutôt de toute l'unité, considérée dans son ensemble, qui nous aide à comprendre le message. C'est le cas d'un mot composé (numéro 507), ainsi que d'un groupe nominal (508) ou verbal (509), ou même de toute une phrase (510):

507. porte-monnaie
508. la voiture de Paul
509. acheter de quoi manger
510. Ma mère arrive en ville de bonne heure demain matin.

Pour comprendre ces phrases, il faut examiner chaque mot individuellement et puis considérer le tout; c'est l'ensemble qui exprime le message. La décomposition, en arbres structurels, démontre exactement comment on arrive à comprendre ces phrases: en groupes de mots liés syntaxiquement (les syntagmes), mais aussi dans un groupe plus grand, qui est constitué de syntagmes liés logiquement (la proposition ou la phrase).

6.2.2 Les Expressions idiomatiques

La sémantique compositionnelle explique la façon normale de créer des phrases et ainsi d'exprimer toutes sortes de messages. Mais elle ne peut pas toujours être employée. Considérons les *expressions idiomatiques*. On appelle *idiomatique* toute expression qui n'est pas compositionnelle—c'est-à-dire, une expression pour laquelle on ne peut pas examiner chaque mot individuellement, additioner le sens de chaque mot, et arriver à l'interprétation correcte de l'expression. Considérons, par exemple, l'expression 511:

511. payer les yeux de la tête

Une interprétation compositionnelle littérale suggérerait que l'on a utilisé ses yeux et non de l'argent pour acheter quelque chose, tandis que l'interprétation correcte de cette phrase est tout simplement *payer très cher*. On a peut-être dû donner ce qu'il y a de plus cher au monde pour acheter cette chose, mais on a, quand même, gardé ses yeux! On ne peut pas comprendre cette expression par une simple combinaison des sens des mots individuels; cette expression est donc non-compositionnelle. De cette façon, les expressions idiomatiques varient grandement des phrases normales. Comme démontré dans le chapitre sur la syntaxe, on peut normalement créer ou comprendre une phrase entièrement nouvelle que l'on n'a jamais entendue mais qui suit les règles de syntaxe de la langue. Les expressions idiomatiques, par contre, sont plutôt comme les mots de vocabulaire qu'il faut souvent apprendre par cœur et utiliser exactement de cette façon, sans possibilité de changement. Ces expressions restent donc figées dans la langue et varient très peu de génération en génération. Leur caractère non-compositionnel explique les difficultés qu'elles posent pour les enfants et les étrangers, qui ne les ont pas apprises comme un seul mot ou groupe et qui essaient donc de les interpréter de façon compositionnelle. Quelquefois ils y réussissent (surtout avec une expression comme *payer les yeux de la tête,* dont le sens est peut-être plus facile à deviner que celui d'autres expressions idiomatiques), mais souvent le message n'est pas compris ou, pire, mal compris.

6.2.3   Les Expressions figuratives

Parallèlement aux expressions idiomatiques, il y a d'autres usages figuratifs de la langue qui sont compositionnels. On a parlé de cet usage figuratif pour exprimer l'ironie ou le sarcasme lors de la discussion de la sémantique lexicale. Mais on le voit de nouveau en examinant la sémantique compositionnelle. On y retrouve, bien sûr, l'ironie et le sarcasme, cette fois composés de groupes ou de phrases entiers, au lieu d'un mot individuel. Dans les deux cas (ironie et sarcasme), on dit l'opposé de ce que l'on veut faire entendre. Il y a souvent, mais pas obligatoirement, un changement d'intonation qui signale cet usage figuratif. Il arrive donc fréquemment qu'une personne ne comprenne pas l'ironie de son interlocuteur et qu'elle interprète son message de façon littérale, produisant ainsi un malentendu total.

Dans une discussion de la langue figurative, il faut aussi considérer les *tropes,* qui constituent peut-être un usage non-littéral plus important, et plus répandu, que celui de l'ironie. Le *Petit Robert* définit un trope comme une figure par laquelle un mot est détourné de son sens propre. Seront considérés plus spécifiquement deux types de tropes: la métaphore et la métonymie.

6.2.3.1   La Métaphore

Dans une *métaphore,* il y a une comparaison implicite entre deux choses qui ne se ressemblent pas. Pour mieux comprendre la métaphore, on revient au signe linguistique de Saussure. Dans la section précédente, on a dit que chaque mot est composé de deux parties: un signifiant et un signifié. On a aussi dit que le signifié lui-même est composé de deux parties distinctes: une dénotation et une connotation. Dans la construction d'une métaphore, il faut rejeter entièrement la dénotation d'un objet et garder seulement quelques traits de sa connotation. Il faut ensuite trouver un autre mot avec les mêmes traits connotatifs (mais pas dénotatifs) et puis substituer ce deuxième mot au premier. Pour comprendre la métaphore, on doit donc comprendre la connotation partagée par les deux objets mais rejeter leurs dénotations, qui ne sont pas semblables. Quand Pascal dit:

512. L'homme est un roseau pensant

il rejette la dénotation du mot *homme* (*personne, mâle, adulte, humain*), aussi bien que celle du mot *roseau* (*plante poussant dans les étangs*), pour garder la connation qu'ils partagent tous les deux: *flexibilité, malléabilité, faiblesse*. C'est ainsi qu'il peut faire la comparaison implicite entre ces deux choses. Pour comprendre cette métaphore, il est essentiel de se concentrer sur ces deux traits connotatifs importants.

Il est à signaler que la métaphore est toujours une comparaison *implicite* et n'utilise jamais les mots *comme* ou *semblable à*. En anglais, on appelle les comparaisons explicites de cette sorte *simile*, mais en français ce sont tout simplement des *comparaisons*. Dans ces comparaisons explicites, il n'y a pas de substitution d'un mot pour un autre, comme dans la métaphore; on signale plutôt la similarité entre deux choses qui peuvent se ressembler physiquement ou non.

La métaphore se forme souvent avec le verbe *être*. Le lecteur se souviendra que cette copule existe pour montrer l'égalité entre deux choses; il n'est pas étonnant donc qu'elle s'emploie dans les comparaisons, directes ou implicites. Mais on peut aussi trouver des métaphores sans copule, où un mot se substitue directement à un autre. Considérez, par exemple, la phrase 513:

513. Plusieurs panneaux de métal ont été arrachés par l'accident et des fils électriques, des tripes de machines pendent par les fentes.
(Bataille, *L'Arbre de Noël*)

Les fables de La Fontaine présentent de bons exemples de métaphores, avec la personnification des animaux qu'il dépeint pour représenter certaines caractéristiques des êtres humains. Ce n'est pas par hasard qu'il ait choisi la fourmi pour représenter une personne travailleuse, ou un lion pour incarner une personne fière ou courageuse. C'est au moyen de ces métaphores que La Fontaine a pu critiquer le gouvernement et la société sans être censuré.

Avez-vous compris?
I. Essayez d'expliquer les expressions idiomatiques suivantes. Est-ce qu'il y en a qui sont plus faciles à deviner que d'autres? Pourquoi?

1. mettre la puce à l'oreille
2. se croire sorti de la cuisse de Jupiter
3. chercher midi à quatorze heures
4. Cela me soulève le cœur.
5. sans tambour ni trompette

6. tomber sur un os
7. ne pas savoir à quel saint se vouer
8. mettre des bâtons dans les roues

II. Lisez les phrases suivantes et dites s'il s'agit d'un cas de comparaison explicite ou d'une métaphore. (La partie importante de la phrase est en italique.)

1. Un jour enfin, comme *un marin perdu* qui aperçoit la terre, je sentis qu'une lueur de vie se réveillait. (Gide, *L'Immoraliste*)
2. Bienvenue au domaine de Madame Chevel, à Sonoma, où les chèvres sont *reines. (Le Journal Français,* février 1997)
3. Bachir suivait, bavard; fidèle et souple comme *un chien.* (Gide, *L'Immoraliste*)
4. Dans la pénombre du palier, Tarrou avait l'air d'*un grand ours* vêtu de gris. (Camus, *L'Étranger*)
5. "Galinette, ça ne peut pas continuer comme ça. Cette maison, c'est *un fumier.*" (Pagnol, *Jean de Florette*)

III. Dans chacun des paragraphes suivants, les auteurs ont développé une métaphore en grands détails. Trouvez la métaphore, et soulignez chaque mot ou phrase qui renforce l'interprétation voulue par l'auteur.

1. Je connais mon cœur, ce cœur, ce nœud de vipères: étouffé sous elles, saturé de leur venin, il continue de battre au-dessous de ce grouillement. Ce nœud de vipères qu'il est impossible de dénouer, qu'il faudrait trancher d'un coup de couteau, d'un coup de glaive.(Mauriac, *Le Nœud de vipères*)
2. Il m'apparut que je ne m'étais pas soigné comme il fallait. Jusqu'alors je m'étais laissé vivre, me fiant au plus vague espoir;—brusquement ma vie m'apparut attaquée, attaquée atrocement à son centre. Un ennemi nombreux, actif, vivait en moi. Je l'écoutai: je l'épiai; je le sentis. Je ne le vaincrais pas sans lutte. . . . Je me mis en état d'hostilité. Le soir tombait: j'organisai ma stratégie. (Gide, *L'Immoraliste*)
3. Il découvrait que le jeu est un suicide sans mort: il lui suffisait de poser là son argent, de regarder cette boule et d'attendre, comme s'il eût attendu après avoir avalé un poison; un poison sans cesse renouvelé, avec l'orgueil de le prendre. . . . Maintenant, maintenant, il jouait ses derniers sous, sa vie, et celle d'un autre, surtout celle d'un autre. Il savait qu'il livrait Kyo; c'était Kyo qui était enchaîné à cette boule, à cette table, et c'était lui, Clappique, qui était cette boule maîtresse de tous et de lui-même. (Malraux, *La Condition humaine*)
4. La construction européenne est une course d'obstacles, avec à chaque tour-

nant une haie, une barrière, un mur à franchir, un fossé, une rivière, un précipice à traverser. (*Le Journal Français*, juin 1998)

5. Ainsi, chaque année, d'assez nombreux Occidentaux deviennent présidents d'une société quelconque. Puis ils meurent d'épuisement sur le volant de leur voiture. Le cœur haletant et fourbu cesse de battre. Déjà des loups plus jeunes, dans la formation triangulaire de la chasse, chargent en convergeant vers leur fauteuil, qui ne restera vide que quelques heures, avant de faire de nouvelles victimes. (Bataille, *L'Arbre de Noël*)

6.2.3.2 La Métonymie

La *métonymie* consiste plutôt en un glissement de sens qu'en un remplacement. Dans ce cas, on ne rejette pas la dénotation du mot, mais on la change légèrement, pour faire entendre la même chose, mais d'une façon différente. Contrairement à la métaphore, donc, on garde le sens propre du mot, mais en le reliant à un autre mot avec à peu près le même sens propre. Il existe plusieurs types de métonymie.

Le premier est tellement courant que l'on lui donne un nom spécifique, celui de *synecdoque*. Une synecdoque consiste normalement en la substitution de *la partie pour le tout*, c'est-à-dire qu'elle évoque toute une catégorie en ne mentionnant qu'un aspect. Elle peut aussi consister en l'inverse: la substitution du *tout pour la partie*. Comme premier exemple d'une synecdoque, celui de la substitution de la partie pour le tout, considérez la phrase 514:

514. Il gardait précieusement la pièce d'argent dans son poing fermé.

Dans cette phrase, on a substitué le mot *poing* pour le mot *main*, le poing étant une partie spécifique de la main entière. On trouve l'inverse, la substitution du tout pour la partie, dans la phrase 515:

515. Le gouvernement américain a annoncé aujourd'hui un pacte de non-prolifération nucléaire.

Quand on considère cette phrase, on comprend bien que ce n'est pas vraiment tout le gouvernement qui a fait cette annonce, mais plutôt le président ou le porte-parole, en tant que représentant de cette unité plus grande. On garde donc l'idée de *personne(s) au pouvoir*, présente dans la dénotation de tous ces termes, sans préciser qui exactement a fait l'annonce.

L'usage des synecdoques est aussi commun en biologie et en botanique, où l'on substitue souvent l'espèce pour le genre, ou vice-versa. Le Guern (1973, 32) cite des exemples de ce type de synecdoque dans les fables de La Fontaine, où se trouvent de façon interchangeable les termes *l'insecte* et *le moucheron*, *l'oiseau*, et *le héron*, ou *l'arbre* et *le chêne*.

Dans un autre type de métonymie, on voit la substitution de *la cause pour l'effet*. En parlant, par exemple, d'une personne enragée, on peut dire:

516. J'ai vu sa rage.

Mais en fait, ce n'est pas la rage (la cause) que l'on voit, mais plutôt les effets de cette rage — le visage rouge ou tendu, un tremblement, etc. C'est la même situation avec presque toutes les émotions: on ne voit pas l'émotion elle-même (jalousie, peur, etc.) mais plutôt les effets que cette émotion provoque sur la personne. Si l'on dit:

517. Sa jalousie était évidente.

on assiste à une substitution de la cause pour les manifestations physiques. On peut aussi trouver la situation inverse, qui voit l'effet mentionné au lieu de la cause. Ainsi l'on dit, par exemple, *je tremble* pour signifier *j'ai peur*.

Un troisième type de métonymie consiste à substituer *le contenant pour le contenu,* quand on dit, par exemple:

518. boire un verre
519. préparer un plat

Ce n'est ni le verre ni le plat qui est bu ou préparé, mais le contenu du verre ou du plat.

Il est aussi très commun de nos jours d'évoquer *la source pour la chose.* Il n'y a pas si longtemps, on entendait régulièrement:

520. boire une eau de Perrier

Maintenant on dit tout simplement:

521. boire un Perrier

en sous-entendant qu'un Perrier est l'eau qui vient de la source Perrier. De la même façon, on mange *un Roquefort.* Ce type de métonymie s'emploie aussi pour remplacer une œuvre par son créateur:

522. Tous les étudiants doivent lire Hugo.
523. Nous avons vu trois Degas magnifiques.

Dans cette même catégorie, on trouve un phénomène plus récent qui voit la substitution de *la marque pour la chose:* on ne conduit plus une voiture mais plutôt *une Peugeot* ou *une Renault;* on achète *un Mac* au lieu d'un ordinateur. La publicité augmente sans doute cette tendance à substituer la marque pour la chose.

Finalement, il y a le cas de la substitution du lieu où un événemment se passe pour l'événement lui-même. On voit cette substitution dans la phrase 524, où *Watergate* (l'hôtel) remplace les événements qui y ont eu lieu:

524. "Le Watergate" a changé les élections présidentielles aux États-Unis.

Cela peut se faire aussi avec une date, comme *mai 68* et *le 11 septembre* le prouve. On pourrait citer d'autres exemples de métonymie, mais on se contente de citer les cas les plus communs. Le lecteur notera que ce qu'il y a de plus important, c'est que la signification ne change pas beaucoup lors de la métonymie; la dénotation des deux mots concernés est toujours concervée. Donc pour créer une métonymie, il est important de choisir des objets qui se ressemblent. Ceci est à l'opposé de la métaphore, où il faut transférer la signification, parce que les objets comparés ne se ressemblent pas nécessairement, du moins dans leurs dénotations.

Avez-vous compris?

I. Les phrases suivantes représentent plusieurs types de métonymie. Identifiez le type spécifique représenté dans chacune, d'après les catégories données dans le manuel. (Concentrez-vous sur la partie en italique.)

1. *Je tremble* que cela ne porte le plus grand tort à Hubert et à Geneviève. (Mauriac, *Le Nœud de vipères*)

2. Mais je me persuadais au contraire que c'était le commencement d'une longue vie passionnée, et je n'étais pas assez attentif à ces soirs où nous demeurions, immobiles, sous *les feuillages endormis*. (Mauriac, *Le Nœud de vipères*)

3. Je m'essoufflais beaucoup à me baisser, mais j'essayai de jouer quand même. Enfin je n'en pus plus. *J'étais en nage.* Je rejetai les billes et me laissai tomber dans un fauteuil. (Gide, *L'Immoraliste*)

4. Marceline surveillait les menus, commandait *un plat,* en repoussait tel autre. (Gide, *L'Immoraliste*)

5. Je ne fis aucune rencontre ce jour-là, et j'en fus aise; je sortis de ma poche *un petit Homère* que je n'avais pas rouvert depuis mon départ de Marseille, relus trois phrases de l'Odysée, les appris. (Gide, *L'Immoraliste*)

6. *L'Ambassade de France* à Ottawa a par ailleurs indiqué avoir reçu "plusieurs appels (téléphoniques), pas beaucoup" de la part de citoyens canadiens protestant contre le projet français. (*Journal France-Amérique,* 8–14 mars, 1997)

7. Dargelos était debout dans la porte. Derrière la porte se pressaient *des têtes curieuses.* (Cocteau, *Les Enfants terribles*)

8. Il se répétait que cet homme devait mourir. Bêtement: car il savait qu'il le tuerait. Pris ou non, exécuté ou non, peu important. Rien n'existait que

ce pied, cet homme qu'il devait frapper sans qu'il se defendît — car s'il se défendait, il appellerait. (Malraux, *La Condition humaine*)

9. À Syracuse, je relus *Théocrite,* et songeai que ses bergers au beau nom étaient ceux mêmes que j'avais aimés à Biskra. (Gide, *L'Immoraliste*)

10. "Mais grâce à mes efforts personnels, et grâce à mon téléphone, j'ai pu appeler à notre secours le Génie rural. Et *le Génie rural,* le voilà!" L'ingénieur salua de la tête, et prit la parole. (Pagnol, *Manon des Sources*)

11. Elisabeth, d'abord farouche, agressive, s'était en fin de compte laissé vaincre par *la grosse figure rose de Mariette, ses boucles grises, et son dévouement.* (Cocteau, *Les Enfants terribles*)

12. Cette objection terrible fut proposée par Madame Grandet en voyant sa fille armée d'un *sucrier de vieux sèvres* rapporté du château de Froidfand par Grandet. (Balzac, *Eugénie Grandet*)

13. Quelque soin que l'on prenne de couvrir *ses passions* par des apparences de piété et d'honneur, elles paraissent toujours au travers de ces voiles. (La Rochefoucauld, *Maximes*)

II. Dites si les phrases suivantes constituent des métaphores ou des métonymies. (Concentrez-vous surtout sur la partie en italique.)

1. Le mois dernier, *toute la ville* était pour l'armée révolutionnaire unie. (Malraux, *La Condition humaine*)

2. Et cette fois, sans se soulever, l'Arabe a tiré son couteau qu'il m'a présenté dans le soleil. . . . *Cette épée brulante* rongeait mes cils et fouillait mes yeux douleureux. (Camus, *L'Étranger*)

3. Il vit le regard de sa mère se poser sur *son front.* (Camus, *La Peste*)

4. Car on laisse supposer alors que ces belles actions n'ont tant de prix que parce qu'elles sont rares et que *la méchanceté et l'indifférence sont des moteurs* bien plus fréquents dans les actions des hommes. (Camus, *La Peste*)

5. Or chaque fois que l'élève pâle se trouvait en face *des cheveux tordus, des genoux blessés,* de la veste aux poches intrigantes, il perdait la tête. (Cocteau, *Les Enfants terribles*)

6. Seul Dargelos pouvait attirer Paul au collège. Dargelos renvoyé, Condorcet devenait *une prison.* (Cocteau, *Les Enfants terribles*)

7. Ces perspectives de caisses, ces lacs de papiers, ces mongtagnes de linge, étaient *la ville* du malade et son décor. (Cocteau, *Les Enfants terribles*)

8. "Rappelez vos souvenirs, Madame. Dans la poche intérieure de cette vieille pèlerine — celle dont vous n'usez plus qu'en octobre, pour la chasse à la palombe, n'avez-vous rien oublié, rien dissimulé?" Impossible de protester; elle étouffe. Sans perdre *son gibier* des yeux, le juge dépose sur la table un paquet minuscule, cacheté de rouge. (Mauriac, *Thérèse Desqueyroux*)

9. La porte refermée fit osciller la lampe: *les visages* disparurent, reparurent: à gauche, tout rond, Lou-You-Shin. (Malraux, *La Condition humaine*)

10. Ils reprirent leur marche, dans la rue, sur *leurs semelles de crêpe,* au pas. (Malraux, *La Condition humaine*)

11. César Soubeyran approchait de la soixantaine. Ses cheveux, rudes et drus, étaient d'un blanc jaunâtre strié de quelques fils roux; *de noires pattes d'araignées* sortaient de ses narines pour s'accrocher à l'épaisse moustache grise. (Pagnol, *Jean de Florette*)

12. Délie, armée du balai, poussait déjà vers la porte *des moutons de poussière* raccrochés sous la grande armoire. [. . .] Adélie se leva, et reprit avidement *la chasse aux moutons.* (Pagnol, *Jean de Florette*)

13. *Washington* ne reconnaît plus à la France ses zones d'influence tradition-nelle, comme l'ont montré à la fois le voyage de Warrren Christopher en Afrique et la crise des réfugiés du Kivu. (*Journal Français,* février 1998)

14. J'entends *votre troupeau* chuchotant qui monte l'escalier. Vous vous arrê-tez; vous parlez sans crainte que je m'éveille (il est entendu que je suis sourd); je vois sous la porte la lueur de vos bougies. (Mauriac, *Le Nœud de vipères*)

15. La fuite *des cerveaux français:* crainte ou réalité? (*Journal Français,* juin 1998)

6.3 La Sémantique verbale

Dans la discussion de la flexion verbale (voir la section 4.4.3), on a parlé des dif-férents marqueurs ajoutés aux verbes pour représenter la personne, le nombre, le temps, l'aspect et le mode, entre autres choses. Il est vrai qu'en ce qui concerne leur forme ces marqueurs entrent dans le domaine de la morphologie. Le choix de personne, de nombre, de mode, de temps, ou d'aspect est pourtant une question de sémantique.

6.3.1 La Personne et le nombre

Les premières et deuxièmes personnes sont des personnes *déictiques,* c'est-à-dire, des personnes sans référent stable. Leur référent change selon la personne qui parle. Quand le locuteur dit *je* il parle de lui-même, et il utilise *tu* ou *vous* pour s'adresser à son interlocuteur. Mais ceci change quand son interlocuteur com-mence à parler. Maintenant, *je* désigne ce nouvel interlocuteur, et *tu* la personne à qui il s'adresse, et ainsi de suite. Le référent de ces pronoms déictiques dépend donc toujours de la personne qui parle.

La troisième personne, cependant, a toujours un référent stable et représente une personne ou une chose dont on parle, mais à laquelle on ne s'adresse pas di-

Figure 6.7. Référents des trois personnes

rectement. Ce référent reste le même malgré les changements de locuteur pendant une conversation (voir la figure 6.7).

6.3.1.1 La Première Personne

Les pronoms de première personne (*je, nous*) s'emploient par la personne qui parle pour se représenter. Ils représentent donc presque toujours une personne, mais quelquefois aussi un animal (personnifié et donc capable de parler), ou très rarement une chose (qui est aussi personnifiée, telle que la fleur dans *Le Petit Prince*). Le français ne fait pas de distinction de genre à la première personne; le pronom *je* peut donc représenter un homme ou une femme.

La distinction entre singulier et pluriel est assez claire à la première personne. *Je* se réfère toujours à une seule personne, tandis que *nous* représente normalement deux ou plusieurs personnes. Il y a deux cas en particulier, cependant, où *nous* représente un singulier: c'est le cas des auteurs et des personnages royaux. Les auteurs individuels ont tendance à employer le pronom *nous* au lieu de *je* pour montrer leur humilité, tandis que les rois et reines l'emploient pour attester leur puissance et le fait qu'ils représentent tout un peuple.

6.3.1.2 La Deuxième Personne

Les pronoms de deuxième personne (*tu, vous*) s'emploient pour désigner la personne à qui l'on parle. Ici, on fait une distinction entre familier et formel: le pronom *tu* s'emploie surtout pour les personnes que l'on connaît bien, les enfants (même si on ne les connaît pas), et les animaux. En plus, les étudiants, les soldats, et d'autres groupes semblables ont tendance à se tutoyer, pour montrer leur solidarité. Le pronom *vous* s'emploie au singulier pour montrer la politesse; on vouvoie un inconnu aussi bien qu'une personne à laquelle on veut montrer son respect (son patron ou un agent de police). La distinction entre *tu* et *vous* semble être assez claire, mais elle l'est rarement. En France, chaque situation peut être bien différente; il est donc difficile de faire des généralisations. Chez un certain employeur, par exemple, tout le monde se tutoie pour montrer sa collégialité; chez un autre, on tutoie ses collègues mais on vouvoie ses supérieurs; et chez un troisième, tout le monde se vouvoie, pour être poli ou pour maintenir une distance. Cette distinction est tellement importante en français que l'on a créé les verbes *tutoyer* et *vouvoyer* pour représenter les deux idées: "dire *tu* à," "dire *vous* à."

La distinction entre singulier et pluriel est moins claire à la deuxième personne qu'à la première. Le pronom *tu* représente toujours un singulier et donc ne pose pas de problème. Le pronom *vous,* par contre, s'emploie pour représenter le singulier (formel) aussi bien que le pluriel, où l'idée de la formalité est perdue. Quand on s'adresse directement à plusieurs personnes, il n'est plus question de les connaître ou non; il faut automatiquement employer le pronom *vous.* On appelle ce pronom "deuxième personne du pluriel," mais en vérité il représente aussi souvent un singulier qu'un pluriel. En dépit de ce référent souvent singulier, cependant, le verbe se conjugue toujours au deuxième personne du pluriel, et c'est au contexte d'éclaircir s'il s'agit d'un singulier formel ou d'un pluriel.

Il est à noter qu'au Canada, par contre, on accepte beaucoup plus facilement *tu,* même pour les inconnus. Avec cet usage répandu du pronom *tu,* le pronom *vous* s'utilise surtout pour marquer le pluriel. On maintient donc plutôt la distinction entre singulier et pluriel qu'entre familier et formel en français canadien.

6.3.1.3 La Troisième Personne

Le pronom de la troisième personne est la seule à maintenir le genre en français. Il existe donc deux formes distinctes, au singulier comme au pluriel, pour distinguer entre masculin et féminin. De ces formes, c'est le féminin qui est la plus marquée: on ne l'emploie que pour des choses féminines, tandis que le masculin s'emploie pour le masculin, pour les groupes de masculin et féminin mixtes, et aussi pour les cas où l'on ne veut pas (ou ne peut pas) distinguer.

Comme indiqué ci-dessus, le référent de la troisième personne est stable et ne dépend donc pas de la personne qui parle. Ce référent désigne normalement une personne/une chose qui ne fait pas partie de la conversation ou, au moins, à qui l'on ne s'adresse pas à ce moment-là. Il est donc bien possible, dans un groupe de plusieurs personnes, de parler d'une de ces personnes, sans s'y adresser directement:

525. Georges m'a dit qu'il a vu le film "Ponette."

Georges pourrait bien entrer dans la conversation, mais au moment où l'on a prononcé cette phrase, on parlait *de* lui, non pas *à* lui.

Le fait que le référent est stable ne veut pas dire, cependent, qu'il y a un seul référent pour le pronom *il* pendant toute une conversation. Pendant la progression de la conversation, *il* peut désigner *le Président Chirac, le Général de Gaulle, le temps, le programme de télé pour ce soir,* etc. Sa stabilité vient du fait qu'il représente cette même chose pour toutes les personnes pendant une certaine période. En passant à un nouveau sujet de conversation, on aura besoin de ce même pronom pour désigner un autre objet masculin, mais il n'est jamais déictique.

Ce pronom, qui est le moins marqué de tous les pronoms de la troisième personne, s'emploie aussi de façon impersonnelle, pour représenter un actant que l'on ne peut pas identifier clairement. C'est le cas donc pour les expressions de temps (exemples 526 et 527) et pour les expressions de nécessité et de jugement (528 à 530):

526. Il pleut.
527. Il neige.
528. Il faut . . .
529. Il vaut mieux . . .
530. Il est juste . . .

Il est à noter que beaucoup de ces verbes dits impersonnels n'ont pas d'autre usage et donc ne se conjuguent qu'à la troisième personne.

La distinction entre singulier et pluriel est assez claire pour les quatres pronoms *il, elle, ils,* et *elles.* Les deux premiers représentent normalement un seul objet, tandis que les deux derniers représentent toujours des objets pluriels:

531. Jean-Marc? *Il* est à son bureau.
532. Marie? *Elle* travaille jusqu'à cinq heures.
533. Jean-Marc et Marie habitent à Paris. *Ils* ont trois enfants.
534. Marie et sa fille sortent souvent. *Elles* vont au cinéma.

Cependant, on trouve quelquefois un référent qui pose des problèmes en ce qui concerne son analyse linguistique. C'est le cas des noms comme le *couple,* un *groupe,* ou la *majorité,* qui sont singuliers du point de vue grammatical mais qui sont sémantiquement pluriels. Pour les noms de ce type, on hésite, en usage actuel, entre des marqueurs singuliers et pluriels sur le nom, le pronom, et le verbe. Il n'est pas rare, donc, de trouver un mélange des deux pour représenter le même nom:

535. Ce couple *vient* de se marier. Je l'ai vu au restaurant juste après la cérémonie.
    Ils ont l'air très heureux.

Depuis peu, *la majorité* et *la plupart* permettent, en français actuel, un verbe au singulier ou au pluriel, ce qui montre bien le conflit entre grammaire et sémantique.

536. La majorité *dit* . . ./La majorité *disent* . . .

Il serait donc faux de dire que les pronoms de la troisième personne du singulier représentent toujours le singulier; c'est normal, mais ce n'est pas une règle absolue. Le cas du pronom *on* est encore moins clair. Ce pronom est considéré comme une troisième personne du singulier, mais en fait il représente presque toujours un actant pluriel. Ce pronom s'emploie pour parler d'une personne non-identifiée et peut donc représenter un singulier, tel que dans le numéro 537, mais il s'emploie souvent aussi, à cause de son statut non-identifié, comme une sorte de passif où *on* représente tout un groupe de personnes (voir 538 et 539).

537. On a cassé ce verre.
538. On parle français en Belgique.
539. On ne peut pas fumer dans ce restaurant.

En fait, *on* est le seul pronom au singulier qui puisse s'employer réciproquement:

540. On se téléphone souvent.

La réciprocité demande naturellement un pluriel; il doit y avoir deux actants qui font tous les deux la même action. *On,* avec son référent souvent pluriel, peut s'employer ici où *il* ne peut pas. En plus, *on* s'emploie de plus en plus fréquemment pour remplacer le pronom *nous* et prend donc un caractère non seulement pluriel mais aussi de la première personne. Donc, tandis que nous disons que ce pronom est à la troisième personne du singulier, et que le verbe se conjugue toujours de cette façon, il représente aussi souvent un pluriel qu'un singulier, et de plus en plus souvent une première personne au lieu d'une troisième. Son usage est restreint seulement par le fait qu'il ne représente pas de choses définies mais porte toujours le sens du non-défini ou du non-personnel.

Avez-vous compris?

Dans le paragraphe suivant, notez lesquels des pronoms soulignés sont déictiques et lesquels sont stables. Quels sont les référents de chacun de ces pronoms?

[Meursault se trouve devant le juge d'instruction; c'est Meursault qui parle.]

Nous nous sommes tous les deux carrés dans nos fauteuils. L'interrogatoire a commencé. *Il m*'a d'abord dit qu'*on me* dépeignait comme étant taciturne et renfermé et *il* a voulu savoir ce que j'en pensais. J'ai répondu: "C'est que je n'ai jamais grand-chose à dire. Alors *je me* tais." Il a souri comme la première fois, a reconnu que c'était la meilleure des raisons et a ajouté: "D'ailleurs, cela n'a aucune importance." *Il* s'est tu, *m*'a regardé et *s*'est redressé assez brusquement pour *me* dire très vite: "Ce qui *m*'intéresse, c'est *vous*." Je n'ai pas bien compris ce qu'il entendait par là et je n'ai rien répondu. "Il y a des choses, a-t-*il* ajouté, qui *m*'échappent dans votre geste. *Je* suis sûr que *vous* allez m'aider à *les* comprendre." J'ai dit que tout était très simple. Il m'a pressé de lui retracer ma journée. *Je lui* ai retracé ce que déjà je lui avais raconté: Raymond, la plage, le bain, la querelle, encore la plage, la petite source, le soleil et les cinq coups de revolver. (Camus, *L'Étranger*)

6.3.2 Le Mode
6.3.2.1 Les Modes impersonnels

Dans la conception traditionnelle, on dit que les deux participes (le participe présent et le participe passé) marquent le temps, mais ici la terminologie est trompeuse; il convient dès lors de faire attention. S'il est vrai que les participes se rapportent à un moment précis, il faut néanmoins avouer que ce moment ne coïncide pas nécessairement au moment de la parole (voir la section 6.3.3, ci-dessous, pour une discussion de *temps*). Si l'on dit, par exemple

541a. Après le vol, j'ai vu un homme *courant* dans la rue.

le participe présent *courant* représente une action en train de se dérouler mais qui a eu lieu en même temps que *j'ai vu*, et non pas au moment où la phrase est énoncée. Le point de repère se réfère à un moment non-spécifié dans le passé — ce qui est clair dans la forme verbale du verbe *voir*. En fait, cette phrase peut s'exprimer d'une autre façon aussi, où l'on voit clairement que l'action a eu lieu au passé, non pas au moment de l'énonciation de la phrase:

541b. Après le vol, j'ai vu un homme *qui courait* dans la rue.

Le participe présent représente, donc, une action *simultanée* avec ce moment, non pas une action "présente" au moment de la parole. Comme dit Béchade (1992, 247), les participes ont une valeur *aspectuelle* plutôt que temporelle, le participe "présent" se concentrant sur le déroulement de l'action, le participe "passé" sur le fait que l'action a été accomplie (voir la section 4.4.3.5, ci-dessus, pour une discussion d'*aspect*).

Quant au participe passé, le nom est peut-être moins trompeur: cette forme verbale désigne en effet une action qui précède une autre action, qui est donc "passée" par rapport à cette autre action. Cette deuxième action ne doit pas nécessairement être au passé: elle peut avoir lieu à n'importe quel moment: au passé, au présent, ou même au futur:

542. Marie *sortie*, Frédérick s'est rendormi.
543. Marie *sortie*, Frédérick se rendort.
544. Marie *sortie*, Frédérick se rendormira.

Comme nous voyons dans le numéro 544, le participe passé peut même faire référence à une action qui aura lieu dans l'avenir. La seule chose dont on est certain, c'est que toute action représentée par le participe passé précèdera une autre action et sera, de cette façon, "passée."

6.3.2.2 Les Modes personnels
6.3.2.2.1 L'Indicatif

L'*indicatif* est le mode personnel le plus commun en français; il s'emploie pour exprimer des assertions (phrases et questions). Chaque fois que l'on utilise l'indicatif, on affirme la réalité de la situation, au moins du point du vue du locuteur. Examinons les phrases 545–547:

545. J'*habite* un appartement au centre-ville.
546. Hier, j'*ai pris* le bus pour aller au travail.
547. Demain, nous *resterons* à la maison.

Dans chacune de ces phrases, la réalité de la situation présentée par le verbe est hors de question. Ces activités sont bien réalisables et, selon le temps choisi, le sont déjà ou le seront dans l'avenir. Même la négation et l'interrogation ne portent pas sur la validité d'un processus exprimé à l'indicatif. Que le processus ait lieu ou non, il reste réel, et réalisable.

548. Ma mère ne me *rend* pas visite cette semaine.
549. *Va*-t-elle venir la semaine prochaine?

L'indicatif sera considéré comme le mode *non-marqué* en français (comme dans beaucoup d'autres langues); il s'emploie dans la plus grande variété des cas. À cause de son usage non-marqué, l'indicatif comprend plus de temps différents qu'aucun autre mode en français. On y trouve donc des temps passés, présent, et futurs, tandis que pour le subjonctif et l'impératif il n'y a pas d'époque future possible, et le temps passé s'emploie assez rarement. C'est surtout la volonté du locuteur qui est évoqué par le subjonctif et l'impératif, et l'expression du temps devient donc beaucoup moins importante.

6.3.2.2.2 Le Subjonctif

Par contraste, le *subjonctif* s'emploie pour marquer les processus virtuels, plutôt que réels. Confais explique que le subjonctif signale que "le locuteur ne prend pas en charge le contenu propositionnel" d'un énoncé (1995, 320), c'est-à-dire qu'il ne le présente pas comme réalité, mais plutôt comme potentialité. Le subjonctif est donc obligatoire après les expressions de volonté, de doute, de désir, de jugement, et de nécessité, qui marquent tous une action virtuelle, désirée par le locuteur, mais dont la réalisation n'est pas certaine. Il s'emploie aussi après certaines conjonctions (*bien que, afin que,* etc.), qui marquent, elles aussi, une activité virtuelle plutôt qu'affirmée. Pour cette raison, l'usage du subjonctif est rarement laissé au choix du locuteur—le verbe et/ou la conjonction qu'il choisit détermine le mode qui doit suivre.

Le subjonctif est redondant dans 50% des usages; étant déclenché par un verbe tel que *falloir* ou *vouloir* ou par une conjonction de subordination (*que, quoique,* etc.), la déclinaison du verbe n'est qu'une répétition d'information déjà présentée dans la phrase (Confais, 1995, 324). Ceci explique le grand nombre de neutralisations qui existent en français entre les différents modes (*parle,* par exemple, peut représenter l'indicatif ou le subjonctif; *sachez* représente le subjonctif aussi bien que l'impératif). Mais quelquefois le subjonctif contraste avec l'indicatif, qui présente une action comme vraie, ou au moins comme réalisable, où la volonté et l'émotion du locuteur n'interviennent pas. Confais donne comme exemples de ce contraste les deux phrases suivantes:

550a.   Je n'ai pas remarqué qu'il avait maigri.

550b.   Je n'ai pas remarqué qu'il ait maigri.

Ces deux phrases se ressemblent, sauf en ce qui concerne le mode utilisé dans la proposition subordonnée. Ce choix de mode est très important, cependant, puisqu'il laisse entendre deux choses entièrement différentes: dans 550a, on affirme que la personne en question a effectivement maigri et qu'on le constate maintenant pour la première fois (probablement après avoir entendu la nouvelle de quelqu'un d'autre). Dans 550b, par contre, on présente la maigreur de la personne comme une possibilité, mais on ne l'affirme pas—en fait, on la présente avec scepticisme, presque. Dans ce cas, comme dans d'autres cas spéciaux, le locuteur a un choix entre l'indicatif et le subjonctif; le subjonctif sert à montrer la non-affirmation du processus par le locuteur. On trouve cet emploi facultatif assez souvent avec les verbes *penser* et *croire* à l'interrogatif et au négatif. Dans ces cas le choix que fait le locuteur communique les nuances de ses pensées personnelles. Regardons, par exemple, les phrases suivantes, fournies par Curat (1991, 121–23):

551a.   Penses-tu qu'il *viendra?*

551b.   Penses-tu qu'il *vienne?*

552a.   Je ne crois pas que le train *va* jusque là.

552b.   Je ne crois pas que le train *aille* jusque là.

Selon Curat, la première phrase de chacune de ces paires est présentée comme une assertion du locuteur. Il présente son opinion et, dans le cas des phrases interrogatives, demande aussi l'opinion de son interlocuteur. Dans la deuxième phrase de cette même paire, cependant, "cette opinion est présentée avec prudence, et le locuteur semble admettre la possibilité d'une erreur" (123). Curat note la grande distinction entre ces deux phrases: la question de savoir si la négation/l'interrogation porte sur la croyance elle-même ou sur le verbe subordonné; ceci explique l'usage d'un verbe à l'indicatif (négation sur le verbe subordonné) ou au subjonctif (négation sur la croyance). Curat offre donc les paraphrases suivantes à ce type de phrase (124):

552a. (répété) Je ne crois pas que le train va jusque là. = Je ne crois pas qu'il est vrai que le train va jusque là.

552b. (répété) Je ne crois pas que le train aille jusque là. = Il n'est pas vrai que je crois que le train va jusque là.

6.3.2.2.3 L'Impératif

Dans la section traitant de la morphologie verbale (voir 4.4.3.3.6), on a remarqué que l'*impératif* sert à communiquer un ordre. Puisqu'il s'agit de dire à quelqu'un de faire quelque chose, l'impératif se trouve le plus souvent à la deuxième personne (du singulier ou du pluriel), tel que l'on voit dans les numéros 553 et 554.

553a. Jean-Paul, va vite à la boulangerie pour acheter une baguette!

554a. Monsieur, chantez-nous une chanson, s'il vous plaît!

En français, il existe pourtant aussi un impératif à la première personne du singulier (*nous*), où le locuteur s'inclut dans l'impératif et donne ainsi une sorte de suggestion plutôt qu'un ordre directe:

555a. Allons au cinéma cet après-midi.

L'impératif est assez souvent remplacé de nos jours par un verbe à l'imparfait, précédé de *si*. Ceci a l'effet d'adoucir un peu l'ordre et n'est pas considéré comme un imparfait, du point de vue de la morphologie, mais comme un impératif. Du point de vue de la sémantique/pragmatique, par contre, l'effet est à peu près le même: on dit (ou au moins on suggère) à quelqu'un de faire quelque chose. Sont répétés ici les numéros 553a–555a avec *si* et un imparfait:

553b. Jean-Paul, si tu allais vite à la boulangerie pour acheter une baguette.

554b. Monsieur, si vous nous chantiez une chanson, s'il vous plaît!

555b. Si nous allions au cinéma cet après-midi.

Avez-vous compris?

Expliquez le message sémantique présenté dans chacune des phrases suivantes.

1a. Je ne crois pas qu'elle vienne ce soir.

1b. Je ne crois pas qu'elle viendra ce soir.

2a. Trouvez-vous que la soupe est un peu trop salée?

2b. Trouvez-vous que la soupe soit un peu trop salée?

3a. C'est le plus beau poème de Mallarmé que nous avons lu.
3b. C'est le plus beau poème de Mallarmé que nous ayons lu.

6.3.3 Le Temps

Suivant Curat (1991, 68), on note d'abord que les termes utilisés normalement pour faire une analyse (même linguistique) des verbes sont basés sur une notion linéaire du temps. Ceci requiert que le passé précède le présent, qui précède le futur, et que le temps ne se répète jamais. Cette notion du passage du temps est représentée ci-dessous par une ligne spatiale, allant de gauche à droite (suivant les conventions occidentales d'écriture) et on essaie de placer tout événement sur cette ligne, de façon non-ambigu:

passé   présent   futur

Le problème, en ce qui concerne une analyse linguistique, c'est que l'on veut que chaque activité représentée par un verbe au passé (en termes traditionnels) se trouve à la gauche de cette ligne, que chaque activité représentée par un verbe au présent se trouve au milieu de cette ligne, et que chaque activité représentée par un verbe au futur se trouve à la droite de cette ligne, ce qui n'est pas toujours le cas, comme on le verra ci-dessous.

Comme Curat explique, tout verbe représente un processus qui doit occuper une position sur cette ligne. Cette place n'est cependant pas nécessairement déterminée par le temps grammatical du verbe. La confusion vient d'un usage double de plusieurs termes, aussi bien que du comportement des verbes individuels dans le contexte. J'essaierai de clarifier ces différentes notions évoquées par Curat, afin de clarifier la question qui nous occupe.

Il faut d'abord prendre garde à l'usage du mot *temps,* qui veut dire deux choses distinctes mais souvent confuses: premièrement, il y a la *catégorisation temporelle* (en anglais *time*), ce qui répond à cette idée linéaire de trois époques. Pour comprendre ces trois époques, il faut commencer avec le moment de la parole (aussi appelé le moment d'énonciation). Ce qui se passe avant ce moment est "passé," ce qui se passe après est "futur," et le point représenté par ce moment est "présent." C'est une notion déictique: le point change constamment avec le passage du temps, ce qui doit nécessairement influencer constamment notre impression de ce qui est passé, présent, ou futur. Ceci pose un premier problème en ce qui concerne l'analyse linguistique des verbes, comme on verra plus loin.

Deuxièmement, on peut comprendre le terme *temps* comme une *catégorisation grammaticale* (en anglais *tense*), ce qui explique, en partie, la forme du verbe conjugué. Malheureusement, on voit les mots *passé, présent,* et *futur* utilisés pour parler de cette catégorisation grammaticale aussi, mais de façon trompeuse, si l'on les comprend comme étant équivalents à la catégorisation temporelle.[4] Par exemple, il y a beaucoup de grammairiens (et plusieurs linguistes!) qui disent tout simplement que le présent est utilisé pour situer un verbe à l'époque présente, c'est-à-dire, au moment de l'énonciation d'une phrase. Ceci est vrai quelquefois, mais pas toujours; le présent peut aussi représenter un événement passé ou un événement futur. Considérons les phrases suivantes, par exemple:

556. Hier, j'étais dans le bus. Ce type *monte* dedans, il *prend* le siège à côté de moi, et il *commence* à me parler.

557. En 1804, Napoléon se *proclame* empereur de la France.

558. La semaine prochaine, nous *partons* en Belgique.

559. Dans dix ans, je *prends* ma retraite.

Il est clair de ces exemples que le présent n'est pas seulement utilisé en français pour les événements qui se placent au centre de notre ligne temporelle. Il s'emploie aussi pour représenter des événements passés: dans le présent "narratif" (556) et le présent "historique" (557). De plus, il peut représente souvent des événements futurs: dans un futur immédiat (558) et même lointain (559). En plus, le présent peut évoquer un événement qui occupe la ligne entière, c'est-à-dire, un processus qui est à la fois passé, présent, et futur. On appelle ce type de présent un présent "générique" ou "encyclopédique":

560. La Terre *est* ronde.

561. Le chien *est* un carnivore.

Ce sont des événements qui sont vrais à n'importe quelle époque, qui ont toujours été vrais dans le passé, qui seront toujours vrais au futur, et qui ne dépendent en rien du moment de l'énonciation. Dire, donc, que le présent s'emploie pour représenter un processus qui a lieu au moment de l'énonciation est beaucoup trop simpliste. Il faut dès lors arriver à une analyse qui démontre clairement le véritable rôle de ce "temps."

Pour bien comprendre les trois époques représentées par cette catégorisation temporelle, il faut considérer non seulement le moment d'énonciation mais aussi un ou plusieurs point(s) de repère. Ceci est nécessaire parce que le temps verbal approprié dépend non seulement du moment où l'on parle, mais aussi de sa perspective concernant le processus représenté par le verbe. Comme Confais (1995) remarque, il ne s'agit pas simplement de répondre à la question *Quand l'action a-t-elle lieu?* Il faut aussi fixer cette action vis-à-vis d'autres actions et événements dans la perspective du locuteur. La notion de temps est donc valable seulement à partir de ce(s) point(s) de repère: le processus représenté par le verbe peut avoir lieu avant ce point (le passé), en même temps que ce point (le présent) ou après ce point (le futur). Quelques exemples nous aideront à élucider cette notion.

Revenons un instant aux exemples 556 à 559. Dans ces quatre phrases, le *présent* est utilisé pour représenter des événements clairement passés (556 et 557) et futurs (558 et 559). Cet usage particulier du *présent* est possible justement parce que on ne prend pas comme point de départ le moment d'énonciation de ces phrases. On choisit plutôt un autre point de repère, et le locuteur se situe à ce moment-là pour raconter une action qui devient donc simultanée et qui peut être représentée par un verbe au présent. Pour la phrase 556 ce point est donc "hier," pour le numéro 557, l'année "1804," et ainsi de suite. Tout ce qui est raconté après est simultané avec le point de repère que le locuteur a établi, et donc le présent est le choix logique de temps verbal. Le point de repère, cependant, n'est pas toujours le moment d'énonciation; il est variable selon le point de vue du locuteur, comme nous le voyons dans ces usages du *présent*.

Le futur en français représente normalement une action qui est inachevée par rapport au moment d'énonciation et qui se place à la droite d'une ligne temporelle. Mais même le futur peut avoir un usage particulier. Dans les manuels d'histoire, par exemple, on trouve souvent une narration dans le passé qui inclut un futur. Bien que le futur représente normalement des événements à venir (par rapport au moment de la parole), dans cet usage il représente un événement qui a déjà eu lieu dans le passé. Considérons, par exemple, une phrase telle que:

> 562.   Richard Wallace est né à Londres en 1818. . . . A la mort de son
>   père, Richard a hérité d'une fortune considérable. Il *l'utilisera* en
>   partie pour servir les Parisiens et s'attirer une grande
>   popularité. . . . Il a proposé à la municipalité de construire à ses
>   frais "cinquante fontaines à boire." (*Champs Élysées*, janvier
>   2002, 10)

Au moment où on lit cette phrase, tous les événements rapportés dans ce paragraphe sont accomplis, et ceci depuis à peu près deux siècles! Du point de vue du moment de l'énonciation, il est donc difficile de comprendre comment on pourrait choisir un verbe au futur ici, puisque ces activités ont été clairement accomplies au passé. Par contre, par rapport au point de repère évoqué par cette phrase, ce verbe au futur est le plus logique possible. Si on se situe pour un instant à ce moment où Wallace a hérité de sa fortune, la construction des fontaines n'était pas encore achevée. L'usage du futur permet d'avancer la narration, de présager ce qui va arriver, plutôt que de le rapporter tout simplement comme étant passé. Suivant l'analyse de Curat, donc, il faut comprendre le futur ici non pas comme rapportant un *événement* futur du point de vue du moment de l'énonciation mais plutôt comme une *référence temporelle future* à partir d'un point de repère donné — ici une date non-précisée quelque temps après 1818. Ensuite, après avoir présagé cette construction, on revient au verbes au passé pour continuer la narration.

Le point de repère choisi par le locuteur peut coïncider ou non avec le moment de l'énonciation; et il peut varier quand nécessaire pour mieux représenter la perspective du locuteur concernant l'événement. Dans chaque phrase les interlocuteurs doivent donc clarifier le(s) moment(s) de repère, qui déterminent ensuite le(s) temps nécessaire(s). Dans une seule phrase, il peut y avoir plus d'un point de repère important. Noter bien la phrase suivante:

563. Demain, à sept heures du matin, je *serai* déjà *arrivé* à Paris.

Dans cette phrase, la conversation se déroule à partir du moment de la parole, mais la référence est aussi repportée à un autre point (demain, à sept heures). Il faut donc noter que l'action d'*arriver* se déroulera dans l'avenir, par rapport au moment de la parole, mais dans le passé par rapport à cet autre point envisagé. Pour exprimer cette notion, il faut utiliser une forme verbale qui combine ces idées de futur et de passé, ce que la grammaire traditionnelle appelle le *futur antérieur*. Si l'on veut fixer cet événement sur une ligne temporelle, il faudrait y représenter ces deux points de repère. Le moment de l'énonciation (ME) est aussi important que l'autre point de repère (PR) pour arriver à la bonne compréhension de cette phrase:

|_____ME_____arriver_____PR_____|
　　　　　(aujourd'hui)　　　　　　　　(demain, 7h)

C'est seulement en considérant ces deux points que l'on peut comprendre l'usage du *futur antérieur,* ce qui laisse exprimer en même temps le futur (par rapport au ME) et le passé (par rapport au PR).

On trouve la même sorte d'exemple, mais à l'inverse, dans le cas de l'usage d'un verbe au *passé composé* pour remplacer un verbe qui serait normalement au *futur antérieur.* Choi-Jonin et Delhay (1998, 122) donne cet exemple:

564. J'ai *terminé* dans cinq minutes.

Dans ce cas-ci, il est clair que le locuteur a choisi d'employer un verbe au passé pour représenter une activité future. Mais comment le comprendre? Il aurait pu formuler cette phrase avec un *futur antérieur:*

565. J'*aurai terminé* dans cinq minutes.

avec le même sens que la phrase au passé composé. Mais ceci n'est pas le cas, et il faut donc supposer une perspective différente dans l'esprit du locuteur. La seule façon de comprendre un *passé composé* ici est de rejeter le moment de la parole et de garder le point de repère établi par le locuteur. Pour lui, tout ce qui compte est ce point de repère. Il voit l'activité en fonction de ce seul point, d'ici cinq minutes, et, de cette perspective, l'activité a déjà eu lieu. Donc cet usage du *passé composé* situe l'événement à la gauche de ce point de repère sur notre ligne chronologique et le voit comme déjà accompli:

```
|                terminer                PR                        |
                d'ici cinq minutes
```

Tous ces exemples sont offerts pour montrer que la question de temps est beaucoup plus compliquée que l'on ne l'aurait pensée au début. On garde, en général, ces trois notions de passé, présent, et futur[5] en linguistique pour parler du temps, mais il faut bien garder à l'esprit que la notion de temps est relative à un ou plusieurs points de repère. Avant de pouvoir parler de l'époque représentée par une forme verbale, il faut non seulement regarder la flexion du verbe mais aussi rétablir ces différents points de repère. Dire qu'un verbe au *passé composé* représente toujours un événement passé est beaucoup trop simpliste; comme nous venons de voir, il peut aussi représenter un événement futur.

Confais explique: "Les temps verbaux sont donc fondamentalement l'expression d'une *attitude* subjective du locuteur par rapport au contenu de son énoncé" (1995, 239). Ceci représente une interprétation tout à fait différente de cette notion de temps de ce qu'on a l'habitude de voir—on parle traditionellement d'*attitude subjective* avec les modes plutôt qu'avec les temps. Confais questionne cette séparation de temps et de modes, justement parce que la perspective du locuteur est tellement importante dans la compréhension des temps verbaux en français.

Dès lors, comment analyser ces verbes en français? L'analyse grammaticale traditionnelle a voulu que tout verbe qui porte la déclinaison *futur* soit appelé un verbe au futur, même s'il raconte une activité passée par rapport au moment de la parole. De la même façon, tout verbe conjugué au *présent* est analysé comme présent du point de vue grammatical, même s'il se réfère à un événement nonprésent. L'analyse linguistique voit tout temps verbal comme une référence temporelle, dépendant d'un point de repère à déterminer. Elle admet, donc, un *passé composé* avec une référence future et un *futur simple* avec une référence passée.

Avez-vous compris?
Lisez les passages ci-dessous, et puis répondez aux questions qui les suivent:

I. [Paul se trouve au milieu d'une lutte de boules de neige. De mauvaise santé, il cherche Dargelos, un élève qu'il admire beaucoup.]

L'élève pâle contourna le groupe et se fraya une route à travers les projectiles. Il cherchait Dargelos. Il l'aimait.

Cet amour le ravageait d'autant plus qu'il précédait la connaissance de

l'amour. C'était un mal vague, intense, contre lequel il n'existe aucun re-
mède, un désir chaste sans sexe et sans but.

Dargelos était le coq du collège. Il goûtait ceux qui le bravaient ou le se-
condaient. Or, chaque fois que l'élève pâle se trouvait en face des cheveux
tordus, des genoux blessés, de la veste aux poches intrigantes, il perdait la
tête.

La bataille lui donnait du courage. Il courrait, il rejoindrait Dargelos, il
se battrait, le défendrait, lui prouverait de quoi il était capable.

La neige volait, s'écrasait contre les pèlerines, étoilait les murs. De place
en place, entre deux nuits, on voyait le détail d'une figure rouge à la bouche
ouverte, une main qui désigne un but.

Une main désigne l'élève pâle qui titube et qui va encore appeler. Il vient
de reconnaître, debout sur un perron, un des acolytes de son idole. C'est cet
acolyte qui le condamne. Il ouvre la bouche "Darg. . . ."; aussitôt la boule de
neige lui frappe la bouche, y pénètre, paralyse les dents. Il a juste le temps
d'apercevoir un rire et, à côté du rire, au milieu de son état-major, Dargelos qui se dresse, les joues en feu, la chevelure en désordre, avec un geste
immense.

Un coup le frappe en pleine poitrine. Un coup sombre. Un coup de poing
de marbre. Un coup de poing de statue. Sa tête se vide. Il devine Dargelos sur
une espèce d'estrade, le bras retombé, stupide, dans un éclairage surnaturel.

Il gisait par terre. Un flot de sang échappé de la bouche barbouillait son
menton et son cou, imbibait la neige. Des sifflets retentirent. (Cocteau, *Les
Enfants terribles*)

1. Déterminez la *référence temporelle* de ce passage en général: est-ce un passage qui a lieu au présent, au passé ou au futur, vis-à-vis du moment de la
lecture?

2. Maintenant, soulignez tous les verbes qui ne sont pas dans un *temps grammatical* que vous auriez prévu dans ce passage. Expliquez comment l'auteur
peut justifier l'usage de ces temps, en faisant référence aux autres points de
repère dans le texte.

II. Ancien directeur de l'Institut et des laboratoires de biologie qui portent
son nom, le docteur Charles Mérieux est mort le 19 janvier à l'âge de quatre-
vingt-quatorze ans. Il avait été un des pionniers de la médecine préventive
et de la virologie industrielle.

Le décès brutal de son père en 1937 le place à la tête d'un laboratoire qui
fabrique principalement des vaccins contre la fièvre aphteuse. Il le transfor-
mera en un véritable empire capable de faire face à des défis internationaux
comme la campagne de vaccination contre la méningite, au Brésil, en 1974.

Après diverses alliances, les laboratoires Pasteur-Mérieux Connaught ont donné naissance à Aventis, le numéro un mondial des sciences de la vie. La dernière œuvre de Charles Mérieux fut de construire, dans sa ville de Lyon, le laboratoire de haute sécurité P4, qui sert à étudier et à lutter contre les virus les plus dangereux de la planète, comme l'Ebola ou la fièvre de Lassa. (Annonce nécrologique tirée de *Champs Élysées*, avril 2002, p. 6.)

1. Quelle est la référence temporelle générale de ce texte?
2. Quels verbes ne sont pas dans un temps grammatical qui reflètent normalement cette référence temporelle? Soulignez-les, et expliquez leur usage.

III.   Jean-Philippe Jean-Marie, 9 ans en 1964. Son père est en prison. Sa mère fait des ménages loin de leur case créole dans les hauts de Saint-Denis de la Réunion. Lui va chercher l'eau à 800 mètres de là et garde ses quatre petites sœurs. L'école passe après. "Le premier Prisunic venait d'ouvrir dans l'île," se souvient l'homme qui, après une odyssée de trois décennies, a fini par retrouver sa ville natale où il tient un restaurant, le Soleil des Manguiers. "On se promenait au milieu d'étalages de marchandises. 'Donne-moi ce petit collier,' me demande ma petite sœur. Difficile de résister." Pris sur le fait, il est catalogué *enfant à risques* et emmené au foyer de l'Apep à Hell-Bourg, dans le cirque volcanique de Salazie. (Mariella Righini, "Les Enfants volés de la Réunion," *Le Nouvel Observateur*, 6–12 juin 2002)

1. Quelle est la référence temporelle générale de ce texte?
2. Quels verbes ne sont pas dans un temps grammatical qui reflètent normalement cette référence temporelle? Soulignez-les, et expliquez leur usage.

Appendice A

Préfixes dérivationnels

Préfixe	Signification	Exemple
a-	direction	abaisser, affaiblir
	négation, privation	asexuel, apolitique
aéro-	par air	aérobic, aérogramme
anti-	l'opposition, la protection contre	antibruit, anticapitaliste
	devant	antichambre
astro-	des étoiles	astrologie, astrométrie
audio-	de l'ouïe	audiophone, audiofréquence
auto-	soi-même	automobile, autocratie
bi-	duplication	bicentenaire, bicyclette
bio-	de la vie	biologie, biographie
calli-	beauté	calligramme, calligraphie
centi-	cent	centigramme, centilitre
chrono-	du temps	chronographe, chronologie
co-, com-, con-, col-, cor-, cosmo-	avec l'univers	coaccusé, corrélation, combattre, cosmologie, cosmopolite
dé-, des-, dés-	privation, séparation	déballer, débloquer
déca-	dix	décagramme, décasyllabe
di-	deux fois	dichromatique
dia-	séparation, distinction	diacritique
	à travers	diascope, diathermie
dis-	séparation, défaut	discontinu, disharmonie
électro-	de l'électricité	électrochimie, électrochoc
em-, en-	devenir (adj.)	embellir, enlaidir
	mettre dans	encadrer, encoder
endo-	en dedans	endoscope, endocrine
épi-	sur	épicentre, épiphénomène
équi-	égal	équidistant, équinoxe

Préfixe	*Signification*	*Exemple*
ethno-	peuple	ethnocide, ethnographie
ex-	antérieurement	ex-femme
exo-	au dehors	exogène, exosphère
ferro-	avec du fer	ferroélectricité, ferronickel
franco-	français	francophone, francophile
fun(i)-	avec corde(s)	funiculaire, funambule
géo-	terre	géographe, géologie
hecto-	cent	hectogramme, hectowatt
héli-, hélio-	soleil	héliocentrique, héliothérapie
héma(to)-	sang	hématologie, hémophile
hémi-	à moitié	hémisphère, hémicycle
hétér(o)-	autre	hétérochromie, hétérogamie
hom(é)o-	semblable	homocentre, homéotherme
hydr(o)-	eau	hydravion, hydrocarbonate
hyper-	au dessus	hyperacidité, hypermarché
idéo-	idée	idéogramme, idéologie
idio-	propre, spécial	idiolecte, idiopathie
il-, im-, in-, ir-	non	illimité, imparfait, inanimé, irrésistible
iso-	égal	isochrome, isométrique
kilo-	mille	kilomètre, kilocalorie
macro-	long, grand	macropode, macromolécule
micro-	petit	microscope, microcosme
mal-, mé(s)-	mauvais, non	malhonnête, mésalliance, méconduite
métro-	mesure	métronome, métrologie
mi-	qui est au milieu	minuit, mi-cheval
milli-	mille	millimètre, millilitre
mon(o)-	unique	monoatomique, monochrome
multi-	beaucoup, nombreux	multicolore, multinational
néo-	nouveau	néologisme, néonatologie
neuro-	nerf	neurochimie, neurobiologie
octa-, octo-	huit	octagone, octopode
ostéo-	os	ostéologie, ostéomylite
paléo-	ancien	paléobotanique, paléoclimat
par(a)-	pour, utilisé contre	parapluie, paravent
phon(o)-	son	phonogramme, phonographe
photo-	lumière	photobiologie, photochimie

Préfixe	Signification	Exemple
physio-	nature	physiothérapie, physiocratie
phyto-	plante	phytobiologie, phytoplancton
pisci-	poisson	pisciculture, pisciforme
pluri-	plusieurs	pluriannuel, pluriculturel
poly-	abondant, nombreux	polycentrique, polycopie
post-	après	postclassique, postcombustion
pré-	antérieur	préchauffage, prédestiner
pro-	en faveur de	prochinois, procommuniste
prot(o)-	primitif	protohistoire, protophyte
psych(o)-	de l'âme	psychobiologie, psychopathie
pyro-	feu	pyromanie, pyrogravure
quadr(i)-	quatre	quadrichromie, quadrangulaire
radio-	radiation, rayon	radioactif, radioastronome
re-, ré-, r-	répétition	réabonner, reboutonner
semi-	en partie	semi-circulaire, semi-conducteur
sou-	sous	souligner, soutirer
trans-	à travers	transatlantique, transdisciplinaire
ultra-	en excès	ultramicroscope, ultramoderne

Appendice B

Suffixes dérivationnels

Suffixes nominaux

Qui s'ajoutent à un verbe:

-ade	croisade, débandade, baignade, bourrade
-age, -issage	blanchissage, bricolage, plumage, portage
-aison	terminaison, salaison, plumaison, pendaison
-ance, ence	naissance, souffrance, somnolence, espérance
-ation, -tion, -ition	facturation, narration, situation, finition
-ée	entrée, pensée, mêlée, plongée
-erie	raillerie, broderie, songerie, granderie
-et, -ette	cachette, causette, oubliette, sifflet
-eur, -euse, -ateur, -atrice, -eur, -eresse	narrateur, narrateuse, calculateur, calculatrice, défendeur, défenderesse
-ier, ière	croisière, brigadier, balancier, facturier
-ison	guérison, trahison, garnison
-isme	dirigisme, conformisme
-iste	dirigiste, planchiste, conformiste
-ment, -issement	rajeunissement, accompagnement, écoulement
-oir, -oire	baignoire, rôtissoire, brûloir, balançoire
-ure, -(a)ture	brûlure, souillure, gélure, découpure, nourriture

Qui s'ajoutent à un adjectif:

-ance, -ence	impertinence, croissance, discordance, distance, clémence
-erie	galanterie, truanderie
-esse	faiblesse, souplesse, grossesse, hardiesse, tendresse
-eur	laideur, maigreur, épaisseur, hauteur, pesanteur
-ie	perfidie, immodestie, idiotie

-ise	gaillardise, gourmandise, sottise, friandise
-isme	capitalisme, magnétisme, catholicisme
-iste	communiste, socialiste, humaniste, loyaliste
-itude	similitude, longitude, solitude
-té, -eté, -ité	honnêteté, captivité, nationalité, solidarité, fausseté

Qui s'ajoutent à un autre substantif:

-ade	orangeade, peuplade, limonade
-age	grillage, plumage, pèlerinage, outillage, vitrage
-ail, -aille	rocaille, pierraille, portail, vitrail, poitrail
-ain, -aine	Mexicain, centaine, quatrain, huitain
-aire	humanitaire, millionaire, sociétaire, disquaire
-ard	banlieusard, bambochard, politicard
-at, -iat	plagiat, orphelinat, pensionnat
-eau	rameau, bandeau, carreau, caveau, tombereau
-é, ée	naufragé, année, pierrée, gorgée
-elet, -elette	gantelet, goutelette, tartelette
-elle	pommelle, personnelle, rouelle
-erie	boucherie, soierie, camaraderie, gendarmerie
-et, -ette	barillet, bicyclette, cabinet, casquette
-ier, -ière, -er, -ère	chocolatier, cafetière, sorbetière, jardinier, palmier
-ien, -ienne	Canadienne, Péruvien, magicien, pharmacien
-ine	ballerine, tartine, nougatine
-ise	musardise, marchandise, prêtrise
-isme	cubisme, snobisme, barbarisme
-iste	cubiste, caricaturiste, guitariste, gréviste
-on, -eron	cabanon, glaçon, chaperon, moucheron, vigneron
-ite	faillite, sinusite
-ule, -icule	lunule, ridule, ridicule
-ure, -ature	armature, candidature, nervure, membrure

Suffixes adjectivaux

Qui s'ajoutent à un substantif:

-able	raisonnable, souhaitable
-ain, -aine	marocain, hautain
-aire	disciplinaire, lagunaire
-ais, -aise	anglais, japonais, libanais, hollandais
-al, -ale	national, racial, cérémonial
-an, -ane	partisan, castillan, afghan, catalan

-atique	systématique, informatique
-é, ée	breveté, raisonné, rosé
-éen, -éenne	koréen, péléen, indo-européen, cananéen
-el, -elle	naturel, directionnel
-esque	rembranesque, kafkaesque, livresque
-eux, -euse	dangereux, caoutchouteux, haineux, outrageux
-ien, -ienne	canadien, cartésien, lilliputien, indonésien
-ier, -ière	lunetier, écolier, boursier
-ieux, -ieuse	capricieux, silencieux, miséricodieux, soucieux
-if, -ive	facultatif, natif, objectif, sportif
-in, -ine	limousin, libertin, alexandrin, jacobin, byzantin, alpin
-ique	carbonique, hiérarchique, chimique, biologique
-ite	israélite, hittite, lévite, jacobite
-ois, -oise	grenoblois, danois, luxembourgeois
-u, -ue	barbu, moustachu, charnu, membru, moussu
-ueux, -ueuse	luxueux, incestueux, tortueux, monstrueux

Qui s'ajoutent au radical d'un verbe:

-able, -ible	faisable, lisible, digestible, sociable, guérissable
-ant, - ante	croissant, sonnant, souffrant, calmant, gouvernant
-ard, -arde	criard, grognard, prétentiard, pleurard
-eur, -euse	chanteur, chanteuse
-eur, -eresse	demandeur, demanderesse, bailleur, défenderesse
-eux, -euse	soigneux, soupçonneux
-if, -ive	dispositif, inclusif, productif

Qui s'ajoutent à un autre adjectif:

-ard, -arde	vieillard, mochard, mulard
-asse	beigeasse, folasse, bêtasse, blondasse
-âtre	brunâtre, noirâtre, blanchâtre, douceâtre, folâtre
-aud, -aude	noiraud, lourdaud, pataud, courtaud
-elet, -elette	grandelet, rondelet, verdelet
-et, -ette	gentillet, mignonnet, longuet, grandet, blondinet
-i, -ie	bruni, rougi
-ot, -ote, -otte	maigriot, jeunot, vieillot

Suffixes verbaux

Qui s'ajoutent à un substantif:

-er	breveter, façonner, bridger, agenouiller
-ifier	calcifier, gazéifier

| -iser | narcotiser, nasaliser, satelliser |
| -oyer | guerroyer, larmoyer, ondoyer |

Qui s'ajoutent à un adjectif:

-er	calmer, activer, enivrer
-ifier, -éfier	falsifier, diversifier, rigidifier, raréfier
-ir	brunir, jaunir, affaiblir, maigrir
-iser	singulariser, responsabiliser
-oyer	rougeoyer, verdoyer

Qui s'ajoutent au radical d'un autre verbe:

-ailler	grisailler, rimailler
-asser	brouillasser, pleuvasser, crevasser
-eter	aiguilleter, voleter
-iller	mordiller, pendiller
-onner	grisonner, aiguillonner, griffonner
-oter, -otter	baisoter, pleuvoter, roulotter

Abréviations

Adj	Adjectif
Adv	Adverbe
Affirm	Affirmatif
Conj	Conjonction
CONST	Constituent
Cop	Copule
D	Déterminant
Pré-D	Pré-déterminant
Post-D	Post-déterminant
Déclar	Déclaratif
E	Expansion
Ind	Indicatif
N	Nom
NE	Nom expansé
Nég	Négatif
P	Phrase
P1	Phrase 1
P2	Phrase 2
Pr	Présent
Prep	Préposition
S	Syntagme
SAdj	Syntagme Adjectival
SAdv	Syntagme Adverbial
SAdv (c)	Syntagme Adverbial de cause
SAdv (l)	Syntagme Adverbial de lieu
SAdv (m)	Syntagme Adverbial de manière
SAdv (t)	Syntagme Adverbial de temps
SN	Syntagme Nominal
SP	Syntagme Prépositionnel
SP (coi)	Syntagme Prépositionnel (complément d'object indirect)
SP (loc)	Syntagme Prépositionnel (locatif)
ST	Syntagme Temporel
SV	Syntagme Verbal
Subj	Subjonctif
V	Verbe

Notes

Introduction

1. L'usage d'un astérisque dans un exemple en linguistique symbolise que cet exemple n'est pas acceptable dans la langue, du point de vue phonétique, morphologique, syntaxique, ou sémantique. On peut aussi faire précéder un exemple par un point d'interrogation (?) pour montrer que l'exemple est douteux.

Chapitre 1. La Transcription phonétique

1. Nous ignorons pour le moment les idiosyncrasies de prononciation personnelle. En théorie bien plus qu'en pratique, chaque symbole représente un son unique, et chaque son est représenté par un seul symbole.

2. Le lecteur notera qu'il y a aussi des consonnes que l'on représente par les symboles [j] et [w]. La prononciation de ces deux consonnes et semi-consonnes est la même; donc on utilise le même symbole. Nous expliquerons les différences de comportement de ces phones dans le chapitre 2.

Chapitre 2. La Phonétique

1. Notez bien que ce qui caractérise les consonnes nasales, qui sont des sons continuent, c'est l'ouverture de la bouche après la constriction. De cette façon, [m] ressemble à [p] et à [b]; [n] à [t] et à [d], etc.

2. Il reste toujours quelques mots où l'on trouve deux voyelles prononcées de suite (*naïf, noël*), mais ces deux voyelles s'articulent distinctement, dans deux syllabes différentes, et donc ne constituent pas de diphtongue.

3. Sauf le [a] de l'article défini *la*, qui tombe par analogie, et le [i] de *si*, qui tombe devant les pronoms sujets *il* et *ils*.

4. Précédées d'un obstruent, par contre, celles-ci permettent la chute du [ə]: donc *cimetière* [sim tjɛʀ], mais *bachelier* [ba ʃə lje].

5. Il faut noter qu'il y a des phonéticiens qui désavoue la loi des trois consonnes. Valdman, par exemple, n'y croit pas, notant que la présence ou l'absence du [ə] est plus compliquée et dépend surtout de la force articulatoire des consonnes qui le précèdent. Selon lui, plus la force articulatoire de la consonne est grande plus il y a de chances que le [ə] soit prononcé; donc on trouve plus de [ə] après les obstruents (*p, b, t, d, k, g*) qu'après les liquides (ʀ et *l*). (Voir Valdman, 1976, 119–21.) Ceci étant vrai, il faut aussi noter que dans

les cas où le [ə] tombe après une suite liquide (obstruent plus [ʀ] ou [l]), il y a aussi un changement (ou même une perte) de la liquide. Nous reviendrons à ce cas d'assimilation dans une prochaine partie. Nous préférons commencer ici avec la loi des trois consonnes comme règle de base et puis en énumérer les exceptions.

6. Mais pas devant l'article indéfini *un*.

7. Notez, cependant, que le [ə] tombe dans les numéros composés avec huit: *trente-huit, quarante-huit,* etc.

8. Une explication alternative pour les mots de ce groupe aussi bien que du prochain est qu'ils contiennent la voyelle [œ] plutôt que [ə], qui donc n'est pas susceptible de tomber.

9. Les consonnes nasales sont souvent aussi appelées des *occlusives sonores nasales,* étant donné qu'il y a une occlusion complète pendant leur production. Ceci est vrai, mais ce qui distingue les nasales des autres consonnes occlusives est le fait que le son continue pendant leur production. Pour cette raison, nous préférons le terme *résonnante.*

10. Léon et Léon (1997) note que le [r] dit "roulé" est aussi apico-alvéolaire. On entend ce [r] au Canada et quelquefois dans le Sud de la France, surtout parmi les générations âgées.

11. Notez que l'on ne trouve pas la même articulation double avec le pronom *il:* la tendance depuis longtemps est de ne pas prononcer le [l] du pronom, et donc la géminée se trouve réduite: [i lɛd].

12. Il est à noter que la prononciation de quelques consonnes géminées est toujours discutable; le *Petit Robert* donne la transcription phonétique suivante pour les mots qui s'écrivent avec deux [l]: *illuminer* [i(l)lymine] et avec deux [m]: *immobilier* [im(m)ɔbilje].

13. La présence ou l'absence de l'aspiration s'explique de façon articulatoire: si, pendant la prononciation de la consonne occlusive on ferme la glotte (et rapproche les cordes vocales), on peut commencer l'articulation de la voyelle tout de suite. Si, par contre, on laisse ouverte la glotte pendant la prononciation de la consonne, il faut la fermer avant que l'on puisse mettre en mouvement les cordes vocales pour l'articulation de la voyelle. C'est le temps qu'il faut pour fermer la glotte, et la petite quantité d'air qui s'échappe des poumons pendant ce temps, que l'on entend, et que l'on appelle aspiration. Les francophones ont tendance à fermer la glotte pendant la prononciation de la consonne; les anglophones à la laisser ouverte, produisant l'aspiration.

Chapitre 3. La Phonologie

1. Noter bien qu'une transcription *phonétique* viserait plutôt à déterminer exactement lequel de ces trois allophones a été prononcé, pour montrer avec le plus de spécificité possible l'articulation de ce son.

2. Prononcé [plys], comme en mathématiques.

3. Il faut noter ici que certains phonéticiens disent que la préférence pour les syllabes ouvertes est tellement forte en français que la consonne de fin de syllabe se déplace toujours pendant l'articulation; ceci cause quelquefois des séries de consonnes qui ne seraient pas permises au début d'un mot, mais qui s'entendent pendant l'articulation. Selon cette école de phonéticiens, la transcription correcte d'*examen* (qui suit de plus près l'articulation)

serait donc [ɛ gza mɛ̃]. Pour des raisons pédagogiques, nous allons adopter la première explication, qui est aussi adoptée par la plupart des dictionnaires.

4. Il est à noter que la suite *tl* n'est généralement pas acceptée en début de syllabe en français, et que la suite *sl* n'est acceptée que dans les mots empruntés (*slav, slogan*, etc.). Les mots monosyllabiques avec [ə] offrent quand même des exceptions à cette règle générale; en langue courante, on trouve des phrases telles que *tu te laves* [ty tlav] ou *il se lève [il slɛv]*.

5. Ces deux séries, comme d'autres qui se rencontrent quelquefois, sont le résultat d'emprunts à d'autres langues et ne sont donc pas vraiment caractéristiques des séries venant originellement du français. Les deux exemples cités ici, [ism] et [ist], sont néanmoins tellement productifs dans la langue que nous avons cru bon de les inclure dans la liste des séries permises.

6. Notez bien le point (.) qui sépare le Z et le E dans cette transcription phonétique. Nous marquerons la fin du radical avec un point (.), qui vient toujours avant les marqueurs de personne et de nombre. Nous expliquerons ce marqueur plus en détail au chapitre 4, où nous traitons de la morphologie.

7. Voir l'explication du comportement du [ə] dans ce cas, et son effet sur la prononciation du [ʀ]. En général, le phonème [ʀ] est considéré stable en français, mais en langue non-soignée, quand le [ə] tombe, le [ʀ] peut aussi tomber complètement.

8. Les mots pleins sont surtout des noms, des verbes, des adverbes et des adjectifs qui apportent de l'information sémantique à la phrase. Ces mots sont accentuables. Les mots grammaticaux, par contre, consistent surtout en des articles, des prépositions, des verbes auxiliaires, etc., qui apportent de l'information purement grammaticale à la phrase. Ils ne sont pas en général accentuables.

9. Une incise présente le locuteur dans le discours indirect (*dit-il, demande-t-elle*); un incident introduit des informations supplémentaires au milieu d'une phrase.

Chapitre 4. La Morphologie

1. Les déterminants pluriels, cependant, ne marquent jamais le genre en langue orale, et très rarement en langue écrite—*quels/quelles* étant le seul à maintenir cette distinction à l'écrit.

2. Il est à noter que les formes composées *lequel/lesquel* marquent toujours le genre et le nombre.

3. Notez bien que c'est le même Z du pluriel que nous avons utilisé dans le chapitre de phonologie, où nous avons marqué les consonnes latentes. Ce Z ne fait pas partie du radical du mot, mais vient de la flexion du pluriel, et se sépare donc du radical par un point.

4. *Professeur,* par contre, est régulièrement accepté au féminin dans sa forme abrégée: *une prof.*

5. On note aussi que c'est le masculin singulier que l'on choisit comme complément d'objet direct pour résumer toute une phrase: "*Vous allez souvent au cinéma?*" "*Non, à vrai dire, je ne le fais pas très souvent.*" On choisit cette forme parce que c'est la moins marquée et donc la plus proche de la neutralité

6. L'accord du participe passé en est une exception dont nous parlerons plus tard.

7. Cependant, voir l'argument de Choi-Jonin et Delhay (1998) qui considère que ce que nous appelons couramment les personnes *au pluriel* ne le sont pas nécessairement (*vous*, par exemple, représente souvent un seul individu; *nous* n'est pas "deux fois *je*," mais plutôt "*je et un autre*"). Choi-Jonin et Delhay préfèrent donc la terminologie *4ème, 5ème*, et *6ème* personnes et ne parlent pas de singulier ou de pluriel.

8. Il faut quand même noter que cette particule commence à disparaître, même en français soigné.

9. Pour plus de clarté, nous représentons les formes décrites par la grammaire traditionnelle avec des lettres majuscules (Présent, Passé Composé, Futur, etc.) et les trois temps linguistiques avec des lettres minuscules (présent, passé, futur).

10. Le texte de Choi-Jonin et Delhay présente, en fait, deux tableaux: un représente le *plan du discours* (la langue parlée) et l'autre le *plan d'histoire* (la langue littéraire). Ici les deux sont présentés ensemble. Ces linguistes, parmi beaucoup d'autres, classent le conditionnel parmi les temps (à savoir, le futur) plutôt que parmi les modes. On reviendra à cette question dans la section suivante.

11. Dans les cas où le Passé Surcomposé du numéro 367 a été remplacé par le passé de l'infinitif, "Après avoir pris ce médicament . . . ," cette analyse du Passé Composé comme un imparfait reste valide.

12. Nous rappelons au lecteur que le morphème du féminin de l'adjectif dans les adverbes réguliers n'est pas vraiment un cas de flexion, puisqu'il n'apporte pas le sens du féminin à l'adverbe. Les adverbes eux-mêmes n'ont pas de flexion, puisqu'ils n'ont pas de catégories grammaticales à marquer.

Chapitre 5. La Syntaxe

1. D'autres préfèrent utiliser le symbole Φ, mais, comme Dubois et Lagane (1973) et Nique (1974), nous avons choisi Σ pour représenter le sens global de la phrase entière.

2. Nous notons cependant que Grevisse et Goosse (1989) rejettent l'idée d'une phrase complexe avec coordination; ils préfèrent l'analyser comme deux phrases simples, liées par une conjonction de coordination. Ils appellent donc ces deux propositions des sous-phrases, plutôt que de parler d'une phrase complexe.

3. Il est à noter ici que Grevisse (1986, ¶212) rejette cette terminologie, notant que ce que nous appelons traditionnellement la proposition principale n'est pas toujours la plus importante, du point de vue du message. Nous préférons cependant garder ces termes ici puisqu'ils sont le plus souvent utilisés dans les manuels de grammaire et de linguistique.

Chapitre 6. La Sémantique

1. Il est à noter que Crystal (1991), dans son dictionnaire de linguistique, définit le morphème comme l'unité minimale de *grammaire,* faisant donc allusion aux informations normalement transmises par le morphème (et surtout par les morphèmes liés).

2. Pour les langues écrites, nous y mettons aussi sa forme orthographique, mais cette

addition vient souvent après avoir utilisé la forme acoustique pendant un certain temps (même des années, pour les mots que nous avons appris quand nous étions enfants).

3. Un bon exemple de cela est peut-être l'effort de l'Académie française de chasser les anglicismes de la langue. Bien qui l'Académie ait dit que *baladeur* était préférable à *walkman,* et *haut-parleurs* à *speakers,* ces derniers sont toujours en usage.

4. Pour éviter autant que possible toute confusion, dans le reste de ce chapitre nous allons faire référence à ces catégories traditionnelles en italiques. "Passé" indique donc le sens linguistique, tandis que *"passé composé"* fait référence à la catégorie grammaticale traditionnelle.

5. Mais voir Confais (1995, 179) pour l'argument qu'il n'y a que deux temps en français — le "présent" et le "non-présent."

Glossaire

Affixation: La combinaison d'un radical et des *préfixes* des *suffixes* et, dans quelques langues, des *infixes*.

Allomorphe: Une variante d'un morphème.

Amalgame: Deux morphèmes qui sont fusionnés dans une seule forme et pour laquelle on ne retrouve plus les formes originelles.

Anomalie: Une phrase qui est parfaitement correcte du point de vue de la grammaire et de la syntaxe mais qui n'a pas de sens parce que ces mots sont incompatibles.

Antonymes: Deux mots avec des signifiés opposés.

Approche descriptive: Une approche linguistique qui vise à *décrire* comment la langue est utilisée en usage actuel.

Approche prescriptive: Une approche linguistique qui vise à donner des règles de *bon usage;* approche grammaticale.

Arbre structurel: Un diagramme bi-dimensionnel qui montre les relations hiérarchiques entre les constituants de la phrase.

Avalent: (Un verbe) Sans actants.

Axe paradigmatique: Équivaut à l'insertion lexicale. Aussi appelé l'axe vertical.

Axe syntagmatique: Équivaut à la combinaison de syntagmes pour former des phrases de structures différentes. Aussi appelé l'axe horizontal.

Bivalent: (Un verbe) Avec deux actants.

Champ sémantique: Approche linguistique qui suggère que les mots d'un lexique sont organisés dans des regroupements selon leur sens. Selon cette théorie, tous les mots qui partagent quelques traits distinctifs se trouvent donc ensemble dans un champ.

Connotation: Une signification qui s'attache au signe linguistique et qui vient des valeurs culturelles et des jugements que l'on attache à un mot. Contraste avec *dénotation*.

Consonnes: Les sons les plus fermés d'une langue; elles se produisent avec un arrêt partiel ou total de l'air projeté par les poumons.

> **Consonne alvéolaire:** Une consonne produite avec du contact entre la partie antérieure de la langue et les alvéoles (par exemple, [s], [z]).

Consonne apico-alvéolaire: Une consonne où l'apex de la langue rencontre les alvéoles: [l].

Consonne bi-labiale: Une consonne produite par le contact entre la lèvre inférieure et la lèvre supérieure (par exemple, [p], [b], [m]).

Consonne constrictive: Une consonne produite avec une restriction de l'air dans la cavité buccale (par exemple, [s], [z], [ʃ].) Aussi appelée *consonne explosive* ou *momentanée.*

Consonne dentale: Une consonne produite avec du contact entre la pointe de la langue et les dents supérieures (par exemple, [t], [d], [n]).

Consonne labio-dentale: Une consonne produite avec un contact entre la lèvre inférieure et les dents supérieure (par exemple, [f] et [v]).

Consonne occlusive: Une consonne produite avec une fermeture complète dans la cavité buccale (par exemple, [p], [b], [k]). Aussi appelée *consonne fricative* ou *continue.*

Consonne palatale: Une consonne produite avec du contact entre la partie antérieure du dos de la langue et la partie antérieure du palais dur (par exemple, [ʃ], [ʒ], [j], [ɲ]).

Consonne résonnante: Une consonne produite avec une sonorité continue (par exemple, [l] ou [ʀ]).

Consonne sonore (ou **voisée**): Une consonne produite avec la vibration des cordes vocales (par exemple, [b], [d], [g], [z]).

Consonne sourde (ou **non-voisée**): Une consonne produite sans vibration des cordes vocales (par exemple [p], [t], [k], [s]).

Consonne uvulaire: Une consonne produite avec du contact entre la partie très postérieure de la langue et la luette (en français, [ʀ]).

Consonne vélaire: Une consonne produite avec du contact entre le dorsum de la langue et le palais mou (par exemple, [k], [g], [w], [ŋ]).

Coordination: Une relation égale entre propositions, marquée par sept conjonctions coordonnantes différentes: *mais, ou, et, donc, or, ni, car.*

Copule: Un verbe qui est sémantiquement vide. Lie un nom et son complément.

Déictique: Sans référent stable.

Dénotation: La définition littérale d'un mot; le signifié qui accompagne le signifiant. Contraste avec la *connotation.*

Dérivation: Une façon (parmi plusieurs) de créer de nouveaux mots dans une langue, consistant en l'ajout de préfixes ou de suffixes à des radicaux.

Mot dérivé: Chaque mot qui provient d'un autre mot de la langue.

Dérivation sans affixation: Le changement du sens et de la classe grammaticale (et donc l'usage) d'un mot, sans l'aide d'un affixe quelconque.

Dialecte: Une variété (régionale ou sociale) d'une langue, identifiable par une prononciation distincte, par un lexique distinct, ou par des variations de morphologie ou de syntaxe.

Diphtongue: Une voyelle qui change de qualité pendant sa production.

Emphase: Constituant obligatoire de toute phrase. Marque s'il y a une mise en relief d'un des éléments de la phrase (phrase emphatique) ou non (phrase non-emphatique).

Enchaînement: La tendance à déplacer une consonne de la fin d'un mot au début du prochain mot pour permettre la formation d'une syllabe ouverte.

Expression idiomatique: Toute expression qui n'est pas compositionnelle.

Formants: Les fréquences de vibration qui distinguent les voyelles les unes des autres.

> **Formant fondamental:** Le formant qui détermine le son d'une voix (marqué F_0 sur un spectogramme).

Grammaire générative: Approche linguistique qui propose que toute langue suit des règles de grammaire bien définies qui gouvernent la structure et la forme et qui peuvent ensuite *générer* un nombre infini de nouvelles phrases.

Homonymes: Deux mots avec le même signifiant, mais des signifiés différents. La ressemblance de forme peut être acoustique (*homophones*) ou graphique (*homographes*).

Idiolecte: Une variété personnelle d'une langue; une façon de parler individuel.

Idiome: Toute expression qui n'est pas compositionnelle.

Infixe: Un affixe qui s'insère au milieu d'un radical, en y apportant un sens. (N'existe pas en français.)

Insertion lexicale: Le choix d'un mot réel pour chaque élément abstrait dans une phrase. (Voir aussi **Axe paradigmatique**).

Lieu d'articulation: Se réfère au point de contact à l'intérieur de la cavité buccale pendant la production d'un phone.

Linguistique diachronique: Une approche linguistique qui vise à décrire des changements historiques dans une langue. Étude de l'histoire, de l'étymologie, de la philologie, etc., d'une langue.

Linguistique synchronique: Une approche linguistique qui vise à étudier l'état d'une langue pendant une seule période, sans regarder les changements qui ont eu lieu.

Métaphore: Une comparaison implicite entre deux choses qui ne se ressemblent pas. Contraste avec les comparaisons directes. Compare deux choses avec des connotations semblables.

Métonymie: Un glissement du sens d'un mot. Un détournement de la dénotation.

Modalité: Un constituant obligatoire de toute phrase. Sert à indiquer les sentiments du locuteur. Elle peut être *déclarative, interrogative, impérative,* ou *exclamative.*

Mode d'articulation: Décrit si un son est oral ou nasal, si la fermeture est complète ou partielle, et si le phone est sonore ou sourd.

Monovalent: (Un verbe) Avec un seul actant.

Morphème: L'unité minimale de sens. Aussi appelé *monème.*

    Allomorphe: Une variante d'un morphème.

    Amalgame: Deux morphèmes qui sont fusionnés dans une seule forme et pour laquelle on ne retrouve plus les formes originelles.

    Morphème libre: Tout morphème qui est capable d'apparaître seul, sans besoin du support d'un autre morphème.

    Morphème lié: Tout morphème qui a besoin d'un autre morphème pour exister; il ne se trouve jamais seul.

    Morphème portemanteau: Une forme qui ne peut plus être subdivisée en unités distinctes mais qui contient le sens de deux (ou même plusieurs) morphèmes (par exemple, *au*).

    Monème radical: Un mot formé d'un seul morphème.

Morphologie (*morpho* [forme] + *logie* [étude]): L'étude de la formation des mots et de leurs variations dans une proposition/phrase.

Morphologie dérivationnelle: L'étude de la création de nouveaux mots par moyen d'affixation ou de composition.

    Affixation: La combinaison d'un radical et des *préfixes,* des *suffixes,* et, dans quelques langues, des *infixes.*

        Infixe: Un affixe qui s'insère au milieu d'un radical, en y apportant un sens. (N'existe pas en français.)

        Préfixe: Un morphème lié qui s'ajoute *devant* le radical.

        Suffixe: Un morphème lié qui s'attache *après* le radical.

    Composition: La création d'un nouveau mot, avec un sens unique, par la combinaison de deux radicaux.

    Dérivation sans affixation: Le changement du sens et de la classe grammaticale (et donc l'usage) d'un mot, sans l'aide d'un affixe quelconque.

    Mot dérivé: Chaque mot qui provient d'un autre mot de la langue.

Morphologie flexionnelle: L'étude des différentes formes qu'un seul mot peut présenter, considérant les catégories grammaticales obligatoires de la langue (par exemple, *genre* et *nombre* pour les noms et les adjectifs; *personne, nombre, temps, aspect, mode,* et *voix* pour les verbes).

Paire minimale: Deux mots qui ne diffèrent en prononciation que par un seul phonème.

Phone: Un son individuel; le plus petit segment qui est perceptible dans une phrase.

Phonème: L'unité minimale de son dans un système linguistique — tout phone utilisé en opposition avec un autre pour la communication d'un message (par exemple, [b] vs. [p] dans *bar* et *par*).

Phonétique (*phone* [son]): L'étude de la formation et la production des sons d'une langue.

  Phonétique acoustique: L'étude de la production et de la réception des ondes sonores transmettant le son.

  Phonétique articulatoire: L'étude de la production des différents phones d'une langue, du point de vue du lieu et du mode d'articulation.

Phonologie (*phone* [son] + *logie* [étude]): L'étude de la fonction des sons dans une langue.

Phrase complexe: Une phrase marquée surtout par la présence de deux ou plusieurs syntagmes verbaux.

  Phrase complexe avec coordination: Une phrase avec deux (ou plusieurs) propositions qui sont au même niveau hiérarchiquement et qui peuvent exister séparément.

  Phrase complexe avec subordination: Une phrase avec deux (ou plusieurs) propositions dont l'une dépend de l'autre et donc est à un niveau inférieur dans l'hiérarchie.

Phrase emphatique: Une phrase qui comprend une mise en relief d'un de ses éléments, le plus souvent par une focalisation sur cet élément ou par une dislocation de cet élément.

Phrases juxtaposées: Deux ou plusieurs phrases autonomes réunies par des virgules, dans une seule phrase écrite.

Phrase simple: Une phrase avec en un seul syntagme temporel et un seul syntagme verbal.

Polarité: Constituant obligatoire de toute phrase. Marque si la proposition est à l'affirmatif ou au négatif.

Portemanteau: Une forme qui ne peut plus être subdivisée en unités distinctes, mais qui contient le sens de deux (ou même plusieurs) morphèmes (par exemple, *au*).

Préfixe: Un morphème lié qui s'ajoute *devant* le radical.

Pronom déictique: Un pronom sans référent stable.

Proposition indépendante: Toute proposition qui peut exister seule. Aussi appelée *proposition principale*.

Proposition subordonnée: Toute proposition qui dépend d'une autre proposition.

Prototype: Théorie qui suggère que dans chaque champ sémantique, il existe une espèce qui représente cette catégorie mieux que les autres; elle contient les traits distinctifs les plus importants dans cette classe.

Radical: La forme de base d'un mot, sans flexion ni dérivation.

Monème radical: Un mot formé d'un seul morphème.

Répertoire de sons: Une liste des sons individuels qui sont utilisés dans une langue pour créer des mots. Ce répertoire diffère d'une langue à l'autre.

Sémantique (*semantikos,* grec [qui signifie]): L'étude du sens dans une langue.

Sémantique lexicale: L'étude du sens des mots individuels.

Sémantique compositionnelle: L'étude du sens des syntagmes et des propositions.

Semi-voyelles: Des sons intermédiaires entre les consonnes et les voyelles — plus fermés et plus courts que les voyelles mais plus ouverts que les consonnes. Aussi appelées *semi-consonnes.*

Signe linguistique: Unité significative composée de deux parties: *le signifiant,* qui est la forme acoustique/écrite, et *le signifié,* qui est la forme mentale /conceptuelle.

Signification: La relation entre signifiant et signifié.

Subordination: Relation hiérarchique entre deux propositions, dont l'une dépend de l'autre.

Subordination circonstantielle: Une subordination où la proposition subordonnée décrit dans quelles circonstances l'action de la proposition principale a lieu. Types: *causales, comparatives, consécutives, concessives, finales, hypothétiques, temporelles, d'addition, d'exception, et de manière.*

Subordination complétive: Une subordination où la proposition subordonnée agit comme le complément d'objet direct du verbe de la proposition principale. Répond à la question *qu'est-ce que* ou *quoi.*

Subordination conjonctive: Une subordination qui utilise obligatoirement une conjonction de subordination pour introduire la proposition subordonnée.

Subordination interrogative: Une subordination où la proposition subordonnée est introduite par un pronom interrogatif.

Subordination non-conjonctive: Une subordination qui se fait sans conjonction.

Subordination relative: Une subordination qui se fait au moyen d'un pronom relatif.

Subordination relative déterminative: Établit une distinction entre son antécédent et d'autres antécédents possibles ou semblables.

Subordination relative explicative: Donne des informations additionnelles sur son antécédent.

Suffixe: Un morphème lié qui s'attache *après* le radical.

Syllabe: Un groupe de sons contenant une (seule) voyelle.

Syllabe ouverte: Une syllabe qui se termine avec une voyelle.

Syllabe fermée: Une syllabe qui se termine avec une consonne.

Synecdoque: Un type de métonymie dans laquelle il y a une substitution de *la partie pour le tout* ou *du tout pour la partie.*

Synonymes: Des mots avec des signifiants différents mais le même signifié.

Sytagme: Un groupe de mots qui fonctionne comme un mot individuel et qui peut donc être remplacé par un seul mot.

Syntagme adjectival: Un syntagme qui consiste en un adjectif.

Syntagme adverbial: Un sytagme qui consiste en un adverbe.

Syntagme nominal: Un syntagme qui a un nom comme tête. Consiste obligatoirement en un substantif précédé d'un déterminant.

Syntagme nominal expansé: Un syntagme nominal élargi au moyen d'un adjectif qualificatif ou d'un syntagme prépositionnel.

Syntagme prépositionnel: Un syntagme qui consiste nécessairement en une préposition et son complément (un syntagme nominal).

Syntagme temporel: Un syntagme qui gouverne le temps du verbe.

Syntagme verbal: Un syntagme composé obligatoirement d'un verbe et de ces compléments.

Syntaxe: (*taxis,* grec [ordre, arrangement]): L'étude de l'ordre des mots et des relations entre les mots dans une phrase.

Système articulatoire: Système qui permet la modification du son de base et qui consiste en la mâchoire, les lèvres, la langue, les dents, les alvéoles, le palais dur et le palais mou, l'uvule, et les fosses nasales.

Lieu d'articulation: Se réfère au point de contact à l'intérieur de la cavité buccale pendant la production d'un phone.

Mode d'articulation: Décrit si un son est oral ou nasal, si la fermeture est complète ou partielle, et si le phone est sonore ou sourd.

Système phonatoire: Le système qui permet la production du son de base (la voix), constitué des poumons et du larynx.

Transcription phonémique: La représentation de la prononciation d'un mot en symboles phonétiques mais ne montrant que les qualités importantes dans la compréhension de la chaîne parlée. Se fait entre barres obliques: / /.

Transcription phonétique: La représentation de la prononciation d'un mot en symboles phonétiques. Représente autant que possible la prononciation exacte. Se fait entre crochets: [ ].

Trivalent: (Un verbe) Avec trois actants.

Trope: Une figure par laquelle un mot est détourné de son sens propre. Inclut les idiomes, les métaphores et les métonymies, aussi bien que l'ironie et le sarcasme.

Valence (des verbes): Exprime le nombre d'actants d'un verbe.

    Avalent: Un verbe sans actants.

    Bivalent: Un verbe avec deux actants.

    Monovalent: Un verbe avec un seul actant.

    Trivalent: Un verbe avec trois actants.

Voix: Une catégorie grammaticale qui indique la relation entre les constituants principaux de la phrase: le syntagme nominal sujet et le syntagme verbal (et ses compléments). Le français distingue la voix *active*, la voix *passive*, et la voix *moyenne*.

    Voix active: Voix dans laquelle l'agent du verbe est le sujet grammatical de la phrase.

    Voix moyenne: Voix dans laquelle le sujet grammatical de la phrase est à la fois l'agent et le patient du verbe.

    Voix passive: Voix dans laquelle le patient du verbe est le sujet grammatical de la phrase.

Voyelles: Des sons continus; l'air projeté par les poumons n'est pas restreint pendant la production mais s'échappe librement par la bouche et/ou le nez.

Bibliographie

Akmajian, A., R. Demers, et R. Harnish. (1984). *Linguistics: An Introduction to Language and Communication.* 2ᵉ éd. Cambridge: MIT Press.

Béchade, H. (1992). *Phonétique et morphologie du français moderne et contemporain.* Paris: Presses Universitaires de France.

Brichant, Claude Dubois (1973). *La France au cours des âges.* New York: McGraw-Hill.

Bybee, J. (1985). *Morphology: A Study of the Relation between Form and Meaning.* Amsterdam: John Benjamins

Chaurand, J. (1998). *Histoire de la langue française.* Série: Que sais-je? Paris: PUF.

Choi-Jonin, I., et C. Delhay. (1998). *Introduction à la méthodologie en linguistique: Application au français contemporain.* Strasbourg: Presses Universitaires de Strasbourg.

Chomsky, N. (1966). *Syntactic Structures.* The Hague: Mouton.

Confais, J.-P. (1995). *Temps, aspect, mode: les approches des morphèmes verbaux et leurs problèmes à l'exemple du français et d'allemand.* 2ᵉ éd. Toulouse-le-Mirail: Presses Universitaires de Mirail.

Cook, V. (1996). *Chomsky's Universal Grammar: An Introduction.* 2ᵉ éd. Oxford: Blackwell.

Corbett, G. (1991). *Gender.* Cambridge: Cambridge University Press.

Crystal, D. (1991). *A Dictionary of Linguistics and Phonetics.* 3ᵉ éd. Oxford: Blackwell.

Culicover, P. (1997). *Principles and Parameters: An Introduction to Syntactic Theory.* Oxford: Oxford University Press.

Curat, H. (1991). *Morphologie verbale et référence temporelle en français moderne.* Genève: Librairie Droz.

Dansereau, D. (1990). *Savoir Dire: Cours de phonétique et de prononciation.* Lexington, Mass.: D. C. Heath.

Deloffre, F. (1979). *La Phrase française.* Paris: Sedes.

Donogue-Gaudet, M.-L. (1969). *Le Vocalisme et le consonantisme français.* Paris: Delagrave.

Dubois, J., et F. Dubois-Charlier. (1970). *Éléments de linguistique française: syntaxe.* Paris: Larousse.

Dubois, J., et R. Lagane. (1973). *La Nouvelle Grammaire du français.* Paris: Larousse.

Gardes-Tamine, J. (1994). *La Grammaire. Vol. 1, Phonologie, morphologie, lexicologie.* Paris: Armand Colin.

Ibid. (1998). *La Grammaire. Vol. 2, Syntaxe.* Paris: Armand Colin.

Greimas, A. J. (1986). *Sémantique structurale: Recherche de méthode.* Paris: Presses Universitaires de France.

Grevisse, M. (1986). *Le Bon Usage.* Édité par A. Goosse. 12ᵉ éd. Paris: Duculot.

Grevisse, M., and A. Goosse. (1989). *Nouvelle Grammaire française.* 2ᵉ éd. Paris: Duculot.

Grundstrom, A. (1983). *L'Analyse du français.* Lanham, Md.: University Press of America.

Haegeman, L. (1991). *Introduction to Government and Binding Theory.* Oxford: Basil Blackwell.

Katamba, F. (1993). *Morphology.* New York: St. Martin's Press.

Ladefoged, P. (1982). *A Course in Phonetics.* 2ᵉ éd. New York: Harcourt Brace Jovanovich.

Le Guern, M. (1973). *Sémantique de la métaphore et de la métonymie.* Paris: Larousse.

Léon, P. (1966). *Prononciation du français standard.* Paris: Marcel Didier.

Léon, P., P. Bhatt, et R. Baligand. (1993). *Structure du français moderne.* 2ᵉ éd. Toronto: Canadian Scholars' Press.

Léon, P., et M. Léon. (1997). *La Prononciation du français.* Paris: Éditions Nathan.

Mahler, M. (1995). *Grammaire expliquée du français contemporain.* 2ᵉ éd. Toronto: Canadian Scholars' Press.

Malmberg, B. (1966). *La Phonétique.* Paris: Presses Universitaires de France.

Martinet, A. (1967). *Éléments de linguistique générale.* Paris: A. Colin

Matthews, P. (1974). *Morphology: An Introduction to the Theory of Word-Structure.* Cambridge: Cambridge University Press.

Nique, C. (1974). *Initiation méthodique à la grammaire générative.* Paris: Armand Colier.

Petit Robert: Dictionnaire de la langue française. (1991). Paris: Dictionnaires Le Robert.

Picoche, J. (1992). *Dictionnaire étymologique du français.* Paris: Dictionnaires Le Robert.

Riegel, M., J-C. Pellat, et R. Rioul. (1994). *Grammaire méthodique du français.* Paris: Presses Universitaires de France.

Rigault, A. (1971). *La Grammaire du français parlé.* Paris: Hachette.

Saussure, F. de (1978). *Cours de linguistique générale.* Paris: Payot.

Soutet, O. (1989). *La Syntaxe du français.* Série: Que sais-je? Paris: Presses Universitaires de France.

Tranel, B. (1987). *The Sounds of French: An Introduction.* Cambridge: Cambridge University Press.

Traugott, E., et M. Pratt. (1980). *Linguistics for Students of Literature.* New York: Harcourt, Brace, Jovanovich.

Tucker, G., W. Lambert, et A. Rigault. (1969). "Students Acquisition of French Gender Disctinctions: A Pilot Study." *International Review of Applied Linguistics* 7 (1969): 51–55.

Ibid. (1977). *The French Speaker's Skill with Grammatical Gender.* La Haye: Mouton.

Valdman, A. (1976). *Introduction to French Phonology and Morphology.* Rowley, Mass.: Newbury House.

Ibid. (1993). *Bien Entendu!: Introduction à la prononciation française.* Englewood Cliffs, N.J.: Prentice Hall.

Walter, H. (1988). *Le Français dans tous les sens.* Paris: Laffont.

Ibid. (1998). *Le Français d'ici, de là, de là-bas.* Paris: Lattès.

Waugh, L. et H. Belazi, trad. (1993). "Les Degrés iconicité diagrammatique dans le lexique." *Faits de langue: Revue de linguistique* 1: 227–234.

Exemples tirés de la littérature française

Balzac, H., *Eugénie Grandet*
Bataille, M., *L'Arbre de Noël*
Camus, A., *L'Étranger; La Peste*
Cocteau, J., *Les Enfants terribles*
Daudet, A., *Le Petit Chose*
Flaubert, G., *Voyage en Orient: Égypte*
Gide, A., *Les Faux Monnayeurs; L'Immoraliste*
Malraux, A., *La Condition humaine*
Mauriac, F., *Le Nœud de vipères; Thérèse Desqueyroux*
Pagnol, M., *La Gloire de mon père; Jean de Florette; Manon des sources*
Proust, M., *Du Côté de chez Swann*
Queneau, R., *Exercices de style*
La Rochefoucauld, F., *Maximes*
Saint Exupéry, A. de, *Terre des hommes*
Saint-Pierre, B. de, *Paul et Virginie*
Sand, G., *La Petite Fadette*
Sartre, J.-P., *La Nausée*
Simenon, G., *Le Chien jaune*
Stendhal, *Le Rouge et le noir*
Terrade, M., *L'Enfant perdu*
Voltaire, *Candide*
Zola, É., *Les Rougon-Macquart*

Exemples tirés d'autres sources

Boulet-Gercourt, Philippe. "Éléphant blanc ou coup de génie?" *Le Nouvel Observateur*, 13–19 juin 2002.
Brichant, Claude Dubois (1973). *La France au cours des âges*. New York: McGraw-Hill.
Champs-Élysées, janvier 2002, avril 2002.
Journal Français, février 1997, mars 1997, février 1998, juin 1998, août 1998.
Journal France-Amérique, 8–14 mars, 1997.
Righini, Mariella. "Les Enfants volés de la Réunion," *Le Nouvel Observateur*, 6–12 juin 2002.

Index

A

affixation, 84–90, 130
Akmajian, Adrian, 86
allomorphe, 81–87
allophone, 40–45, 50–51, 65, 222n1; variantes
    combinatoire (ou contextuelles), 43–45;
    variantes libres (ou idiosyncratiques), 44;
    variantes régionales, 43
amalgame, 79
anomalie, 175–76
antonyme, 180–81
approche: descriptive, 1, 15, 38, 51, 106;
    prescriptive, 1, 15, 51
arbre structurel, 149–159
archiphonème, 43, 51
aspect, 120–132; en syntaxe, 144, 150; en
    sémantique, 195, 200. *Voir aussi* flexion
    verbale
aspiration, 37–38, 40, 44, 222n13
assimilation des consonnes, 26, 45–46, 52,
    222n9; dévoisement, 46, 50, 53;
    palatalisation, 45, 113; progressive, 47;
    régressive, 47; vélarisation, 45; voisement,
    46–47
avalent, 140. *Voir aussi* valence
axe: paradigmatique, 151; syntagmatique, 151

B

Béchade, Hervé, 126, 200
bivalent, 139. *Voir aussi* valence
Brichant, Claude Dubois, 67

C

champ sémantique, 184
Chaurand, Jacques, 37
Choi-Jonin, Injoo, 123–24, 126, 128, 151, 158,
    207, 234n7, 234n10

Confais, Jean-Paul, 126, 201–2, 205, 208,
    225n5
connotation, 5, 178, 182. *Voir aussi* sens
    connotatif; traits connotatifs
consonne: allongement de la, 69–70;
    alvéolaire, 32, 45; apico-alvéolaire, 32, 39;
    assimilation, 45–47; bi-labiale, 32, 39, 41;
    constrictive (ou explosive), 31; de liaison,
    57–62; dentale, 32, 42, 51; déplacement de
    la, 54; géminée, 33, 222n12; labio-dentale,
    32, 41; latente, 54–63, 86, 98, 101–3, 223n3;
    latérale, 32; liquide, 32, 221n5; obstruente,
    39, 221n5; occlusive (ou fricative), 31, 39,
    53, 222n9, 222n13; palatale, 32;
    renforcement de la, 23, 74; résonnante,
    31–32, 39, 222n9; sonore (ou voisée), 10,
    30–31, 36–39, 46–47; sourde (ou non-
    voisée), 30–31, 36–39, 46; stable, 54–58,
    61–63, 104; traits distinctifs de la, 39–42;
    uvulaire, 32; vélaire, 32, 45. *Voir aussi* lieu
    d'articulation, mode d'articulation
Cook, Vivian, 151
coordination, 158–63, 166, 224n2
copule, 140–42, 147, 189
Crystal, David, 1, 181, 224n1
Culicover, Peter, 151
Curat, Hervé, 126, 202–4, 206

D

déictique, 195–99, 204
Delhay, Corinne, 123–24, 126, 128, 151, 158,
    207, 234n7, 234n10
Deloffre, Frédéric, 158
Demers, Richard, 86
dénotation, 5, 178–83. *Voir aussi* signifié
    dénotatif

dérivation, 4, 61, 80–90, 98, 104, 130–32; sans
   affixation, 88, 130
dévoisement. *Voir* assimilation des consonnes
dialecte, 1, 4–5, 9
diphtongue, 22, 103, 221n2
Dubois, Jean, 146, 160, 240n1

E
E-caduc. *Voir* voyelle
élision, 52–53
emphase, 146–49
enchaînement, 12, 29, 53–54, 58–59, 67, 77
expressions idiomatiques, 187–88

F
flexion
— adjectivale: genre, 78, 103–5, 114–15, 138,
   150, 175; nombre, 103, 105, 131
— nominale: genre, 78, 87–88, 94–103, 131–32,
   150, 175, 196–97, 223n1, 223n2; nombre, 4,
   83, 87, 94, 100–103, 132
— verbale: aspect, 4, 94, 106–9, 112–13, 117,
   120–26, 128, 131; mode, 94, 96, 107, 109,
   112–19, 121–32, 195, 200–202; nombre,
   107–9, 112–17, 119, 121, 124, 128–29, 132–33,
   144, 150, 175, 195–203, 223n6, 224n7;
   personne, 42, 86, 94, 107–13, 117–19, 121,
   124, 128–29, 132–33, 144, 150, 175, 195–99,
   203, 223n6, 224n7; temps, 94, 106–17,
   120–32, 224n9–10, 225n5; voix, 107–115
formants, 17–18, 35–37, 72; formant
   fondamental, 35–37, 72

G
Gardes-Tamine, Joëlle, 86, 126
Goosse, André, 224n2
grammaire générative, 137, 151
Grevisse, Maurice, 119, 224n2, 224n3
Grundstrom, Allan, 59

H
Haegeman, Liliane, 151
Harnish, Robert, 86
homographe, 181
homonyme, 181
homophone, 10, 96, 181

I
idiolecte, 2
idiome, 5
infixe, 86
insertion lexicale, 149

L
Lagane, René, 146, 160, 240n1
Lambert, Wallace, 96–97
LeGuern, Michel, 191
Léon, Monique, 35, 36, 222n10
Léon, Pierre, 35, 36, 222n10
liaison, 54–63
lieu d'articulation: des consonnes, 30–33; des
   semi-voyelles, 28–29; des voyelles, 19–27.
   Voir aussi consonne, semi-voyelle, voyelle
loi de trois consonnes, 24–29, 49, 221n5. *Voir
   aussi* liaison

M
Malmberg, Bertil, 18
Martinet, André, 21, 22
métaphore, 186, 188–89, 191, 193
métonymie, 186, 188, 191–93
modalité, 146, 149
mode d'articulation, des consonnes, 18, 20,
   30–33, 40, 42, 43, 46
monème. *Voir* morphème
monovalent, 139. *Voir aussi* valence
morphème (ou monème), 78–88, 90, 94, 109,
   124–133, 175, 224n12, 224n1 (Ch 6); libre,
   80, 86, 90, 132; lié, 80, 84, 109, 129, 224n1;
   portemanteau, 78–79; radical, 78–80
morphologie, 2–4, 77–133; dérivationnel, 4,
   83–93, 130–33; flexionnelle, 94–133. *Voir
   aussi* flexion adjectivale, flexion
   nominale, flexion verbale
mot dérivé, 84–85
mots grammaticaux, 132–33

N
Nique, Christian, 160, 224n1

P
paire minimale, 10–11, 39–43, 50
palatalisation. *Voir* assimilation des
   consonnes

participe: passé, 89, 105, 110–18, 135, 145, 200–201, 224n6; présent, 89, 112–15, 200

Pellat, Jean-Christophe, 86

Petit Robert, 77, 85, 86, 188, 222n12

phone, 11, 15–18, 29–33, 38–41, 45, 47, 51–52, 222n2. *Voir aussi* allophone, phonème

phonème, 2, 17, 39–50, 103, 181–83, 223n7; de liaison, 54–58; en phonologie suprasegmentale, 64, 69–73, 77–81. *Voir aussi* archiphonème

phonétique: acoustique, 34–37; articulatoire, 15–34. *Voir aussi* répertoire des phones, répertoire des phonèmes

phonologie, 3–4, 11, 13, 39–76, 89, 96, 98, 156, 183, 223n3; segmentale, 13, 39–61, 64; suprasegmentale, 64–76

phrase complexe, 145, 158–170; avec coordination, 160–63, 224n2; avec subordination, 159, 160, 162, 163–70, 202

phrase juxtaposée, 159–60

phrase simple, 145–49, 162, 164

polarité, 146, 148–49

préfixe, 69–70, 79–88, 211–13. *Voir aussi* affixation

pronom déictique, 195. *Voir aussi* déictique

proposition: indépendante, 119, 146, 159, 166–68, 170, 224n3; subordonnée, 159, 163–69, 202

prototype, 184–85

Q

Queneau, Raymond, 151

R

radical, 57, 67, 78–87, 95–98, 132, 223n6, 223n3 (Ch. 4); du verbe, 113–18, 121, 124–29, 217–18. *Voir aussi* morphème radical

répertoire: des phones, 18, 32, 40; des phonèmes, 40

Riegel, Martin, 86

Rigault, André, 96–97

Rioul, René, 86

S

Saussure, Ferdinand de, 5, 175–78

sémantique: lexicale, 175, 179, 187–88; compositionnelle, 186–88

semi-voyelles, 8, 9, 12, 17–18, 20, 221n2; et la loi de trois consonnes, 24; articulation des, 28–30; traits distinctifs des, 43–44; et syllabation, 48–49

sens connotatif, 179, 185–89

signe linguistique, 5, 175–80, 188. *Voir aussi* signifiant, signifié

signifiant, 5, 176–81, 185, 188

signification, 79, 84, 87, 91, 94–96, 177–78, 191, 193

signifié, 5, 176–77, 179; connotatif, 179, 185; dénotatif, 169, 172, 179

Soutet, Olivier, 158

subordination, 158–63; circonstantielle, 167–70; complétive, 166–67; conjonctions de, 202; conjonctive, 163–64; interrogative, 165; non-conjonctive, 163; relative, 170

suffixe, 69–70, 80–88, 94, 96, 132, 215–17. *Voir aussi* affixation

syllabation, 11, 48–50, 221n2

syllabe, 3–4, 11–12, 23–27, 44, 47–54, 223n4; accentuée, 65–74, 79; et la sémantique, 176–77; fermée, 12, 25, 45, 48, 50–51, 222n3; ouverte, 12, 25–28, 45, 48–51, 54, 222n3

synecdoque, 191

synonyme, 176, 180

syntagme: adjectival, 140, 142; adverbial, 140, 142–46, 151; nominal, 137–38, 140, 142–44, 146–47, 156; prépositionnel, 110, 138–39, 143–46, 166; temporel, 144–46, 162; verbal, 109, 136, 138, 140–47, 156, 158, 162; et la sémantique, 187

syntaxe, 4, 5, 135–73; et l'accent, 59, 65, 71; et la sémantique, 175, 187–88

système articulatoire, 15–18, 22; phonatoire, 15–16

T

temps, 106–17, 120–32; en syntaxe, 144, 147, 149–50; en sémantique, 195, 201, 204–8. *Voir aussi* flexion verbale

traits connotatifs, 179, 185–89

Tranel, Bernard, 59

transcription: phonémique, 37–38, 56, 98; phonétique, 3, 7–13, 37–38, 46, 48, 56, 222n12, 222n1 (Ch.3), 223n6

trivalent, 139. *Voir aussi* valence

trope, 188

Tucker, G. Richard, 96–97

V

Valdman, Albert, 21, 51, 53, 60, 221n5

valence, 139, 140. *Voir aussi* avalent, bivalent, monovalent, trivalent

vélarisation. *Voir* assimilation des consonnes

voisement. *Voir* assimilation des consonnes

voix: active, 109–111, 147, 149; moyenne, 109, 111, 147, 149; passive, 109–11, 115, 146, 149, 155. *Voir aussi* flexion verbale: voix

voyelle: articulation des, 2, 7–12, 17–20; comme marqueur du pluriel, 101, 103; E-caduc, 23–24, 222n8; et accent, 65, 67; et assimilation, 45–48; et élision, 52–53; et enchaînement, 54; et intonation, 72; et liaison, 54–57, 61–63; et syllabation, 48, 50–52; formants des, 35–36; nasales, 21–22, 36–42; orales, 20–22, 36, 42; traits distinctifs des, 39, 42, 43; moyennes et E-caduc, 24, 25; hautes et semi-voyelles, 28–30